最低賃金1500円がつくる仕事と暮らし

「雇用崩壊」を乗り越える

後藤道夫・中澤秀一・木下武男
今野晴貴・福祉国家構想研究会◆編

大月書店

はじめに

この10年間で、日本の最低賃金（最賃）の平均額は１６１円上がり、８４８円となりました。都道府県ごとに見ると、最賃引き上げの影響が一目でわかります。図は神奈川県の賃金分布を２００６年と２０１６年で比較したものですが、２０１６年では、最賃額のところに賃金額が固まっており、しかも、最賃はふつうの賃金と連続しています。２００６年では「ほとんど関係ない」状態でした。最賃引き上げは「いい仕事」をしたのです。こうした変化は大都市部で顕著です。

しかしそれでも、現在は、最賃大幅引き上げの要求が以前よりずっと強く、切実です。なぜでしょうか？

〈最低賃金１５００円〉の要求が社会に広がったのは２０１５年でした。「AEQUITAS（エキタス）」の新宿でのデモがきっかけです。筆者も参加した

時間当たり賃金分布（一般・短時間計）

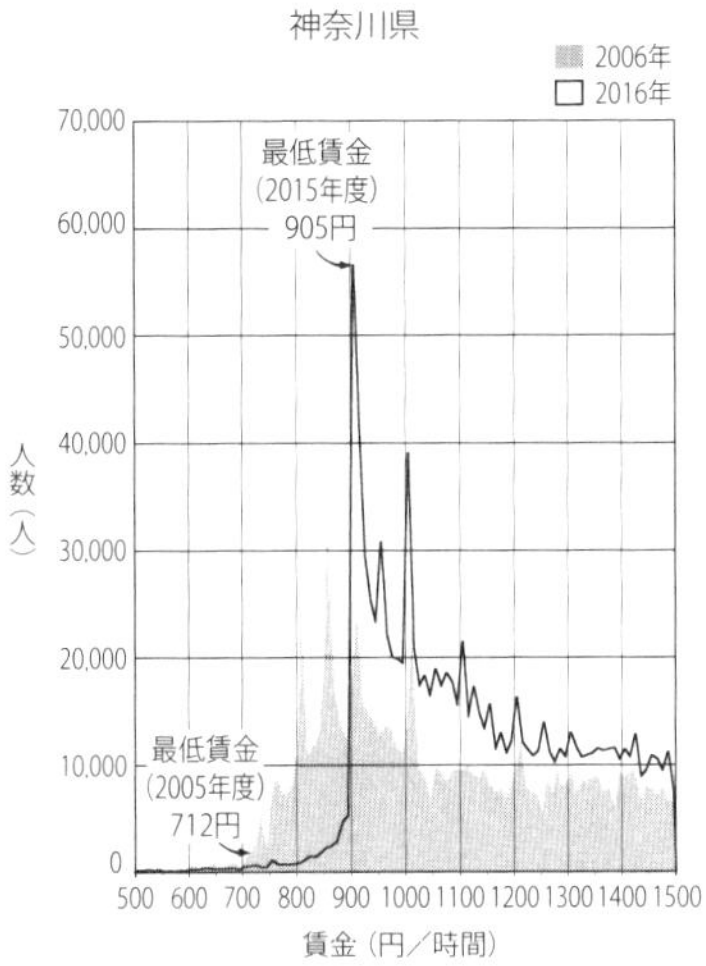

注）500円未満および1500円以上の賃金分布は省略されている。
出所）中央最低賃金審議会目安に関する小委員会「賃金分布に関する資料」（2007年度第2回，2017年度第2回）より作成。原資料は，厚生労働省「賃金構造基本調査特別集計」2006年，2016年。

のですが、沿道の関心はたいへん強く、ビルの屋上から建設労働者が手を振り、パチンコ店のプラカードを持って立つ男性がプラカードをデモ隊に大きく振るなど、たくさんの応援がありました。

２０１４年まで、日本の労働組合の多くは時給１０００円を最賃引き上げの目標にしてきました。しかし、月に１５４時間働いても（「毎月勤労統計」）、時給１０００円では月15万４０００円にしかなりません。都市部で借家だったら、生活保護制度が想定する生活水準を下回ってしまいます。

今から見ると不思議なことですが、多くの労働組合は、労働者本人がとうていふつうに暮らせない最賃額を、「引き上げ目標」としつづけていたのです。なぜなのでしょうか？

エキタスのデモは、労働者本人がギリギリふつうに暮らせる金額を最低賃金として要求し、おそらく初めて、それを広く社会にアピールすることに成功しました。これは、デモの仕方が魅力的だったというだけでなく、最低賃金が果たす役割についての、社会の要請そのもの、受けとめ方そのものが大きく変わりつつあったことの現れです。

本書では、最低賃金の位置と役割についての、この大きな変化をしっかりととらえ、それにどのようなかたちで対応し、これから先を構想するべきなのか、提案したいと思います。

そのため、最低賃金制度の歴史にもページをさき、同時に、変化しつつある労働市場、労使関係、地域経済に対応するべく、いくつかの論点で、立ち入った主張を述べています。

全国各地の生活費はほとんど同じになっており、最賃は全国一律であるべきだという主張が切実な根拠をもつにいたったこと、非正規はもとより、大きく増えた低処遇正規の状況改善に最賃大幅引き上げが有効であること、それぞれの職種・資格の賃金と最賃の積極的な関係を構想すべきこと、地域経済の維持・活性化と最賃大幅引き上げは密接不可分であること、最賃でもふつうに暮らせて子どもが育てられる制度環境を真剣に考えるべきこと、それに最賃をめぐる各国の大きな動きを参照すべきことなどです。また本書には、全部で12の「トピック」が設けられており、最賃引き上げをめざすさまざまな努力（もちろんその一部ですが）や各国の状況について、最先端の知識をコンパクトに得ることができます。興味があるところからお読みください。

２０１８年７月

後藤道夫

はじめに……後藤道夫 3

第1章 最低賃金1500円は社会をどう変える
――家計補助賃金からリビング・ウェイジへ

◇1 日本の最低賃金は、なぜこれほど低いのか？ 後藤道夫 10
トピック❶ AEQUITAS（エキタス）と「#最低賃金1500円になったら」 栗原耕平 24
トピック❷ 子どもの貧困から見た地域格差と最賃格差 戸室健作 26
◇2 「ふつうの暮らし」がわかる――生計費調査と最低賃金 中澤秀一 28
トピック❸ 生計費調査から考えた、私の地域の「ふつうの暮らし」 岩崎 唯 42
◇3 女性の貧困は最賃引き上げでどう変わる？ 後藤道夫 44
◇4 働き手がふつうに生活できる最賃へ――子育て・老後の展望を切りひらく 後藤道夫 52

第2章 労働市場と働き方の現在〜未来

◇1 労働市場はどう変わっているか――非正規就業を中心に 伍賀一道 58
◇2 正社員労働の変容と最低賃金――「働き方改革」と関連して 今野晴貴 70
◇3 「新産業ビジョン」と最低賃金の意義――AI、インダストリー4・0、IoT 今野晴貴 82

④公共サービス労働と業種別・職種別最低賃金――保育労働を素材に　蓑輪明子　88

第3章　最低賃金の歴史と思想

①日本の労働運動と最低賃金闘争　小越洋之助　102
トピック❹　最低賃金審議会に民主的ルールを――「鳥取方式」の実践　藤田安一　120
②最低賃金制とナショナル・ミニマム論　木下武男　122
トピック❺　最低賃金と協約賃金　浅見和彦　140
トピック❻　イギリスの最低賃金制度　遠藤公嗣　142
トピック❼　アメリカの最賃運動・地域運動の展開――地域での「コアリッション」構築による最低賃金条例制定　小谷　幸　144
トピック❽　ドイツ・フランス・韓国の最低賃金　中澤秀一　146
③政党・労組・論壇は、最低賃金をどう見ているのか？　戸室健作　148

第4章　大資本に対する防波堤としての最低賃金――地域経済と中小企業

①最賃引き上げと地域内再投資　岡田知弘　156

トピック❾　最低賃金引き上げは地域共通の課題　出口憲次　176
トピック❿　自治体首長も賛同する「北海道・東北最賃引き上げキャラバン」　中村　健　178
◇2◇ 中小企業も地域経済も元気にする道　岡田知弘　180
トピック⓫　公契約条例と最低賃金　川村雅則　198
◇3◇ 全国チェーン店に〝おいしい〟最賃格差　中澤秀一　202

終　章　社会的危機を救う
——最賃1500円と福祉国家型生活保障

◇1◇ 座談会　最低賃金を下層社会の現実からとらえ返す　藤田孝典・今野晴貴・後藤道夫　208
トピック⓬　年収270万円でも暮らせる社会へ
——時給1500円×1800時間労働の実現に向けて　北口明代　222
◇2◇ 最低賃金と社会保障・教育保障・住宅保障　後藤道夫　224

あとがきにかえて——エビデンスをもとに新たな運動の展開へ……中澤秀一　241

第1章

最低賃金1500円は社会をどう変える

——家計補助賃金からリビング・ウェイジへ

1　日本の最低賃金は、なぜこれほど低いのか？

後藤　道夫

（1）「質素ながらふつう」にはもちろん、「最低限度」にも届かない最賃

２０１７年度の東京の最賃額は９５８円です。最賃額が７３８円の盛岡市で働いている人から見ると、これはけっこう高く感じることでしょう。しかし、盛岡で「質素ながらふつう」に一人でアパートを借りて暮らすと、少なくても23万円程度はかかります（第１章２）ので、９５８円であっても、月に１５４・２時間（「毎月勤労統計」２０１７年、所定内実労働時間平均値）あるいは１７３・８時間（祭日も関係なく週40時間で働きつづけた場合の一月分）働いてもまるで足りません。地方よりずっと高い東京の最賃でも、生活するにはまったく低すぎるのです。

「ふつう」の賃金を時間給にして比較しましょう。

フルタイム労働者の現金給与総額（賞与などを含む）の月平均は、２０１７年の5人以上事業所で41万４０００円、時間外労働を含めた総実労働時間は１６８・８時間です。単純に割って時間給にすると２４５３円、所定内の給与と時間に限ると１９９２円です（「毎月勤労統計」。なお、所定内労働時間は残業や休日出勤などを含まない、始業時刻と終業時刻との間の実際の労働時間をさし、所定内給与は残業手当、休日出勤手当、深夜手当などを含まず、かつ賞与などの特別給与を除いた給与をさします）。

２０１７年度の最低賃金全国加重平均*は８４８円ですが、これは、フルタイム労働者の現金給与総額ベースの平均時給の34・６％でしかありません（所定内では42・６％）。これでは「質素ながらふつう」に届かないのも当然です。

＊　最低賃金全国加重平均は、各都道府県ごとに最低賃金額に労働者数を掛けた数を出し、その総和を日本の全労働者数で割った値のこと。

実は、もっといえば、「質素ながらふつう」どころの話ではなく、最低賃金・所定内労働時間で計算した場合、生活保護制度が想定する「最低限度」の生活にも届きません。

政府は最賃改定のたびに、フルタイムで生活保護基準に届く県・届かない県を発表しますが、その計算方法はいかがわしく、普通に計算すればほとんどの地域で届きません。

わかりやすくするために時給１０００円、所定内労働時間１５４時間で試算しましょう。

時間外労働をしない場合、賃金月額は15万４０００円です。ここから所得税・地方税・社会保険料を引くと、12万６０００円弱となり、さらに勤労必要費用（生活保護制度の「勤労にともなう必要経費として定める額」）を引くと10万７０００円ほどになります。

しかし、生活保護の生活扶助と住宅扶助の合計額は、たとえば東京23区で13万７０００円、函館市で11万円ですから、これでは足りません。つまり、時給１０００円でも大都市部、中都市部では「最低限度」に届かないということです。

生活保護基準が低い地方都市、農村部でも、その県の最賃では届きません。

たとえば沖縄県は九州のほとんどの県と同じく、最賃は７３７円です。１５４時間働いて、税・社会保険料・勤労必要費用を引いた額は7万7000円程度になります。他方、生活保護制度の「最低限度の生活」費用は、住宅費用を住宅扶助費の上限値で計算すると、那覇市で10万5000円弱、石垣市で10万円、恩納村で9万7000円と、大幅に足りません。

最低賃金制度が「生計費原則」を守っていないという、とんでもない現状です。制度の法律的な組立ての欠陥としては、現在の最低賃金制度全体が企業の「支払い能力」を重視してつくられている点が重大です。これは以前から問題とされてきた枠組みであり（第3章1）、現在では、経済の一極集中と地方の疲弊を理由として、都道府県別のたいへん大きな最賃格差をさらに拡大する背景ともなっています。

しかし、それにしても、フルタイムで働いている人の賃金と生活保護の「最低限度の生活費」を比較して、届いているのいないの、と議論すること自体が異常ではないでしょうか。そもそも、社会保障による「最低限度の生活」よりも、フルタイムで働く人の生活水準が高いのは当然だからです。たとえば現在の生活保護で想定されている「最低限度の生活」では、原則、自動車をもてません。しかし、地方でふつうに暮らすには自動車は必要ですし、将来にそなえた貯金やさまざまな趣味への出費も当然です。本章2節を読んでください。

違う角度から考えましょう。病気で働けなくなったときや失業した場合など、社会保険から給付を受けますが、その額はふだんの賃金額の何割か（傷病手当だったら3分の2）です。つまり、ふだんの賃金が「最低限度の生活」ギリギリであったら、それにもとづく保険給付額では、「最低限度」を割り込んでしまいます。傷病手当を例にとると、ふだんの賃金が「最低限度」の生活費の5割増し以上である場合にだけ、保険給付額が「最低限度」を超えることができるのです（傷病手当は所得税がかからず、地方税だけなので、少し数字はズレます)。

自民党政府の従来からの考え方では、社会保険給付が「最低限度」未満になってもしょうがないことで、そうしたときには親族に助けてもらうか、当然もっているはずの貯蓄を取り崩せばよい、ということになります。これは、考え方としても納得できませんが、数十年前はともかく、現在ではまったく実情に合いません。「助けることができる親族」は大幅に減り、さらに、貯蓄する余裕がない人々が2人以上世帯で31%、単身世帯では46%もいるからです(「金融広報中央委員会調査」2017年)。

「最低限度」の何割増しかの最賃額が実現し、しかも社会保険事故がない時期には、最低限度の生活と比べて、少しだけ余裕が生まれます。その分を、休養、つきあい、旅行、趣味、家族形成の準備、新たな活動領域・職業への準備などに使うことができるでしょう。これでようやく、「質素ながらふつう」の生活が手に入るのだと思います。

(2)「家計補助」賃金論と日本型雇用

しかし、「ふつう」はおろか、「最低限度」の生活もできない最賃額が社会的に容認され、ほとんどの労働組合運動も、長い間、そうした枠組みそのものに大きな挑戦をしなかったのは、なぜでしょうか。

1970年代以降の最低賃金は非正規労働者の賃金が主な規制対象でした(スタート時点の1960年代では小零細企業の中卒女子初任給を規制。第3章1)。最賃が低いということは、「非正規労働者の賃金は低くて当たり前」という社会通念が広く普及していたことを意味します。

これは、非正規労働の多くを占めていた主婦パート、学生アルバイトの労働が、世帯の家計を主に担う労働ではなく、「家計補助」のための労働であって、その額も労働者本人が暮らせる額である必要はない、という社会通念でした。

非正規労働は「家計補助」労働だというのです。

雇用の権利についての格差（解雇するときは非正規が先）、賃金格差、社会保険にかかわる権利格差などがそれによって正当化されました。たとえば、今でも学生アルバイトは、フルタイムでも雇用保険から排除されています。

現在の最低賃金制度の運用方針は1970年の中央最低賃金審議会の答申によってその大枠が決まっていますが、それを準備した小委員会における「公益側委員試案」は、「労働者の生計費を主たる基準に置く最低賃金は……流動する経済社会に適応しがたいと考えられるので適切でない」と、正面から生計費原則を否定しました。答申がこのまま決まったわけではないのですが、「家計補助」賃金論の強い影響を見ることができるでしょう。

「家計補助」労働という位置づけの背後には、世帯主である男性労働者が正規の長期雇用のもとで年功型の賃金を受け取り、世帯の家計を中心的に担う、という想定がありました。「日本型雇用」と呼ばれる雇用慣行です。

しかし、その場合、労働組合はどのような基準で「家計補助」の賃金についての要求額をつくるのでしょうか。男性世帯主賃金水準の何割程度が妥当なのでしょうか？

おそらく、そうした「妥当な比率」は存在しません。そもそも、男性世帯主の賃金そのものが、非常に幅広く分布しており、「家計補助に必要な額」などというものは、世帯ごとにバラバラで、それぞれの将来設計によっても大きく異なり、しっかりした社会的合意ができるはずもないからです。

実際、日本型雇用のもとでの労働組合運動は、男性世帯主賃金の向上にはエネルギーを費やしたのですが、「家計補助」賃金には強い関心をもちませんでした。仮に「妥当な比率」が存在するならば、「家計補助」賃金を引き上げれば、男性世帯主賃金も上がるはずですが、そうではありませんから、労働組合の関心は、むしろ「家計補助」労働を必要としないだけの高い額へと男性世帯主賃金を押し上げることに集中します。しかも、日本型雇用のもとでの労働組合は、世帯主賃金を受け取る男性正規労働者中心に組織されており、非正規労働者はほとんど組織されてきませんでした。

今から見れば、男性世帯主用の賃金と家計補助労働者向けの賃金を別物として扱い、大きく格差をつけるのは、賃金の使い途による賃金額の格差づけにほかなりません。労働の質と量によって賃金が決まるという同一労働同一賃金の原則は無視されています。

これまでの日本では、同一労働同一賃金原則はほとんど存在せず、労働組合の大多数もそうした状態を受け入れてきました。その大本は、日本型雇用の年功型賃金においては、同一労働同一賃金原則が認められていないことにありました。そのため、「家計補助」賃金と年功型賃金の関係についても、この原則は適用されなかったのです。

というわけで、「家計補助」労働の賃金と正規男性の年功型賃金との間には、直接の関係は存在しません。実際、年功型賃金の影響が大きい大企業の男性正規労働者の所定内時間給平均額と最賃全国加重平均額とを、２００７年と２０１７年で比較すると、最賃が大きく上昇している一方（６８７円から８４８

円）で、大企業正規男性の所定内時給は下がっているのです（２５５６円から２５０３円）。

（３）最低賃金の位置の変化──１５００円が強い関心を呼ぶ背景

〈１５００円〉が大きな関心を呼んでいるのは、労働市場と家計のあり方が大きく変わって、最賃大幅引き上げの要求が切実になったためです。東京の「新宿一般労働組合」は、最賃１５００円を掲げたデモをおそらく最初に行った労働組合ですが、そのリーダーは、１０００円を掲げていたときよりも、１５００円のほうが参加者が増えたようだ、と述べています。労使の力関係が改善されて〈実現のリアリティ〉が増したというより、参加者は、１５００円要求に〈要求としてのリアリティ〉を強く感じたのだと思います。

最賃大幅引き上げに強い関心が集まっている背景は、第一に最賃額に近い賃金で働く労働者が大幅に増えたこと、第二に非正規でも、「家計補助」とは呼べない、家計をしっかりと担う労働者が増えたこと、第三に地方で地域経済の後退と若者の流出が進み、それに対する防波堤として最賃大幅引き上げが期待されていること（第４章）があげられます。

◎〈最賃＋α〉賃金の大幅な増加

まず、最低賃金に近い賃金で働く労働者の数が大幅に増えました。たとえば〈最賃全国加重平均額の３割増し〉未満の労働者の割合は、２００１年の12％から２０１７年には28％に上昇しました（図１）。なお、最賃全国加重平均の３割増しといっても１１０２円ですから（２０１７年度）、大都市部では「最低限度」にも届きませんし、ましてや、本章2節で検討する、単身者の「質素ながらふつう」の生活にはまったく届きません。

最低賃金引き上げの影響は、新たに決まる最賃額にまだ届いていない人々だけでなく、最賃額以上でもそれに近い人々にもおよびます。〈最賃＋α〉賃金の人々が増えると、最賃引き上げを自分の問題と受けとめる人が増えるのです。

図1　所定内時間給が〈最低賃金全国加重平均額＋α〉未満の労働者の割合

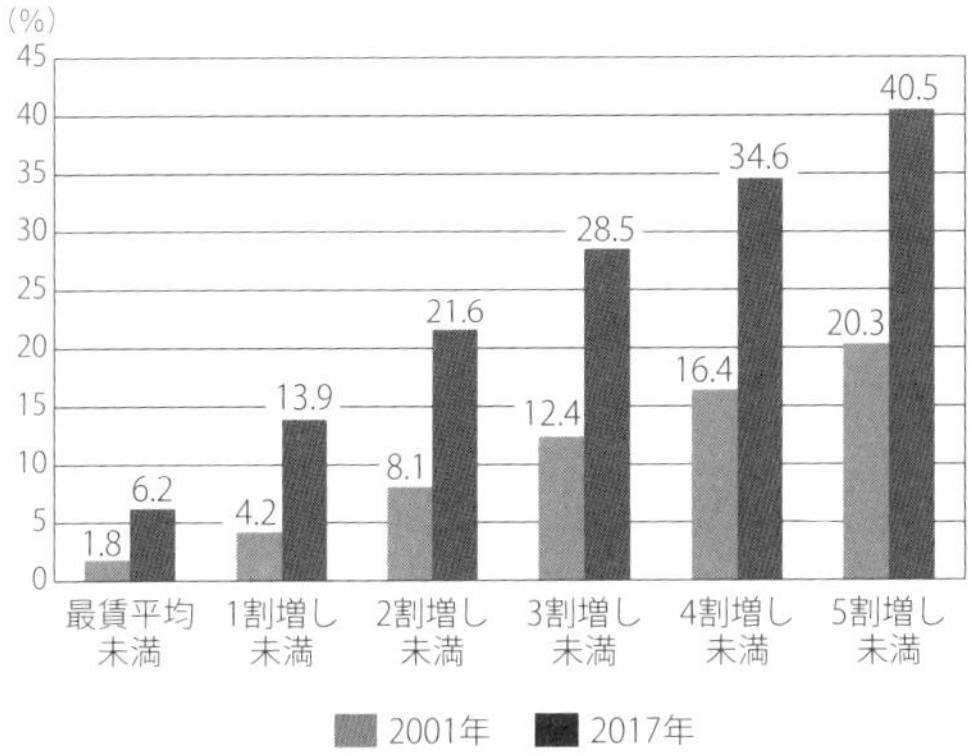

注）5人以上企業，男女労働者計（短時間労働者含む）。最賃額の年度はその年の10月改訂時からのもの。
出所）「賃金構造基本統計調査」より作成。

第2章でそれぞれの状況を説明しますが、〈最賃＋α〉が増えたのは、第一に、非正規労働者が激増したこと（第2章1）、第二に、最賃が強い影響をおよぼす低処遇の正規労働者が増えたこと（第2章2）、そして第三に最賃が大きく上がったこと（2001年から2017年では全国加重平均29％上昇）が原因です。

しかし、それでも、最賃未満あるいは最賃付近の賃金は、非正規労働者の場合であって、正規労働者はそれほど関係ないだろう、という意見があります。本当でしょうか。

非正規、正規の〈最賃＋α〉未満の割合を見てみましょう。図2、図3は10人以上企業のフルタイム労働者のものです。

図2　正規雇用労働者の〈最賃+α〉未満の割合

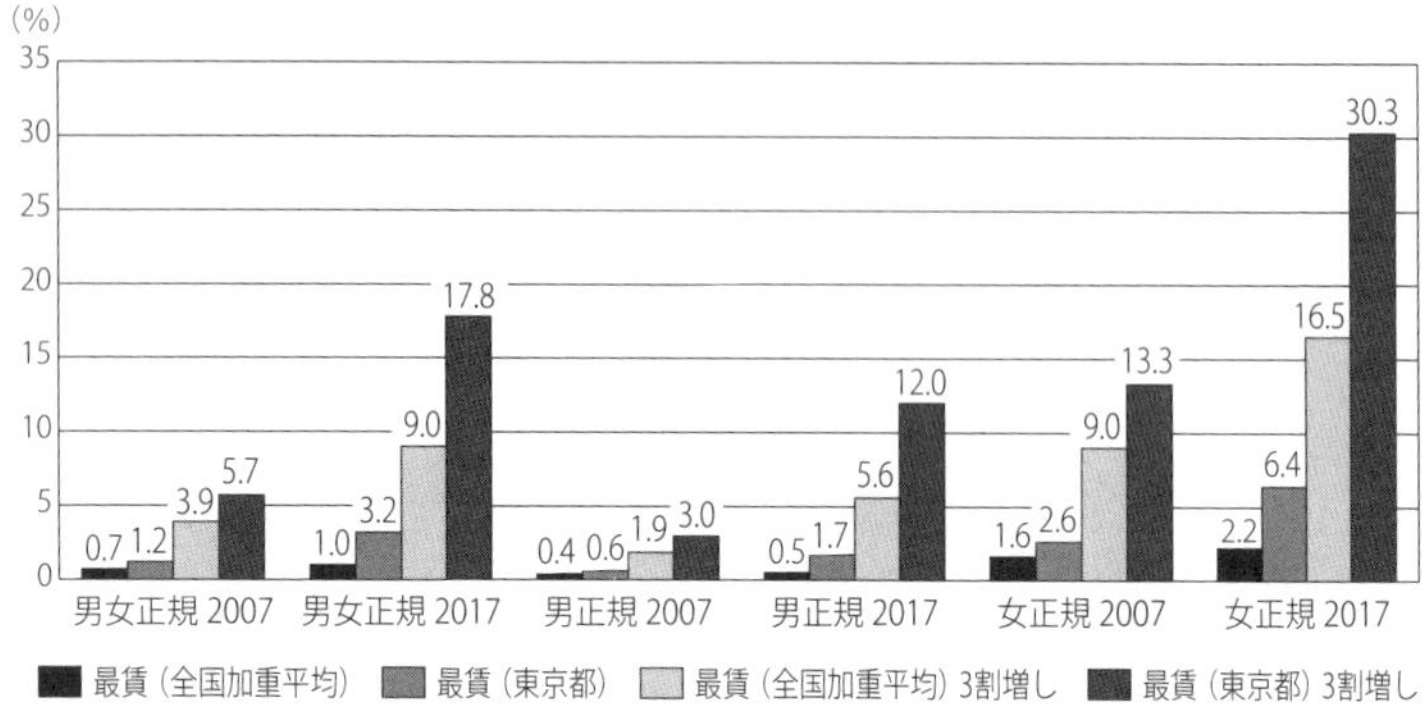

注）10人以上企業。
出所）「賃金構造基本統計調査」より作成。最賃額は2007年度，2017年度のものを使用。

図3　非正規フルタイム労働者の〈最賃+α〉未満の割合

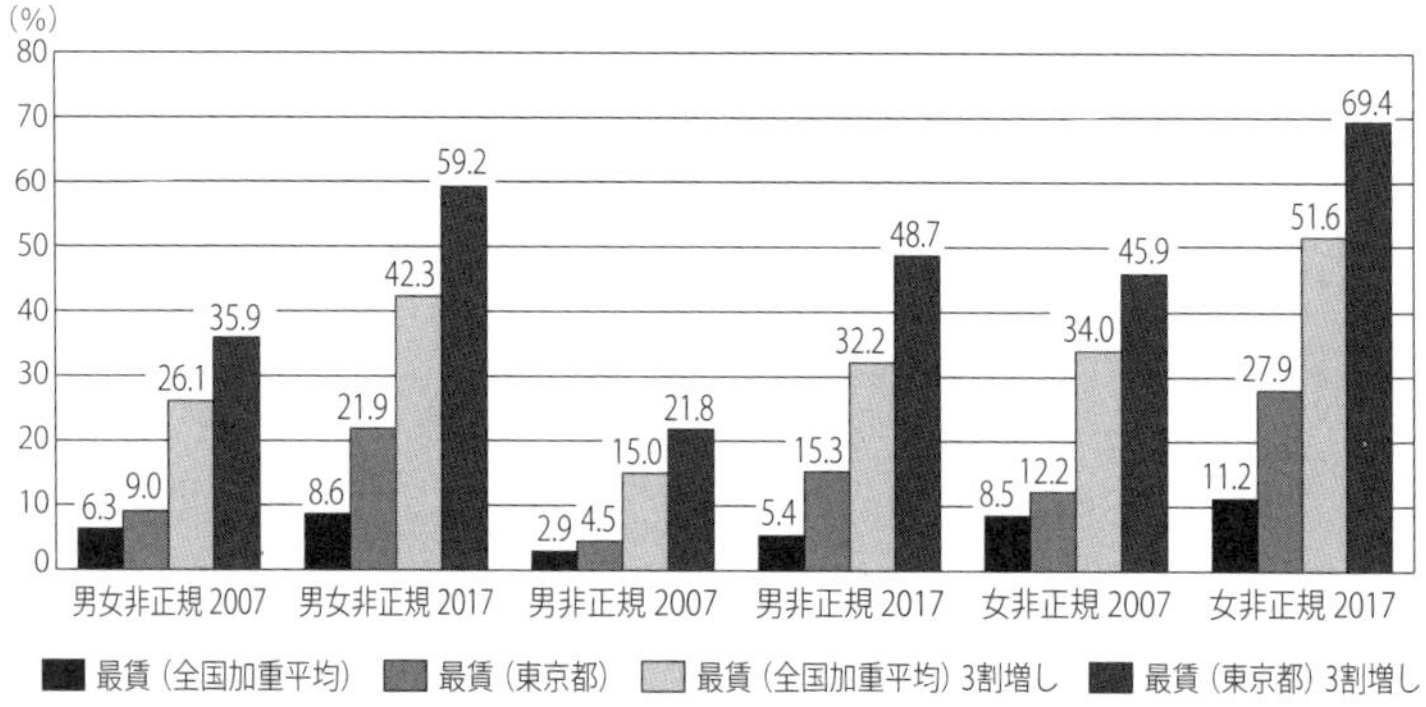

注）10人以上企業。
出所）「賃金構造基本統計調査」より作成。最賃額は2007年度，2017年度のものを使用。

図4　年収300万円未満の男性正規労働者の増加

注）2017年物価調整の値は2012年の消費者物価水準によって2017年の集計値を調整したもの。
出所）「就業構造基本調査」より作成。

図5　年収400万円未満の男性正規労働者の増加

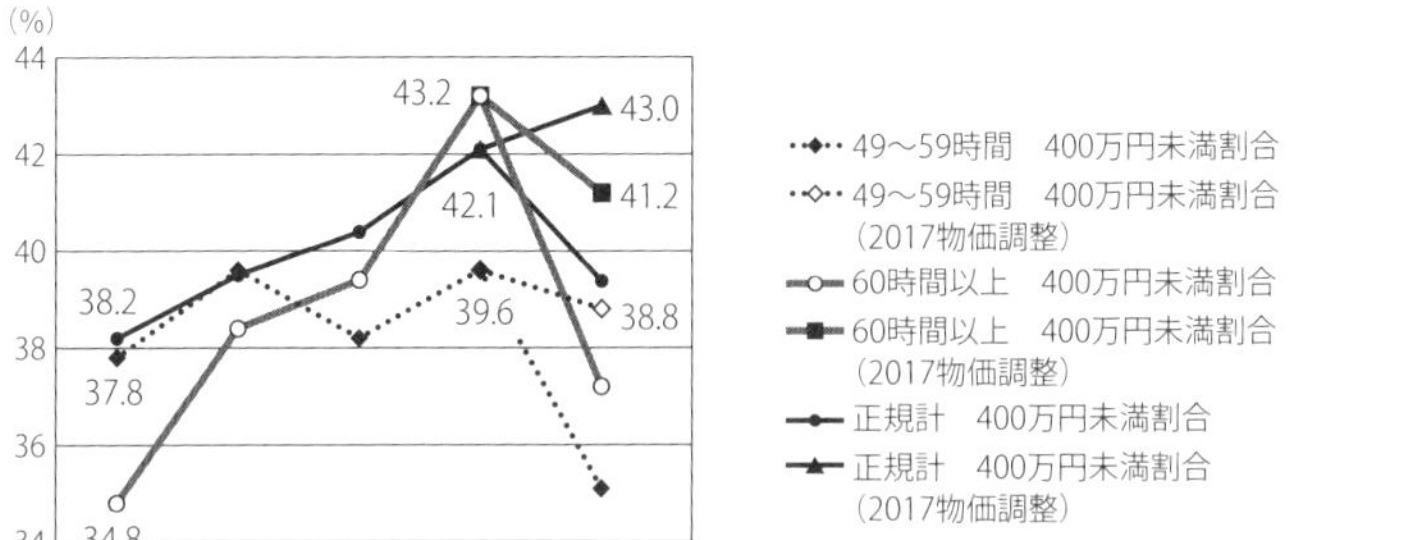

注）2017年物価調整の値は2012年の消費者物価水準によって2017年の集計値を調整したもの。
出所）「就業構造基本調査」より作成。

〈最賃３割増し〉未満を見ると、２０１７年では非正規が42％（男性32％、女性52％）であり、正規も９％（男性６％、女性17％）に達しています。

　大都市部の最賃を基準にすると、この割合はさらに大きくなり、東京都の最賃額の３割増し未満は、正規労働者でも18％（男性12％、女性30％）となります。

　正規労働者であっても、賃金相場に十分に影響を与えるだけの割合の人々が、〈最賃＋α〉にいることがわかります。すでに、最賃はふつうの賃金と無関係な存

図6　年収500万円以上の男性正規労働者の減少

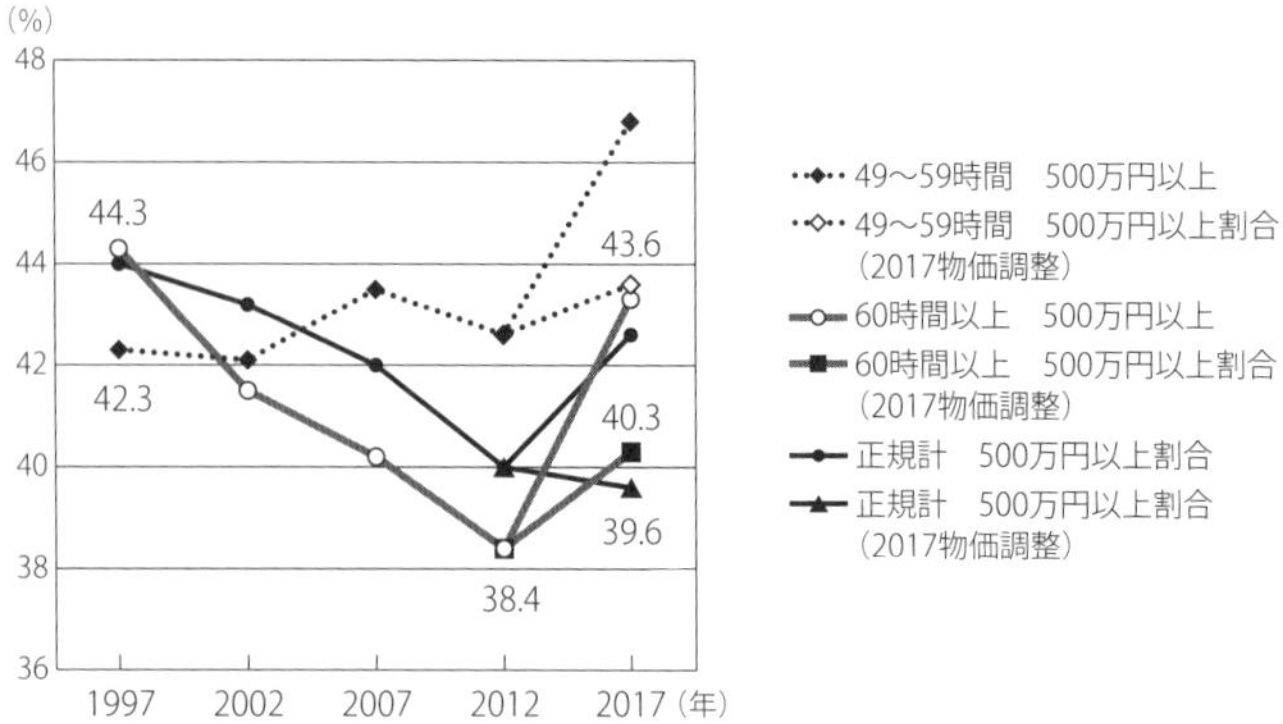

注）2017年物価調整の値は2012年の消費者物価水準によって2017年の集計値を調整したもの。
出所）「就業構造基本調査」より作成。

図7　フルタイム非正規（25〜44歳）の所定内賃金月額

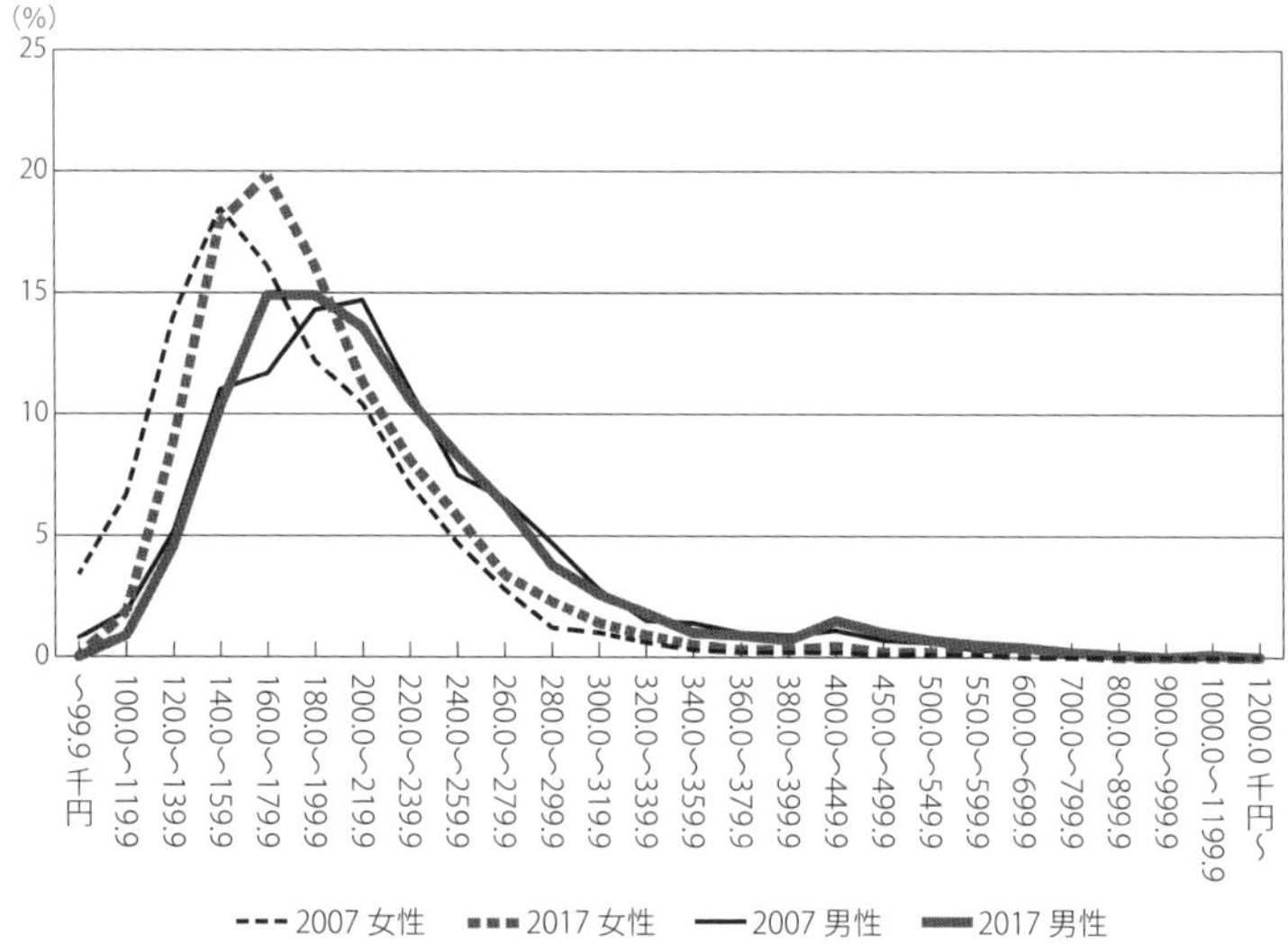

出所）「賃金構造基本統計調査」より作成。

在ではなく、その重要な一部分になっているのです。

そうした変化の背景ですが、この20年間で低賃金の正規男性の割合が大きく増えました。図の4と図5は「就業構造基本調査」によったものです。２０１７年は物価が２０１２年に比べて5%ほど上昇しましたので、２０１２年の物価水準で調整した数値も示しています。調整値を使うと、３００万円未満の割合は97年の19%から２０１７年には23%に、４００万円未満は38%から43%に増えています。

図4を見ると、３００万円未満の増え方は、長時間労働の人々のところでより大幅であり、また、若い働き盛りのところで顕著です。25～34歳の60時間以上就業者では、３００万未満の割合が２００７年からのわずか5年間で22%から27%へと急増し、その後の5年間で少し下がりましたが、高い水準です。また、図5を見ると、正規男性では週49～59時間よりも、60時間以上のほうが４００万円未満の増え方が大きいことがわかります。２０１７年は物価調制値でも60時間以上の低所得割合が下がっていますが、おそらくこれは、この間の最低賃金上昇の影響が少なくないと推測されます。東京都の最賃額９５８円で週に65時間、年間50週働くと３４１万円になり、全国加重平均８４８円では３０２万円になります。

なお、現在の男性正規では、長時間労働の部分で、時間と年収の逆転が起きています。５００万円以上の割合は、週49～59時間44%に対し、60時間超は40%と逆に少なくなっています（２０１７は物価調整した数値。図6）。97年はこうではありませんでした。長時間かつ低賃金のグループと高賃金グループとの時間給の差が拡大し、雇い方・働かせ方にも大きな変化があったのです（2章2）。

最賃大幅引き上げは、正規雇用の場合にも、長時間・低賃金の急増への大きな歯止めとなるでしょう。

次に、非正規でもフルタイムで働く人々に着目しましょう。この10年で、働き盛り年齢の所定内賃金

図8　夫がいる女性非正規とそれ以外の非正規

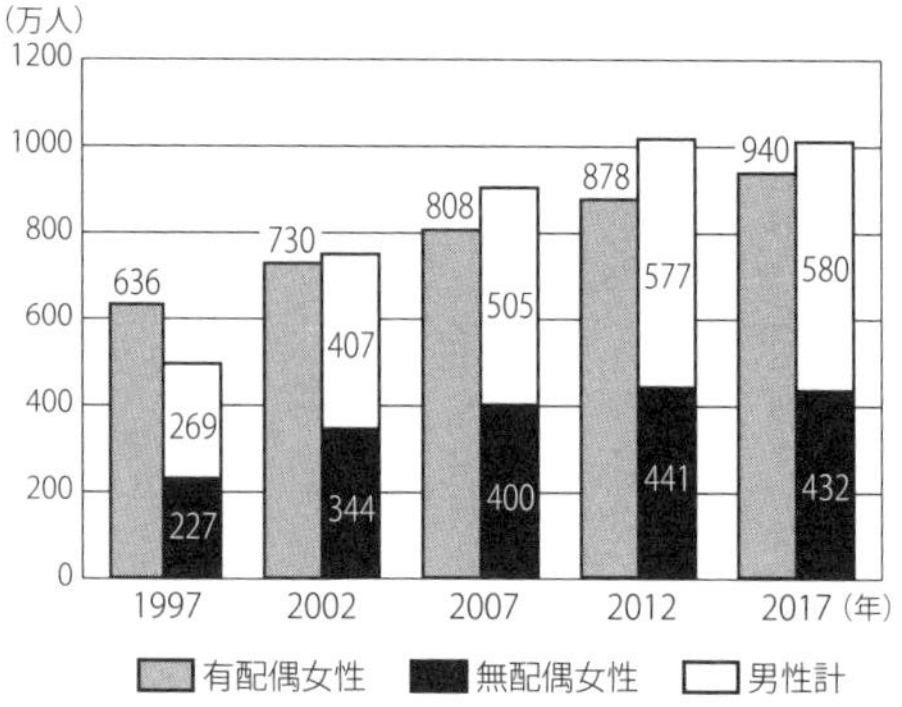

注）学生アルバイトを除く。
出所）「就業構造基本調査」より作成。

分布は、男性は下がり、女性は上がって、分布のピークがそれぞれ移動しました（図7）。男女ともに、16万～20万円未満の割合が増えています。この月額は時間給にすると、〈東京都の最賃額～その3割増し〉とほぼ同じ数値です。

「賃金構造基本統計調査」によると、フルタイム非正規労働者の所定内実労働時間は、男女平均が１６３時間であり、正規労働者の１６６時間と大差ありません（２０１７年）。フルタイム非正規はすでにふつうの働き方の一部になっているのです（「毎月勤労統計」は２０１７年平均で１５４・２時間。「賃金構造基本統計調査」は6月分の調査。6月は祝日が少ない）。

◎家計を担う非正規労働者の大幅な増大

〈１５００円〉が大きな関心を呼んだもう一つの大きな要因は、「家計補助」という位置づけにそぐわない非正規労働者が大きく増えて、非正規でも生活できる、まともな賃金への要求がいっそう切実になったことです。

その背景は、「家計補助」賃金とセットになっていた「男性世帯主賃金」を得る男性労働者が大幅に減ったこと、つまり、日本型雇用の縮小・解体です。30歳代後半の男性労働者のうちの年収が５００万円以上の割合は、１９９７年の55％が２０１７年には39％に減りました（「就業構造基本調査」物価調整値では34％）。「男性世帯主賃金」の縮小の程度がわかります。かわりに低処遇正規、および、非正規の男性が増えました。

その結果、夫がいる女性でも労働力化が進み、女性非正規でも、しっかり働いて家計の何割かを支える女性が増えました。また、無配偶の女性が増え、単身あるいは子どもを抱えるなど、家計をもっぱらあるいは主として担う女性非正規労働者も増えています。

そして、男性非正規労働者（学生アルバイトを除く）が大幅に増えましたが、彼らも「家計補助」という位置づけには合いません。単身世帯である場合はもちろん、親元にいる場合でも、少なくても自分一人は暮らせる賃金が必要なはずです。

図8は、非正規労働者を、夫がいる女性非正規とそれ以外とに分けて、それぞれの数の推移を1997年からの20年間で見たものです（学生アルバイトを除く）。「それ以外」の非正規が2002年から夫がいる女性非正規を上回っています。実際には、夫がいる女性非正規のなかにも「家計補助」があてはまらない人々が増えているのですから、「家計補助」論による、非正規への低処遇の押しつけは、まったく、実態に合わないことがわかります。

AEQUITAS（エキタス）と「#最低賃金1500円になったら」――栗原耕平

AEQUITASの発足とその活動

AEQUITAS（エキタス。ラテン語で「公正」「正義」の意味）は、最低賃金1500円をめざす市民運動団体です。結成したのは2015年9月、安保法制への反対を中心に反安倍の市民運動が大きな盛り上がりを見せた時期の直後でした。

2011年以降、反原発、反ヘイトスピーチ、反特定秘密保護法、反安保法制、反安倍など、さまざまなイシューの運動が路上で展開されてきました。それは新しい社会変革の可能性とイメージを僕らに与えました。しかし、ますます切実かつ多くの人の要求となっているはずの労働問題や生活問題は路上の運動では扱われず、そのことに違和感をもってもいました。エキタスのあるメンバーはスピーチで、「私には守るべき平和なんてない」と語りましたが、「平和を戦争や政権から守る」だけでなく、「貧困や劣悪な労働環境によってすでに壊されている日常を平和にする運動」が必要だと感じていたのです。そんなことを数人で考えていたとき、アメリカの「Fight For 15」という最低賃金15ドルをめざす運動の情報を目にしたある人が、「これを日本でもできないか」とつぶやきました。これがエキタスの始まりです。

2015年の9月に団体名を「AEQUITAS」に決め、10月に初めてのデモ、「生活守れ！上げろ最低賃金デモ」を新宿で行い、700人を集めました。2017年4月15日には潮流を超えてさまざまな労働組合に参加を呼びかけ、「上げろ最低賃金デモ」を1500人の規模で行いました。そのほかにも、たとえば2016年の8月には「貧困叩きに抗議する新宿緊急デモ」を行いました。当時NHKで貧困当事者として報道された女子高生がアニメのグッズをもっていることなどに対して発生した、「その貧困はねつ造だ」というバッシングへの緊急の（行動の3日前に実施を決めました）抗議行動でした。緊急にもかかわらず500人が集まりました。

最低賃金1500円になったら

エキタスは発足当初から「最低賃金1500円」を掲げていますが、このスローガンの力と重要性をあらためて実感したのが、SNS上で行った「#最低賃金1500円になったら」というアンケートでした。これは、最低賃金1500円になったら何をしたいか、どうなると思うか、つぶやいてほしいと呼びかけたものですが、驚くほど多くの声が数日で集まりました。

なかでも一番多かった声は「病院に行きたい」。次が「貯金したい」です。そのほかにも、「ひとり暮らししたい」「正社員辞めたい」「ダブルワークやトリプルワークやめたい」「地元に帰る」「離婚する」「自分のことを好きになれる人が増える」などの声がありました。

二つのことをここから感じました。まず、最低賃金1500円というスローガンが、非常に多くの人の欲求を喚起し、ネット上に自分の思いを投稿するという主体的な行為を促す力をもっていることです。これは、「最低賃金」の役割が多くの人の生活にとって大きくなっていることに、現行の最低賃金の水準を大きく上回る「1500円」という要求が相まって、それが実現すれば、自らの生活が抜本的に変わるというイメージをもたらしたためでしょう。

そして、最低賃金1500円の実現によって満たされると思われる欲求は、非常にささやかなもので、「健康で文化的な最低限度の生活」の水準を超えるものではないということです。同時にこれは、生存権が広範に奪われている実態をも浮かび上がらせています。

最低賃金1500円は、生存権保障のためにその実現が不可欠な政策であるとともに、抑圧的な社会のなかで奪われている、正当な欲求を大衆的に取り戻すためのスローガンとして大きな力をもっています。それは、低迷する労働運動の突破口の一つになりうるのではないでしょうか。

子どもの貧困から見た地域格差と最賃格差

――戸室 健作

筆者は、総務省の「就業構造基本調査」と厚生労働省の「被保護者調査」をもとに、都道府県別の子どもの貧困率を計算しました。ここでいう「子どもの貧困率」とは、18歳未満の子どものいる世帯のうち、生活保護法の最低生活費以下の収入しかない世帯（子育て貧困世帯）の割合のことです。最低生活費は、都道府県別、世帯人員別に異なっており、それを基準に、それ以下の世帯数を子育て貧困世帯数として算出しました。

計算の結果、２０１２年時点の都道府県別の子どもの貧困率は、高い順に沖縄県（37・5％）、大阪府（21・8％）、鹿児島県（20・6％）、福岡県（19・9％）、北海道（19・7％）となっています。逆に、最も低い地域は福井県（5・5％）で、次いで富山県（6・0％）です（詳しくは、戸室健作「都道府県別の貧困率、ワーキングプア率、子どもの貧困率、捕捉率の検討」『山形大学人文学部研究年報』13号、２０１６年を参照してください）。

子どもの貧困率と最低賃金はどのような関係にあるのでしょうか。それについて調べたのが、図1です。縦軸が最低賃金水準で、横軸が子どもの貧困率となっており、各都道府県を配置したものです。

最低賃金水準は、「最低賃金（２０１２年度。年額）／最低生活費（世帯人員２人）」で計算しています。つまり、生活保護制度の最低生活費と比べて最低賃金額がどれくらいの高さになっているかを示したものです。最低生活費が世帯人員２人分となっているのは、子育て世帯は少なくとも世帯人員が２人（親１人、子１人）だからです（世帯人員が1人ということはありえません）。また、最低賃金（年額）は、「最低賃金（時給）×8時間×20日×12か月」で計算しています（最低賃金水準については、星貴子「ワーキングプアの実態とその低減に向けた課題」『ＪＲＩレビュー』２巻41号、２０１７年、24頁を参考にしました）。

図を見ると、最低賃金水準が低い地域ほど、子どもの貧困率が高くなっていることがわかります。逆に、子どもの貧困率が最も低い福井県や次いで低い富山県は、最低賃金水準が最も高い地域となっています（ちなみに、福井県の最低賃金の水準は、「最低賃金（年１３２万４８００円）／最低生活費（年１６０万４３３８円）」で82・6％です）。このことは何を意味しているのでしょうか。

　子育て世帯の親の多くは働いており、親の収入の多寡が子どもの成育環境に影響を与えています。もし、親がワーキングプアの状況で働いていれば、その子どもも貧困状態におちいってしまいます。ワーキングプアとして働く親の賃金は、最低賃金の金額によって大きく規定されています。そのため、その地域の最低生活費よりも、最低賃金の金額が大きく下回る都道府県ほど、子どもの貧困率は高まることになるのです。子どもの貧困率を解消するためには最低賃金を高めることがきわめて重要だということを、図は物語っています。

図1　最低賃金水準と子どもの貧困率

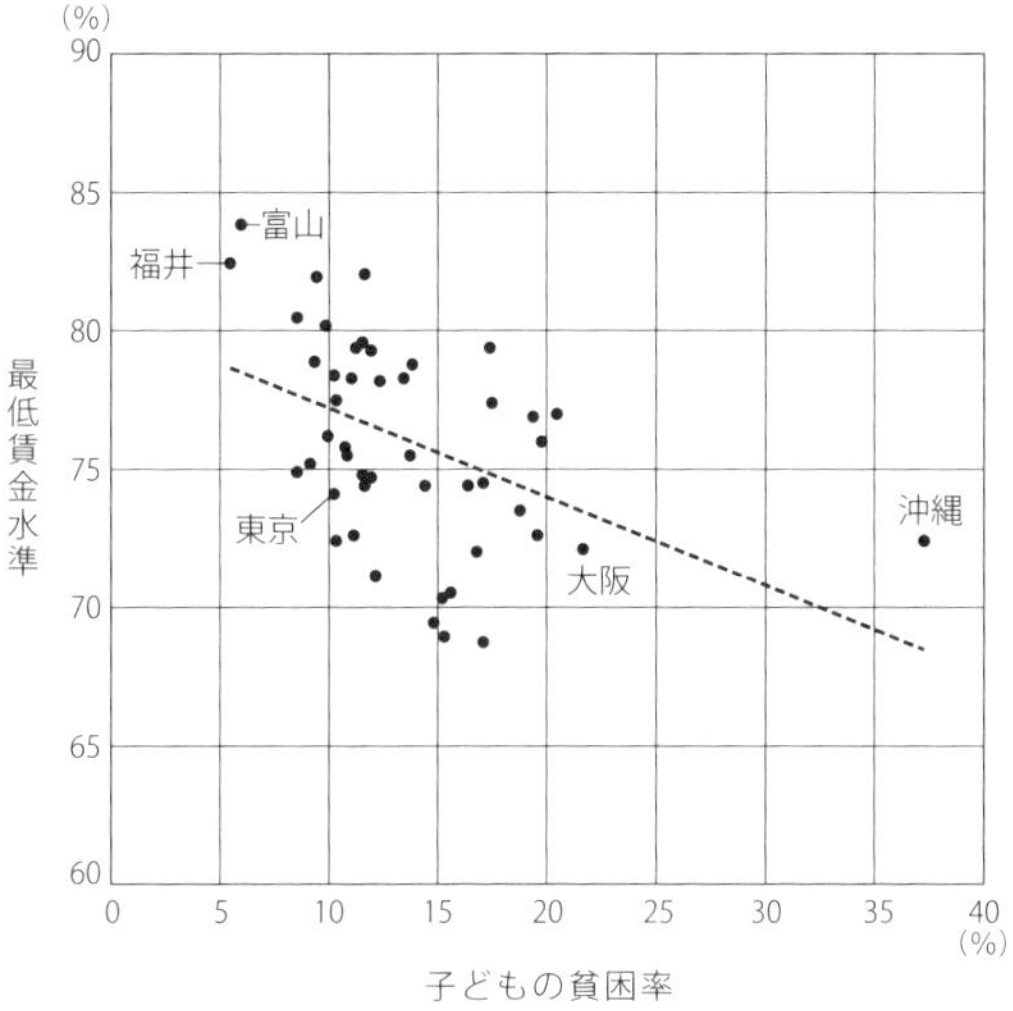

注）相関係数は−0.44。
出所）戸室健作「都道府県別の貧困率，ワーキングプア率，子どもの貧困率，捕捉率の検討」『山形大学人文学部研究年報』13号，2016年と，厚生労働省のホームページより作成。

2 「ふつうの暮らし」がわかる――生計費調査と最低賃金

中澤 秀一

(1)「健康で文化的な最低限度」＝カツカツ？

「ふつうの暮らし」という言葉からどんな暮らしをイメージしますか？ 人により「ふつう」のとらえ方はさまざまで、なかなかイメージを一致させることは難しいです。また、同様にイメージが人によって異なるのが、憲法25条にある「健康で文化的な最低限度の生活」という文言です。ここから生存ギリギリ、カツカツの生活をイメージする人もいるでしょう。ところが、憲法25条でいうところの「最低限度の生活」とはミニマム（＝minimum）の生活であり、けっして最底辺（the lowest）の生活という意味ではありません。現在の資本主義経済体制を維持するために、あまねく国民に保障されなければならない生活水準のことを意味しており、その「最低限度の生活」の水準に「健康で」あり、「文化的」な要素が含まれなければならないのです。すなわち「健康で文化的な最低限度の生活」とは、あるべき「ふつうの暮らし」であるということです。1日8時間週40時間フルタイムで働いたとしたら、誰もが「ふつうの暮らし」を送れるだけの賃金をもらえないとおかしくはないでしょうか。このことを生計費原則といいますが、賃金における大原則で、最低賃金法でもそのことが意図されています。

本節では、あらためて「ふつうの暮らし」とはどんな生活なのか、また「ふつうの暮らし」を実現するためには最低賃金制度とはどうあるべきなのかを、最低生計費調査の結果から考察してみようと思います。まずは、最低生計費調査がどんな調査であるのかを説明しましょう。

（2）最低生計費調査とはこんな調査

ここで取り上げる最低生計費調査は、マーケット・バスケット方式による生計費試算で、「ふつうの暮らし」に必要な生活用品やサービスの量を、たとえば穀類○kg、肉類○g、シャツ○着、理容○回等のように一つひとつ積み上げていくやり方です。イギリスで貧困調査を行ったB・S・ラウントリーによって考案され、かつては生活保護制度で保護基準を定める際にも、このマーケット・バスケット方式が採用されていました（1948～60年度まで）。佛教大学の金澤誠一氏が、首都圏や東北地方でこれを現代版に改良して最低生計費調査を行っており、今回の調査では基本的にその手法を踏襲しています。

このやり方の最大の長所は、最低生計費の内容が具体的でわかりやすいことです。集計にあたっては、「生活実態調査」「持ち物財調査」からなるアンケート調査と、それにもとづく「価格調査」の三つの調査を実施して、労働者や市民の生活実態に関する客観的なデータを集めています。ちなみに、ここで利用する2015～17年の調査（北海道、東北地方、新潟、埼玉、静岡、愛知、福岡の計12道県）では、ひとり暮らしをしている若者のデータを約1250ケース集めました。

「生活実態調査」では、昼食のとり方やその費用、通勤手段、ふだんの買い物場所などの日常生活にかかわることから、行楽や旅行など余暇活動にかかわること、結婚式や忘・新年会への参加、親しい人へ贈るプレゼント費用など人づきあいにかかわることなどまでたずねて、大まかな生活のパターンを把握しています。また、「持ち物財調査」では、ふだん使いしている家電、家事用品、被服類などをその数量とともにピックアップしてもらっています。ここで最低生計費に組み入れるのは、原則「7割以上の人が保有の品目」です。保有率が7割以上の品目は所得や消費支出が減っても需要の変化が比較的小さく、必需品としてみなすことができると考えたからです。そのほかに、「消費数量＝下から3割の人が保有する数」としています。たとえば、「背広」を何着もたせるかは、「背広の所有数の分布において、おおよそ下層から3割付近の者が保有する数」を算定基準としています。これについては、相対的貧困率が等価可処分所得の中央値の半分のラインを貧困線として定め、それ以下の割合のことをさしているように、平均値や中央値の半分というのは、「許容できる格差」として国際的にも認められているラインです。今回は、それに近似するラインとして「下から3割」が妥当と考えました。もう一つの「価格調査」は、実際の買い物先に赴いて、所有が認められた商品やサービスの価格を調べて、原則的には、最低価格を採用して最低生計費の算定を行っています。

具体的に、どんな算定をしているのか、埼玉県調査のデータを用いて説明してみましょう。表1は、埼玉県でひとり暮らしをしている若者の「被服・履物費」の算定部分を抜粋したものです。まず、持ち物財調査から保有率が70％を超えた品目をピックアップします。次に、生活実態調査で買い物先を特定して（この場合は量販店）、価格調査を行っていきます。ここでは原則、最も安い価格を採用しますが、※印のついているような仕事上、着用する「背広」や「ジャケット」等については標準的な価格を採用するようにしました（人前に出ても恥ずかしくないようにということです）。使用年数は、家電や家具などの耐久財については国税庁「減価償却資産の耐用年数等に関する政令」を、被服類や寝具などについてはクリーニング事故賠償問題協議会「クリーニング事故賠償基準」をそれぞれ採用しています。消費量については、先ほど説明したように「下から3割の人が保有する数」を基準に定めました。ここから品目ごとの1か月当たり価格を算出しているのです。なお、6643円が計上されていますが、毎月この金額を被服・履物費に使っているというわけではありません。あくまで月当たりにならした数字であることに留意してください。

表1　被服・履物費の算出表
（埼玉県，25歳男性単身世帯の結果より）

被服・履物	単価	使用年数	消費量	月価格
背広※	31,320	4	2	1,305
オーバーコート※	42,120	4	1	878
ジャケット※	6,470	4	2	270
替えズボン（ジーンズ含）	3,229	4	3	202
パーカー	2,149	2	2	179
ワイシャツ	2,149	2	4	358
長袖シャツ	1,069	2	3	134
半袖シャツ	1,069	2	3	134
ポロシャツ	2,149	2	2	179
シャツ（合・冬）	1,620	1	4	540
Tシャツ	637	2	5	133
ジャージ	3,229	2	1	135
パンツ・ブリーフ	513	1	5	214
サンダル	463	2	1	19
靴※	8,532	2	3	1,067
運動靴・スニーカー	4,212	2	1	176
靴下	281	2	6	70
ネクタイ※	3,132	2	3	392
バンド・ベルト	3,132	2	2	261
小計				6,643

注）各品目の月価格の合計額と小計は，端数処理のため必ずしも一致しない。

　このような作業を家電・家具・寝具・日用雑貨など他の品目でも行います。このほか、総務省「全国消費実態調査」などの統計調査結果も組み合わせています（水道光熱費や通信費について）。

　それから、予備費について説明しておきましょう。表2（36〜37頁）の最低生計費調査結果の一覧を見てください。最低生計費＝消費支出＋予備費＋非消費支出という内訳となっていて、予備費として消費支出の1割が計上されています。この予備費は、個々人の多様性を考慮した部分となります。たとえば、エネルギー消費量は、同じ年齢層でも身長や体重によって違いがあって、食費が多い人がいればそうでない人もいます。また、心身の健康状態や障害の有無・程度により医療費・介護費なども異なってきます。このように個々人の多様性に対応することも、実態から乖離していない、リアルな最低生計費を算定するために必要だということで、予備費という項目が設けられているのです。

こうして「ふつうの暮らし」のために必要な費用を、一つひとつ科学的に積み上げていったのがマーケット・バスケット方式による最低生計費なのです。

(3)「ふつうの暮らし」って、なんだ？

最低生計費は、労働組合の〝絵に描いた餅〟でもなければ、研究者による〝机上の空論〟でもありません。「ふつうの暮らし」とはどんな暮らしなのか、労働者や市民による議論を重ね、それも反映させています。

労働者や市民から集められたデータが、最低生計費の試算をするうえでの基礎となりましたが、さらに数字に確信をもたせるために「合意形成会議」を実施しています。この会議には、試算を行った地域に住んでいる労働者・市民たちが参加して、「ふつうの暮らし」について、どんな内容にすればよいのか議論してもらっています。当初は、最低生計費とは、ただ単に食べられるだけの費用を考えていた人が多かったようでした。しかし、ワーク・ライフ・バランスをはかるためには、映画やコンサートに行ったり、自分の趣味を楽しんだりして、リフレッシュする機会が必要だし、円滑な人間関係を形成するためには、ある程度の〝つきあい〟のお金がかかるということを説明すると、それぞれに納得して「ふつうの暮らし」について議論し、そこで合意を形成していったのです。

具体的に会議では、単独では保有率が7割には達しないけれども、もたせたほうがよい品目について議論したり（たとえば、「やかんとケトル（電気湯沸かし）とでは、どちらを所有させたほうが若者のライフスタイルにマッチしているのか」）、参加者自身やまわりの同世代の生活について語り合ったりしながら、最終的な決定を行いました。「仕事の後に行く飲み会は、月に何回くらいがふつうなの」「ふつうの若者は年に何回くらい旅行に行くんだろう」「恋人や友人へのプレゼントは、ふつうならこれくらい金額をかけるんじゃない」このような議論を経て、次のような「ふつうの暮らし」が想定されました。

◎さいたま市在住の25歳のケース（最低生計費＝約24万円）

- 緑区の25㎡の1ＤＫのアパートに住み、家賃は更新料込みで5万2500円（共益費＋2000円）。都心までの通勤にはＪＲを利用している（定期代は1万3000円）。
- 冷蔵庫、炊飯器、洗濯機、エアコンなど、家電は量販店にて最低価格帯で揃えた。
- 1か月の食費は、約3万9000円。朝食は家でしっかりと食べ、昼食は、コンビニなどでお弁当を買い（1食当たり500円）、2か月に3回（1回当たり3000円）同僚や友人と飲み会・ランチに行っている。
- ビジネスで着用する衣服については、背広2着（約3万円）を4年間着回している。

・休日は家で休養していることが多い。1泊以上の旅行は年に2回（1回当たり費用3万円）。月に2～3回は、恋人や友人と遊んだり、映画・ショッピングに行ったりして、オフを楽しんでいる（1回5000円）。

◎盛岡市在住の25歳のケース（最低生計費＝約23万円）

・郊外の25㎡の1DKのアパートに住み（この時点で自動車が必需品となる）、家賃は3万5000円（共益費＋2000円）。通勤には自家用車を利用している（自動車にかかる費用は、購入費、ガソリン代、駐車場代等で3万2000円）。
・家電は量販店にて最低価格帯で揃えている。寒冷地のため水道光熱費は9000円かかる。
・1か月の食費は、約4万円。朝食は家でしっかりと食べ、昼食は、コンビニなどでお弁当を買い（1食当たり500円）、月に2回（1回当たり3000円）同僚や友人と飲み会・ランチに行っている。
・ビジネスで着用する衣服については、背広2着（約1万円）を着回している。
・休日は家で休養していることが多い。帰省なども含めて1泊以上の旅行は年に2回で、1回当たりの費用は3万円。月に2回は、恋人や友人と遊んだり、映画・ショッピングに行ったりして、オフを楽しんでいる（1回2000円）。

車をもっている／いないなどのバリエーションはありますが、これが調査結果や議論をふまえて想定した「ふつうの暮らし」の内容です（公共交通機関が発達しているか否かで生計費に大きな影響をおよぼすこともわかってきています）。このような暮らしを「ぜいたく」と感じるでしょうか。1日8時間週40時間フルタイムで働いたとしたら、これくらいの暮らしが実現してこそ「ふつう」なのではないでしょうか。

（4）調査から見えてきた現在の最賃の問題点

表2は、全国各地の労働組合の協力を得て2015～17年にかけて実施した最低生計費調査の結果をまとめたものです。

調査によると、「ふつうの暮らし」に必要な費用は、税・社会保険料込みで約22万～24万円（月額）で、全国どこでも大きな差がありませんでした。この金額を月の労働時間で除すれば、「ふつうの暮らし」を送るために必要な時給がいくらになるか明らかになります。表の下から2段目の173・8時間換算です。これは、法定上での最も長い所定労働時間（月）で、お盆もお正月も関係なく、1日8時間週40時間でずっと1年間働きつづけるという働き方で、あまりリアリティがないのですが、最低賃金審議会で使っている数字なのでとりあえずこの労働時間で換算してみると、どこの結果もその地域の最低賃金額はその額にさえ届いていません。つまり、現在の最低賃金は「ふつうの暮らし」を送ることはできないほどの低額です。

では、どれくらいの額なら「ふつうの暮らし」が可能になるのでしょうか。表の下から3段目は、150時間換算の時給額です。1980年代後半に、豊かでゆとりのある生活を実現するために、政府によって労働時間を短縮する目標として掲げられた労働時間が年間1800時間でしたが、これを月当たりに換算すると150時間になります。つまり、ワーク・ライフ・バランスを実現できるような労働時間ということです。1500～1600円レベルの数字になっていますね。

（円）

福島県	埼玉県	新潟県	静岡県		愛知県		福岡県	
福島市	さいたま市	新潟市	静岡市		名古屋市		福岡市	
男性	男性	男性	男性	女性	男性	女性	男性	女性
D	A	C	B		A		C	
167,952	173,524	177,018	181,897	180,960	163,083	163,213	161,660	169,945
40,703	38,610	39,597	40,253	34,240	38,457	31,711	43,686	32,657
32,000	52,500	38,000	38,000	38,000	45,000	45,000	32,000	32,000
8,715	6,867	11,064	7,559	6,594	7,510	6,551	7,722	9,184
3,509	4,781	3,765	3,883	4,124	3,480	3,600	3,697	4,090
6,225	6,906	6,951	7,521	4,296	8,426	8,406	7,108	8,681
2,596	3,366	4,188	3,255	4,516	2,186	5,016	1,168	3,729
37,028	19,635	40,335	43,356	43,167	19,062	18,872	15,613	21,188
17,726	20,225	14,970	18,408	22,034	17,745	17,764	24,739	25,191
19,450	20,634	18,148	19,662	23,989	21,217	26,293	25,927	33,225
37,320	51,055	47,287	46,662	46,662	47,562	47,562	49,776	49,776
16,700	17,300	17,700	18,100	18,000	16,300	16,300	16,100	16,900
184,652	190,824	194,718	199,997	198,960	179,383	179,513	177,760	186,845
221,972	241,879	242,005	246,659	245,622	226,945	227,075	227,536	236,621
2,663,664	2,902,548	2,904,060	2,959,908	2,947,464	2,723,340	2,724,900	2,730,432	2,839,452
1,480	1,613	1,613	1,644	1,637	1,513	1,514	1,517	1,577
1,277	1,392	1,392	1,419	1,413	1,306	1,307	1,309	1,361
748	871	778	832		871		789	

このように調査からは、少なくとも最低1300円（月173・8時間換算）ほど、ワーク・ライフ・バランスを志向するならば1500円以上（月150時間換算）あってしかるべきという結果が出ているのです。最低賃金＝1500円という数字の大きな根拠となるでしょう。

最低賃金法9条には、最低賃金を決定する要素として、「地域における労働者の生計費及び賃金並びに通常の事業の賃金支払能力を考慮して定められなければならない」とされ、さらに「労働者の生計費を考慮するに当たっては、労働者が健康で文化的な最低限度の生活を営むことができるよう」とも明記されています。つまり、最低賃金額を決めるにあたっては、労働者の生計費を相当に重視しなければならず、その水準は「健康で文化的

表2　最低生計費調査結果

都道府県名		北海道		青森県	秋田県	岩手県	山形県	宮城県
自治体名		札幌市		青森市	秋田市	盛岡市	山形市	仙台市
性別		男性	女性	男性	男性	男性	男性	男性
最賃ランク		C		D	D	D	D	C
消費支出		163,805	159,471	162,589	163,216	173,997	166,317	167,016
	食費	39,991	32,310	39,977	40,133	40,083	40,032	40,017
	住居費	32,000	32,000	26,000	29,000	35,000	30,000	30,000
	水道・光熱	10,206	9,933	8,076	8,260	9,024	8,695	8,686
	家具・家事用品	4,071	4,398	3,664	3,479	4,216	3,905	3,821
	被服・履物	5,828	4,431	6,514	6,626	6,501	5,628	7,095
	保健医療	4,558	3,274	2,596	2,596	2,596	2,596	2,596
	交通・通信	16,660	17,438	38,342	35,710	39,697	37,634	38,342
	教養・娯楽	30,068	30,068	17,950	18,093	17,533	17,057	17,126
	その他	20,423	25,619	19,470	19,319	19,347	20,770	19,333
非消費支出		44,878	44,878	37,294	37,428	37,367	37,367	37,375
予備費		16,300	15,900	16,200	16,300	17,300	16,600	16,700
最低生計費（月額）	税抜	180,105	175,371	178,789	179,516	191,297	182,917	183,716
	税込	224,983	220,249	216,083	216,944	228,664	220,284	221,091
年額（税込）		2,699,796	2,642,988	2,592,996	2,603,328	2,743,968	2,643,408	2,653,092
月150時間換算		1,500	1,468	1,441	1,446	1,524	1,469	1,474
173.8時間換算		1,295	1,267	1,243	1,248	1,316	1,267	1,272
2017年最低賃金額		810		738	738	738	739	772

注）1　調査の実施年は，新潟県・静岡県・愛知県については2015年，北海道・東北6県・埼玉県については2016年，福岡県については2017年。
2　算定にあたってのモデルは，いずれも25歳単身世帯で，大学卒業後勤続3年，25㎡の1DK（1K）の賃貸マンション・アパートに居住という設定。
3　消費支出＝食費，住居費，水道・光熱，家具・家事用品，被服・履物，保健医療，交通・通信，教育，教養・娯楽，その他の総和，予備費＝消費支出×10%，最低生計費（税抜き）＝消費支出＋予備費。
4　その他には，理美容品費，理美容サービス費，身の回り用品費，交際費，自由裁量費を含む。
5　非消費支出：「所得税」，「住民税」，「社会保険料（厚生年金＋協会けんぽ＋雇用保険）」。

な最低限度の生活」、つまり「ふつうの暮らし」を考慮すべきであるとしているのです。ところが、現在の最低賃金の金額では、とても「ふつうの暮らし」は望めません。労働者の生計費の要素を軽視（無視？）せず、きちんと盛り込んでいくことが、現在の最低賃金制度に求められることです。

　もう一点指摘しておきたいのが、最低賃金の都道府県別の格差です。現在の最低賃金制度は地域別最賃になっていて、47都道府県で異なっています。(2018年4月現在)最高と最低の差は221円となっています。ところが、先に述べたように、今回の調査結果では最低生計費に全国どこでも大きな差がありませんでした。「東京などの大都市は物価が高い分、生活費がかかるけれども、地方は反対に物価が安いから生活費は安くてすむ」というのが〝常識〟でした。ところが、最低生計費で各地の生活構造を見ると、そうではないことが確認できます。確かに、住居費(家賃)は都会のほうが高いのですが、地下鉄やバスなどの公共交通機関が発達しているために、車がなしでも生活に支障をきたさないので、交通費が安くてすみます。一方、地方は、家賃は安いけれども、車がないと生活が成り立たないので、交通費が高くなってしまうのです。都会に住んでいる人にはわかりにくいかもしれませんが、地方は通勤のみならず、買い物、病院への通院、レジャーまで生活のありとあらゆる場面に車が必要な社会となっています。最低生計費試算では、車は7年落ちの中古車を6年間乗るというのが、最も費用対効果が高いだろうということで交通費に組み込んでいますが、車を1台所有することで、車の価格プラス保険料、ガソリン代、駐車場代、税金、整備費用など、もろもろで月額約2万5000~3万円がかかってくるのです。たちまち、家賃の安い分が相殺されてしまい、総額の最低生計費は同じような水準になってくるのです。

表3は、最低生計費(税・社会保険料抜き)と最低賃金の格差をそれぞれ比較したものです。現在のところ最も最低生計費の高い静岡市＝100としたときに、最低が青森市＝89・4となって、最低額が最高額の約9割に収まってくるのです。一方、最低賃金のほうは最も高い東京の958円＝100としたときに、最も低い県では77・0にまで格差が広がっています(実際の最低となっている県の指数は76・9)。つまり、最低生計費を最低賃金に反映させるならば、現在の最低賃金の格差はありえないのです。最低

表3　最低生計費および最低賃金額の格差比較

	1か月分の最低生計費（税等抜き）（円）	静岡＝100としたときの最低生計費の比較（％）	2017年度の最低賃金額（円）	東京都（958円）＝100としたときの最低賃金の比較（％）
北海道札幌市	180,105	90.1	810	84.6
青森県青森市	178,789	89.4	738	77.0
秋田県秋田市	179,516	89.8	738	77.0
岩手県盛岡市	191,297	95.6	738	77.0
山形県山形市	182,917	91.5	739	77.1
宮城県仙台市	183,716	91.9	772	80.6
福島県福島市	184,652	92.3	748	78.1
埼玉県さいたま市	190,824	95.4	871	90.9
新潟県新潟市	194,718	97.4	778	81.2
静岡県静岡市	199,997	100	832	86.8
愛知県名古屋市	179,383	89.7	871	90.9
福岡県福岡市	177,760	88.9	789	82.4

賃金は全国一律の制度にしなければならないはずです。しかし、現在のＡＢＣＤに分けられたランク制度は（もともとは都道府県別格差を是正するために導入されたにもかかわらず）、労働者の生計費には都道府県別の格差があるとの誤った認識のもと、地域別格差を年々と拡大させているのです。詳しくは第4章で述べますが、都道府県別に格差づけられた最低賃金は、経済の地域間格差の元凶ともなっています。地域経済を元気にして、地方から都市への人口流出を防ぐためにも全国一律の最低賃金制度をめざさなければなりません。

結論として、すべての人が「ふつうの暮らし」を送れるようにするためには、最低賃金は全国一律で１５００円以上にしなければならないのです。

図1　親と同居する若者（20～34歳，未婚の推移）

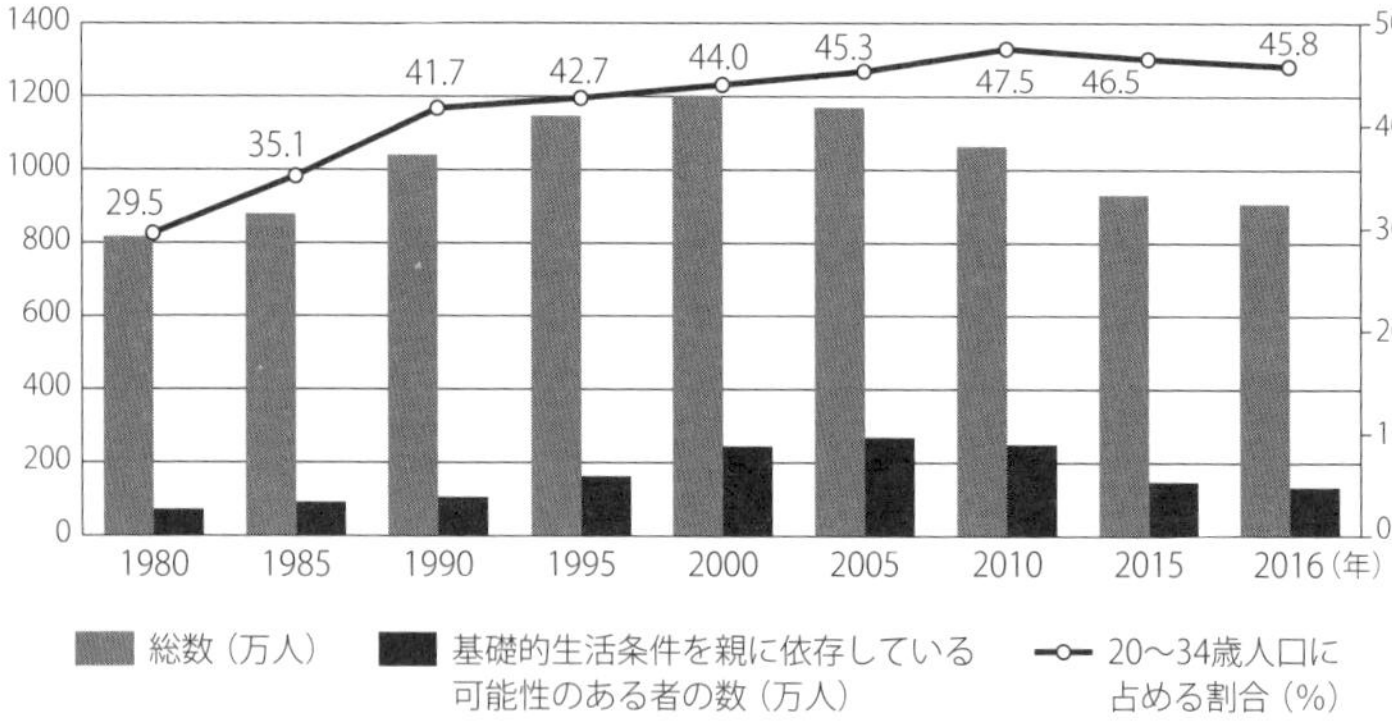

注）1　各年とも9月の数値。
　　2　基礎的生活条件を親に依存している可能性のある者とは，①完全失業者，②無就業・無就学者，③臨時雇・日雇者である。
資料出所）総務省統計研修所・西文彦『親と同居の未婚者の最近の状況（2016年）』。

（5）「独立できない」若者たち

今回の調査において、ひとり暮らしをしている若者のデータを集めるのに苦労しました。その理由は、多くの若者は親と同居しているからです。親元を離れて独立するためには、それなりの費用がかかることは、最低生計費の試算で示されたとおりです。したがって、働いてある程度の収入がありながらも、生活費を節約するために親との同居を選択している若者たちが少なからず存在していたのです。

図1は、総務省「労働力調査」のデータから親と同居する未婚の若者数の推移を示したものです。近年、微減傾向にあるものの、親と同居している若者の割合は、依然として45％を超えています（1980年代は3割ほどの同居率）。そして、その多くは全面的に生活費を親に頼っているのではなく、働いて賃金を得ながらも（それだけは「ふつうの暮らし」が送れないという理由

から）住居費や食費、水道光熱費などを節約するために親との同居を選択している可能性が高いと考えられます。そうやって節約した分を自分の趣味やつきあいにまわせるのだとしたら、親との同居はきわめて合理的な選択であり、多くの若者たちがそうしていることもうなずけます。

また、親と同居することによって、独立して家族を形成する機会が遠ざけられていることも看過できない事実です（現在の最低賃金のレベルではひとり暮らしもままならないのですから、家族形成が難しいのは当然のことですが）。最低生計費調査では、ここで紹介した若者の最低生計費だけでなく、子どものいる世帯の最低生計費についても試算していますが、子どもを育てながら生計を立てるのは、とてもお金がかかります。生計費は、子どもの成長とともに、年々増えていきます。まずは、最低賃金で経済的に独立したひとり暮らしが可能になることがめざされ、さらに次の段階として、子どもの養育も可能になる賃金水準がめざされるべきです。もちろん、賃金だけではなく社会保障との組み合わせで実現することになるでしょう。その際にも、個別の費目が「見える化」している最低生計費調査の結果は、どの社会保障制度をどれだけ充実させればよいか、わかりやすく示すことが可能であり、そこでも大いに活用することができます。

生計費調査から考えた、私の地域の「ふつうの暮らし」

――岩﨑　唯

さっぽろ青年ユニオンは北海道札幌市を拠点に10代～30代の若者が活動する労働組合です。学生バイト、新卒社会人、非正規雇用などの労働者の労働問題について相談を受け、団体交渉などを通して働き方の改善や違法行為の是正をしています。

私たちが住む札幌市の主要交通機関は地下鉄です。札幌市版生計費調査では、その地下鉄沿線に住む25歳の単身者の最低生計費が月額約22万円、時給換算1500円となりました。同じように札幌市内で働く20代単身者のリアルな生活について聞いてみました。

普段の生活のお金の使い方について座談会

Aさん（23歳）：朝食はシリアル、昼は社食400円、夕食は自炊とかインスタント食品で週2000円以内にしているよ。食費は月1万5000円って決めている。タバコとお酒で約1万円はかかっている。

Bさん（29歳）：僕も食事は似たような感じだな。仕事のときはペットボトルのお茶を1本は買って飲むよ。夕食は自炊と購入半々で平均400円。だいたい月3万6000円。食費を節約している感じはしないね。

Cさん（27歳）：私はほぼ自炊で1日1000円以内をめざして、月3万円くらいだよ。

Aさん：スマホは格安SIMを使うと2000円くらいで済んでいるよ。

Cさん：え！　安い～！　私は1万円もかかっている。

Bさん：僕は家のWi-Fiも入れて8000円くらいかな。

Cさん：最近、虫歯ができて歯医者に行っているの。月2回行かなきゃ行けない。これが、けっこうキツイ。

Aさん：なんだかんだ年5回くらいは病院行っているかも。俺も歯科行っているし、若い人はコンタクトの処方で眼科とか行くし、耳鼻科とか皮膚科に行く人もいるよね。

Cさん：女の子だったら婦人科もね。

Bさん：病院には最近行ってないけど、生命保険には入っているよ。

Aさん：趣味にはどのくらいお金使える？　あと旅行とか行く？

Bさん：ウィンタースポーツをやっていて、そのために車ももっているから、それにお金がかかるんだ。

Cさん：本当は温泉とかリゾートとか行きたいけど、去年は旅行には行けなかった。月1回の映画が楽しみ。あとは、ネイルと美容院も月1回。

Aさん：俺は夜に遊びに行くことが多いな。去年は海外にも行ったよ。でも道内の長距離移動は節約したいから、JRじゃなくてバスを使うよ。

Bさん：帰省のときは迷うところだな。函館まで行くならJRのほうが片道4000円高いけど、速いんだよな。

若者が健康な生活と文化的な生活を両立させることは難しい

今回、座談会を通して、最低生計費調査は本当にリアルな金額を出していると感じました。収入が限られれば食費などを抑え、その分を趣味にまわすなどやりくりします。20代でも医療機関にかかることは少なくなく、人によっては奨学金の返済もあり、将来のためには貯金をしておかなければと思いますが簡単には貯まりません。座談会のなかで貯金についてもたずねましたが、月2万円程度の貯金をしたいけれど、実際にはできないことがあるということもわかりました。ここに冠婚葬祭などの突然の出費がくれば生活を削らざるをえません。

健康的な生活と文化的な生活を両立させようと思ったら、最低生計費の額を上回ってしまうかもしれません。若者の「〇〇離れ」といわれますが、離れざるをえない理由が収入にあります。少ない収入では食べていくので精いっぱいで、趣味や自らの視野や知見を広げる経験にお金をまわせないのです。その若者の働く職場には、時給換算で最低賃金に近い仕事がたくさんあります。最低賃金を上げていくことは、将来の豊かさや発展につながると思います。

3　女性の貧困は最賃引き上げでどう変わる？

後藤道夫

（1）女性の低賃金と日本型雇用

フルタイム労働者で比較すると、２０１７年の女性の平均賃金は男性の73％となっています。男性の賃金が下がり、女性が上がった結果、２０００年の65％よりも８ポイント上がりました（「賃金構造基本統計調査」）。これは、一時金や時間外賃金などを含まない所定内賃金での比較ですが、それらを含んだ現金給与総額の年収ベースにすると、２０１７年の男女格差は68％と、２０００年からの改善は６ポイントにとどまります。

日本の男女賃金格差がとくに大きいのは、他の諸国で格差が縮小される時期に「日本型雇用」が支配的でありつづけたためです。本章１でふれたように、日本型雇用は男性世帯主労働者を対象としたもので、安定した長期正規雇用のもとで年功型の賃金を支払い、その労働者の世帯の家計は主にこれでまかなわれることを想定していました。

日本型雇用のもとでは、女性は世帯主であることを想定されません。同時に、強い性別役割分業が想定されていましたので、結婚退職あるいは育児退職等による女性の短勤続が標準とされました。女性は、仮に正規雇用で長期に勤続した場合でも、複数人数世帯の家計を担える賃金は受け取れず、単身者向け

図1　男性25～29歳を超えない女性の賃金――年齢階層別平均年収の比較

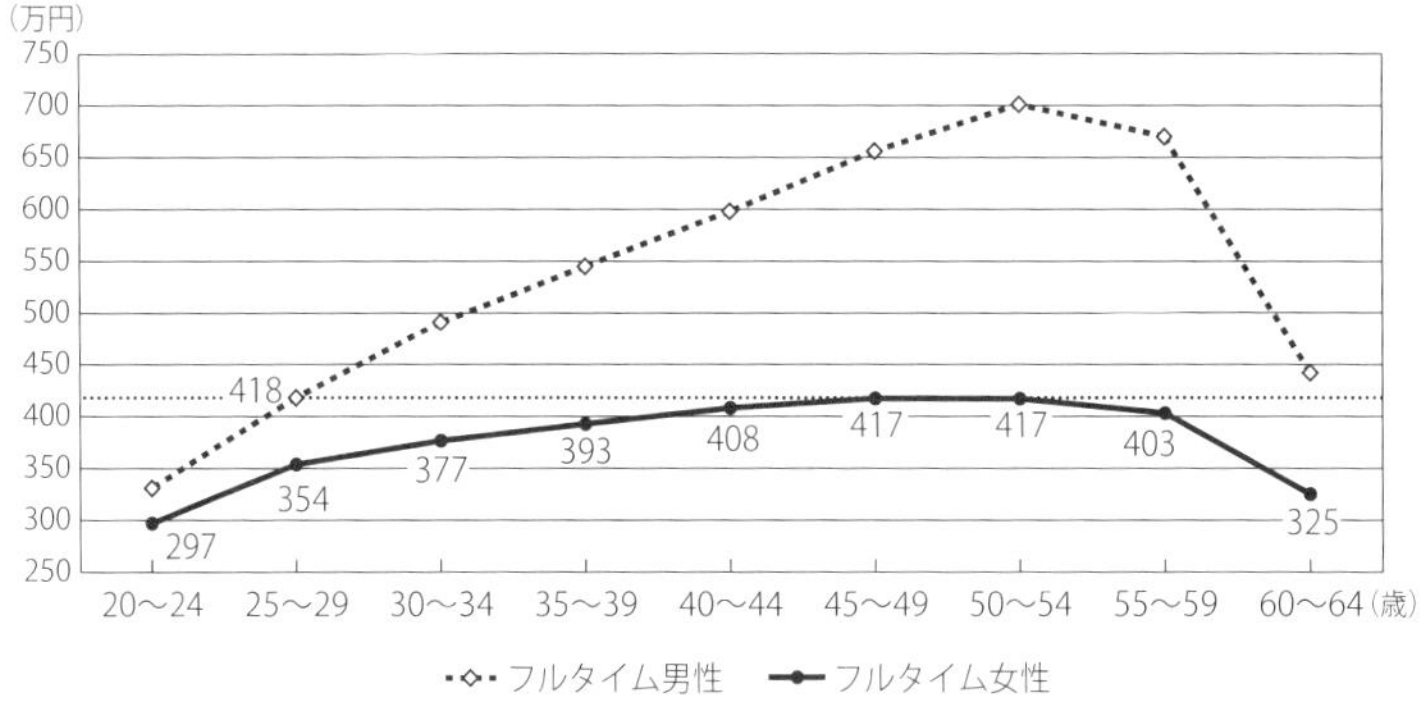

注）10人以上企業。
出所）「賃金構造基本統計調査」2017年より作成。

の賃金水準にとどまるのがふつうでした。１９８０年代の大商社群での調査では、長期勤続女性の賃金水準は、何歳になっても男性社員の27～28歳を超えませんでした。現在でも、10人以上企業全体のフルタイム労働者どうしで比較すると、女性の平均年収は、どの年齢になっても男性の25～29歳の平均年収を超えません（図1。正規雇用に限ると30～34歳）。

まとめると、日本型雇用のもとでは、男性世帯主向けの賃金、単身者向けの賃金、それに非正規労働の「家計補助」の賃金が、別々に想定されていたということです。女性の賃金は、正規雇用で一定以上期間勤続の場合でも「単身者賃金」がせいぜいであり、非正規を含むそれ以外は「家計補助」水準ということになります。日本の女性の賃金は、日本型雇用によって、低いままに固定されてきたのです。

図2を見ると、25～34歳の働き盛りの労働者でも、年収２００万円未満、２５０万円未満の比率がきわめて高いことがわかります。単身者がふつうに生活するためには、月額22～24万円が必要ですが、これは12倍すると２６０～２９０万円程度にあたりますから、25～34歳の女性労働者の半数以上は、

図2　若手女性労働者に多い低年収

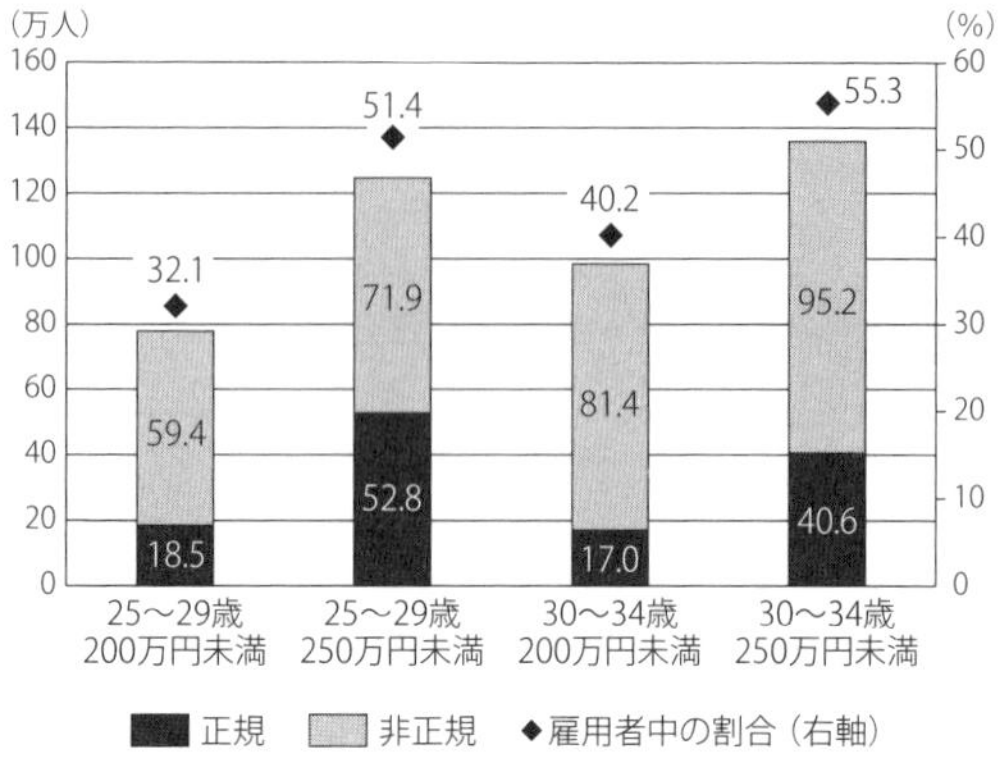

出所）「就業構造基本調査」2017年より作成。

「単身者賃金」に達していないのです。なお、25～34歳の女性労働者の70％は週に35時間以上働いています。

単身者賃金に達しないということは、親族かあるいはパートナー等と一緒でないと生活できない可能性が高いということです。これはたいへん大きな「自由／自立の制限」です。

もう一つ、この図で重要なことは、低所得労働者は、正規と非正規の両方にまたがっているということです。男性でも近年は正規と非正規の境目がはっきりしなくなっていますが、女性の場合は正規雇用の賃金も低く、さらに、その傾向が鮮明です。低処遇正規と非正規の両方について、大幅な賃金引き上げが必要です。

◎女性の賃金と最低賃金

こうした低賃金のせいで、雇用形態やパート／フルの違いによる差はありますが、女性の時間給の相当部分は、〈最賃＋α〉です。表1に整理しましたが、２０１７年では、最賃全国加重平均値（８４８円）の３割増し未満に、女性労働者全体の44％が含まれます（２００１年では27％）。雇用形態別で見ると、10人以上企業の正規女性の17％、フルタイム非正規女性の52％が、また10人以上企業の短時間労働の女性では72％が該当します。〈最賃＋α〉のこのような増大に

表1　女性労働者の賃金分布〈最賃+α〉未満労働者の割合（2017年）

（%）

労働時間	フルタイム・短時間計	フルタイム				短時間	
企業規模	5人以上企業	10人以上			5〜9人	10人以上	5〜9人
雇用形態	計	計	正規	非正規	計	計	計
最賃（全国加重平均）未満	10.3	4.2	2.2	11.2	7.2	18.4	23.6
同上　3割増し未満	44.0	23.8	16.5	51.6	33.8	72.0	68.0

参考：男性労働者（%）

フルタイム	
10人以上	
正規	非正規
0.5	5.4
5.6	32.2

出所）賃金分布は「賃金構造基本統計調査」2017年（調査は2017年6月）。最賃額は，2017年度最賃額（2017年10月〜）。

は、最賃額がこの10年で平均161円（23%）上がったことも大きく影響しています。

いうまでもなく、最賃が上がると、〈最賃より上だけれども近い〉額の賃金も上昇圧力を受けます。そのため、〈最賃＋α〉の賃金の人々も、最賃大幅引き上げで賃金が上がる可能性が高いのです。本書の「はじめに」の図を見てください。神奈川県では、最賃が712円（2005年度）から907円（2015年度）へと上がったことで、賃金の低いほう半分が高いほうに大きくシフトしています。最賃への関心が強くなったのは当然でした。

フルタイム女性の場合、この10年間で所定内給与がひどく低い労働者の割合が下がり、分布のピークは、2007年が16万〜20万円であったものが、2017年には18万〜22万円になっています。これは時給にすると980〜1227円です（163時間計算）。

短時間働く女性の場合、時給880円未満の割合は、2007年の51%が2017年の26%へと大きく減り、900〜1200円未満は31%から49%に増えました。

フルタイム、短時間、いずれも、最低賃金が上昇すれば強い影響を受ける〈最賃＋α〉で多くの女性が働くようになっています。

（2）「家計補助」論の破綻——世帯と家計の大きな変化

〈最賃＋α〉が増えたことに加えて、最賃大幅引き上げ要求に関心が集まるのは、「家計補助」賃金論が前提していた、家計の担い手の状況が大きく変わったためです。単身世帯、母子世帯を含め、家計必要費用の全部あるいは相当部分を女性の賃金が担うケースが大きく広がっているのです。もともと、「家計補助」だろうが、「家計の中心」だろうが、その使い途の想定で賃金額に差をつけること自体がおかしいのですが、ここでは世帯と労働市場の事情の変化を概観しましょう。

①20～64歳の勤労年齢の女性のうち、単身世帯および2人以上世帯の世帯主を合計した割合は、1995年の14％が2015年には21％に上昇しました（「国勢調査」）。その多くは、自分で家計を担う人々です。

しかし、2017年現在、女性単身世帯の収入は、200万円未満が24％、300万円未満が53％であり、女性世帯主の2人以上世帯の世帯収入は、300万円未満が35％、400万円未満が50％です（「就業構造基本調査」）。以前よりは低所得が減ったとはいえ、依然としてふつうの暮らしに届いていないケースが多いのです（図3）。

②なお、配偶者がいない20～64歳の女性のうち、約半数は親とともに生活しています。親元の家計との関係は多様ですが、そのうちの相当部分は、「単身者賃金」以下の所得で、単独世帯として生活することが困難な状態にあると思われます。親元にいても、老齢年金を含む親の所得に頼れる条件は小さくな

図3　世帯主が女性である世帯の収入

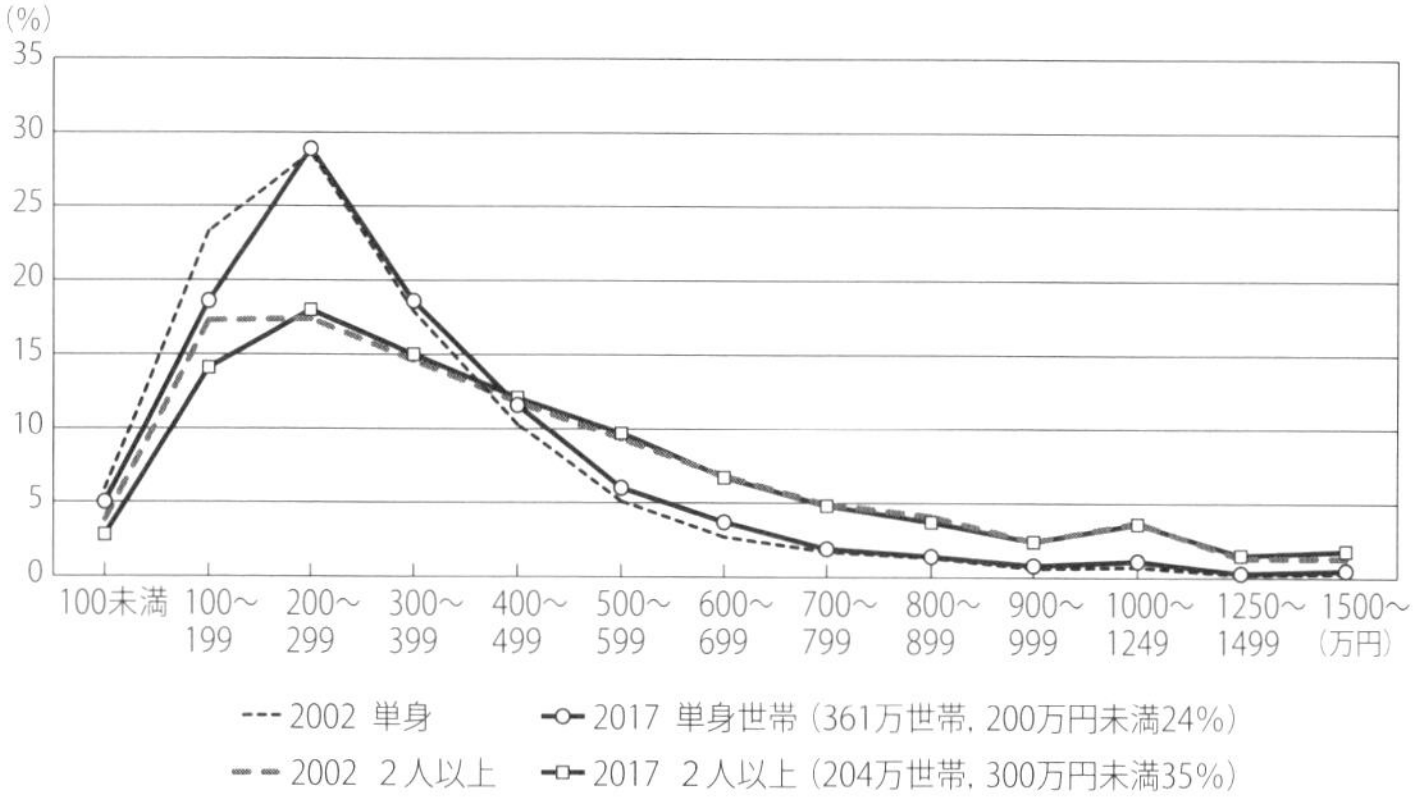

注）世帯主が「仕事が主」である世帯。
出所）「就業構造基本調査」2002年，2017年より作成。

図4　夫の低所得割合と妻の有業率の増加

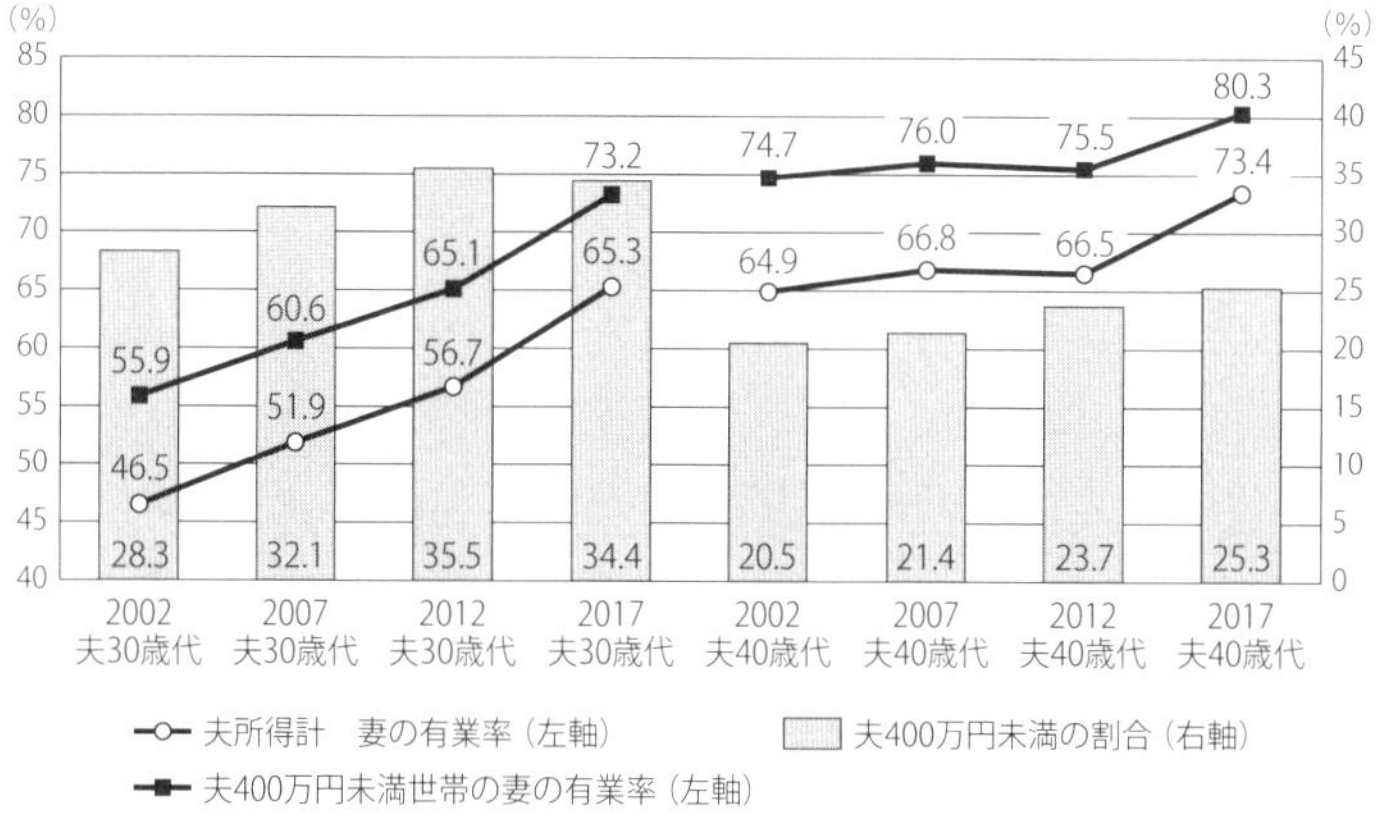

注）帰属家賃を除く消費者物価（2015年=100）で分布を調整。
出所）「就業構造基本調査」各年。

っており、高齢者である親世帯の生活が圧迫されるケースも増えています。本人の老後の低年金も大きな問題です。
③配偶者がいる女性中の有業者の割合は急速に増加しています。この変化は男性賃金の低下、とくに、低所得の夫の割合の増加と並行していますから（図4）、有配偶女性が得る賃金が家計に占める比重は、以前よりもずっと大きくなりました。
どのケースもそうですが、女性労働者が、少なくとも自分一人はふつうに生活できる賃金を得ることなしには、女性が貧困におちいる可能性が高いことは明らかです。

（3）最賃1500円でひとり親が子どもを育てられるか

母子世帯は女性世帯主世帯の一部ですが、その92％は母親が有業あるいは求職中ですから、ほとんどが勤労世帯といってよいでしょう（「就業構造基本調査」２０１７年。母子世帯の定義は「有配偶でない母と18歳未満の子のみからなる世帯」）。

親が自分一人ふつうに暮らせない賃金では、いくらがんばっても、ふつうに子育てをすることは難しいのですが、これをクリアすることもできていない現在の日本で、ひとり親世帯の貧困率がきわめて高いのは当然です。収入は主に賃金と答えた母子世帯のうち、賃金年収が２００万円未満が44％、３００万円未満が73％を占めています（同上）。

最賃大幅引き上げでこの点をクリアするとともに、子育てにかかわる「特別需要」（本章４）を社会がきちんと保障することが必要です。

子どもの基礎的生活費が児童手当として支給され、子どもの教育費負担がなく、子どもと親の医療費が無料で、住宅補助が受けられ、親が病気、失業で働けない場合の保険給付が最低所得保障額を超えていなければなりません。

また、子どもをケアしながら、通常の労働時間を働くのは難しい場合が少なくありませんから、ひとり親に限らず、育児休業、短時間勤務、育児時間などを利用できる雇用と制度のあり方、および、それらを使う際の賃金減額分の補償が実現されるべきでしょう。ひとり親の場合はその制度利用の許容範囲を大きくする必要があると思われます。また、これもひとり親に限りませんが、育児休業、時間短縮等によって職場のほかの労働者の仕事が増えないように、「リリーフワーカー」を事業所等が単独あるいは共同で確保できる制度も検討すべきです。

母子世帯の生活困難は、日本の雇用と賃金の低水準、および、社会保障、教育保障、居住保障が弱いことの産物です。ひとり親が自分の「ふつうの生活」はもちろん、十分な子育てができる社会制度ができれば、それは同時に他の人々の生活保障ともなるでしょう。

4 働き手がふつうに生活できる最賃へ
――子育て・老後の展望を切りひらく

後藤　道夫

「最低賃金1500円」は、誰もが「ふつうに生活できる最低賃金」を自覚的に要求し、それを社会的に広げることに成功した、初めてのスローガンとなりました。

最低賃金は「リビング・ウェイジ」（生活できる賃金）の一部であり、リビング・ウェイジ全体を下支えする水準をもたなければならないという意識が広がりはじめています。リビング・ウェイジを実現するのは労働運動の課題ですから、最低賃金大幅引き上げは、労働運動のたいへん重要な課題ということになります。しかし、これまでの日本の労働組合運動では、最低賃金制度を福祉制度の一部であるかのように扱うことがまれではありませんでした。

◎最低賃金からの上昇と最低賃金での生活可能

最低賃金は最も低い賃金ですから、技能訓練を受け、経験を積み、資格が上がっていけば、それよりも高い賃金を得るのは当然です。

キャリアと賃金との関係で最もわかりやすいのは、それぞれの職種／業界で、その仕事に就くのに最低限必要な資格をもった労働者が受け取る職種別／業界別の最低賃金が決められ（第2章4）、そこから、その職種等でのベテランの賃金への上昇が始まるという賃金システムです。職業別等の最賃は全体の最低賃金の何割増しかになるでしょう。全体の最低賃金は不熟練労働者の賃金という位置づけです。職種別などの最賃の額、賃金の上がり方などは、職種等によって異なります（第3章2）。

最低賃金、職種別最低賃金、さらにベテランの賃金へ、という賃金階梯は考えられるのですが、しかし、だからといって、「そうした階梯を上昇して初めて暮らせる」というのはヘンな話です。「リビング・ウェイジとしての最低賃金」は、最低賃金でも「質素ながらふつう」に生活できることを要請します（高い資格の賃金になれば、「余裕をもったふつう」の生活が可能）。

日本型雇用に慣れた頭で考えると、これは「まったく不可能な想定」であり、ふつうの生活が可能なのは年功型賃金だけだ、という結論になります。男性世帯主の賃金が上がりつづけて初めて、ふつうの生活が可能だというのです。

◎ふつうの生活と「特別需要」

あらためて考えましょう。最低賃金が１５００円程度になったとして（月１５４時間で所定内賃金月額が23万円余）、その人々は、どのような意味で「ふつうに生活」できるのでしょうか。

そもそも、「ふつうに生活できる」とはどういうことでしょうか。

「単身で、健康に働きつづけ、暮らす」というのは「ふつうの生活」のごく限られた場面です。①多くの人々は結婚し、子どもを妊娠・出産し、育て、複数人数が暮らせる居住（持ち家でも借家でも）を確保し、子どもの教育費用を支払います。さらに、単身でも世帯持ちでも、②傷病時の治療と生活費が必要になることがあり、失業することもあり、勤労年齢後の生活（病気、要介護状態への対処を含む）を送ります。「ふつうの生活」にはこれらの全体が含まれます。単身の通常の勤労時を基準として考えて、この①

②を「特別需要」と呼んでおきましょう。

時給1500円・フルタイムの賃金では、単身者の通常の勤労時の生活をなんとかまかなえるにしても、特別需要をきちんとカバーするには大幅に不足します。

実は、こうした特別需要を満たせないために生活困窮が起きるという認識は、第二次世界大戦後のイギリス福祉国家の設計書ともいうべき「ベヴァリッジ報告」のベースになっていました。この報告は、人々が窮乏におちいる三つの場合として、「収入の中断」（失業、疾病）、「稼得力の喪失」（労働災害、心身障害、老齢退職）、「特別の支出」（生誕、結婚、死去）をあげています。そうした場合への対処として、社会保険と児童手当によって、必要な増加分（あるいは損失補塡）を確保する枠組みが提案されたわけです。

なお、同報告は、この三つが生じていない通常の勤労時ですら暮らせないほどの低賃金は、ほぼ克服されたという理解を前提にしています。

◎「特別需要」分を社会的に保障

特別需要分については、日本でも多くの社会制度があり、〈全部賃金で購入せよ〉ということにはなっていません。

しかし、そうした社会制度にはいくつかの大きな欠陥があり、その都度、相当なあるいは多額の自己負担を要求されます。従来、「そのためにこそ年功型賃金が不可欠」だと考えられてきた、主な背景です。

まず、低所得者への住宅補助がありません。第二に、子どもの基礎的養育費が親責任となっており、児童手当は低所得でその責任を果たしにくい親への「支援」にとどまります。金額も非勤労者である子どもへの最低所得保障という考え方でつくられておらず、低額です。第三に、高校までの教育費用負担が多額です。第四に、医者にかかるあるいは介護サービスを受ける際の自己負担分が大きく、それが理由でサービスを受けられない人、受給を抑制する人が相当数存在します。第五に、雇用保険給付や傷病手当、老齢年金などの社会保険による所得保障が最低所得「保障」をしておらず、所得の「支援」にとどまっています。

しかし、こうした社会制度の欠陥にも対処できるとされてきた年功型賃金は、大きく後退しました。だからこそ、最賃の大幅引き上げが強い要求となっているのであり、「特別需要」についても、年功型賃金への郷愁で話をすませるわけにはいきません。

今求められているのは、これらの大きな欠陥を一つひとつきちんと改善することです。それが進めば、1500円程度に上昇した最低賃金とあわせて、「ふつうの生活」を送りつづけることが可能になるでしょう。

たとえば、最低賃金あるいはそのプラスαで働いてきた人の老齢年金は、相当額の貯蓄や親族の援助がなくても、それだけで、健康で文化的な最低限度の生活を保障できるのが当然です。しかし、高齢者の医療と介護の窓口負担とさまざまな居住費用は人によって大きく違います。それらを含めたかたちで、年金で暮らしていくとしたら、年金額はいったいどれほどあったら足りるのでしょうか。実際には、最低保障年金制度ができたとしても、医療、介護、居住については「別だて」で保障するほかはなく、またそうすることが最も無理がありません。

「リビング・ウェイジとしての最低賃金」を求めるたたかいは、同時に、社会保障制度、教育制度、住宅制度についての大きな改善運動を呼び起こし、それと一体になって行われる必要があるのです。

年功型賃金のように、ある労働者部分だけに、世帯単位で生活可能な賃金を集中して、まわりがそれに頼るというやり方は、過去のものでしかありません。すべての労働者が少なくとも自分一人は生活可能な賃金を受け取り、かつ、「特別需要」をきちんと満たせる社会制度を構築すべきです。労働者本人の失業から子どもの教育、高齢者の生活保障まで、終章でやや詳しく検討します。

なお、社会制度の改善が十分でない場合には、労働者一人ひとりに対する、より高い水準のリビング・ウェイジが求められることになるでしょう。

第2章

労働市場と働き方の現在～未来

1 労働市場はどう変わっているか――非正規就業を中心に

伍賀 一道

(1) 労働市場変貌の背景――小泉「構造改革」から安倍「働き方改革」まで

日本の労働市場は過去20年間に大きな変貌を経験しています。一つは90年代末から今世紀初頭にかけてです。橋本政権(1996~98年)に始まる一連の「構造改革政策」によって日本型長期雇用は大きく揺らぎました。とりわけ小泉政権(2001~06年)が強行した不良債権処理によって経営がゆきづまり、大規模な人員削減に踏み切る企業が相次ぎました。この時期に高校や大学を卒業した若者はたいへんな就職難に見舞われ、やむなく非正規の職に就く新卒者が相次ぎました。いわゆる「就職氷河期世代」です。

政府は不良債権処理によって生み出された離職者が失業者として滞留しないように、派遣労働者やタクシードライバーなどに誘導する労働市場の規制緩和政策を進めました。①失業手当の給付期間の短縮、②道路運送法改正(2002年)によるタクシー業界の規制緩和、③工場での派遣労働の利用を可能とする派遣法改正(2003年)などです。これらにより1997年から2007年までの10年間に正規雇用は422万人減少する一方、非正規雇用は633万人も増加しました(「就業構造基本調査」)。

90年代末から今世紀初頭にかけての大リストラと構造改革政策による雇用の激変は大きな後遺症をも

たらしています。リーマンショックによる大不況の影響も加わって、およそ20年後の今日、この後遺症は中年非正規労働者の苦難、高校生アルバイト、高齢ワーキングプアの増加などとして現れています。

民主党政権（２００９〜12年）のもとで、労働市場の規制緩和策は一時修正されましたが（２０１０年派遣法改正、12年労働契約法改正など）、12年末に再登板した安倍政権は「雇用制度改革」と称して、非正規雇用の拡大策と同時に正社員の流動化促進を重点政策に据えました。企業による雇用維持を支援する政策から人材ビジネスを活用した労働移動促進策への転換や、派遣労働の対象業務区分を廃止し、派遣先企業が期間制限なしに派遣労働を利用できるようにする新派遣法制定（２０１５年）などです。

その後、安倍政権は「働き方改革」を看板にして、同一労働同一賃金など労働者の要求を受け入れる装いをとりながら、からめ手から長期雇用の解体を進めています。「テレワークや副業・兼業」および「雇用関係によらない働き方」の推進です。これは雇用労働者を、労働基準法や最低賃金法などが適用されない「個人事業主」に転換することを意味しています。いわば、「もう一つの非正規就業」の創出政策です。

（2）人手不足下の非正規雇用

◎高止まりする非正規比率

非正規雇用は、リーマンショック時の派遣切りによる一時的減少はあったものの、過去30年にわたって増加を続け、今や２０００万人を突破、非正規比率は37％台に上昇しました。第２次安倍政権下の２

012年から17年までの5年間に、正規雇用が78万人（女性72万人、男性6万人）増えたのに対し、非正規は220万人も増加しました（女性140万人、男性81万人）*。正規、非正規ともに女性の増加が男性をはるかに上回っていますが、これは主に医療・福祉部門での雇用増によるものです。

＊「労働力調査（詳細集計）」をもとにしています。とくに断りのない限り以下のデータも同様です。

非正規比率はこれまで一貫して上昇基調にあったのですが、今、高止まりする傾向が見られます（2016年37・5%、17年37・3%）。今日の正規労働者の増加のなかには労働契約法（労契法）18条の規定*を先取りして、有期労働契約から無期契約に転換した人々が混じっていると思われます。ただし、この無期転換は従来の正社員化ではありません。賃金やボーナスでは正社員に比べ大きな差がついたままです。

＊同一事業主のもとでの有期契約労働者の雇用期間が通算して5年を超える場合には、本人から事業主に対して申し出があったならば無期雇用に転換しなければなりません。

他方、これとは逆の動きも見られます。労契法の無期転換の規定を免れるために、雇用期間が通算5年に達する前に雇止めする、あるいは契約と契約の間に半年間の空白期間を設ける手法などです。また、新派遣法（同一派遣社員の同一職場への派遣期間を上限3年に制限）の施行から3年になる18年9月を前に、派遣労働者の雇止めも始まっています。

生産年齢人口の減少によって人手不足が顕在化し、今や日本の労働市場はバブル期に匹敵するほどの売り手市場になったといわれていますが、非正規労働者から正社員への転換は容易ではありません。正社員に変わりたいという希望がかなわず、非正規職に留め置かれている人々は依然としてたくさんいま

図1　非正規労働者の性別・年齢別特徴（2017年）

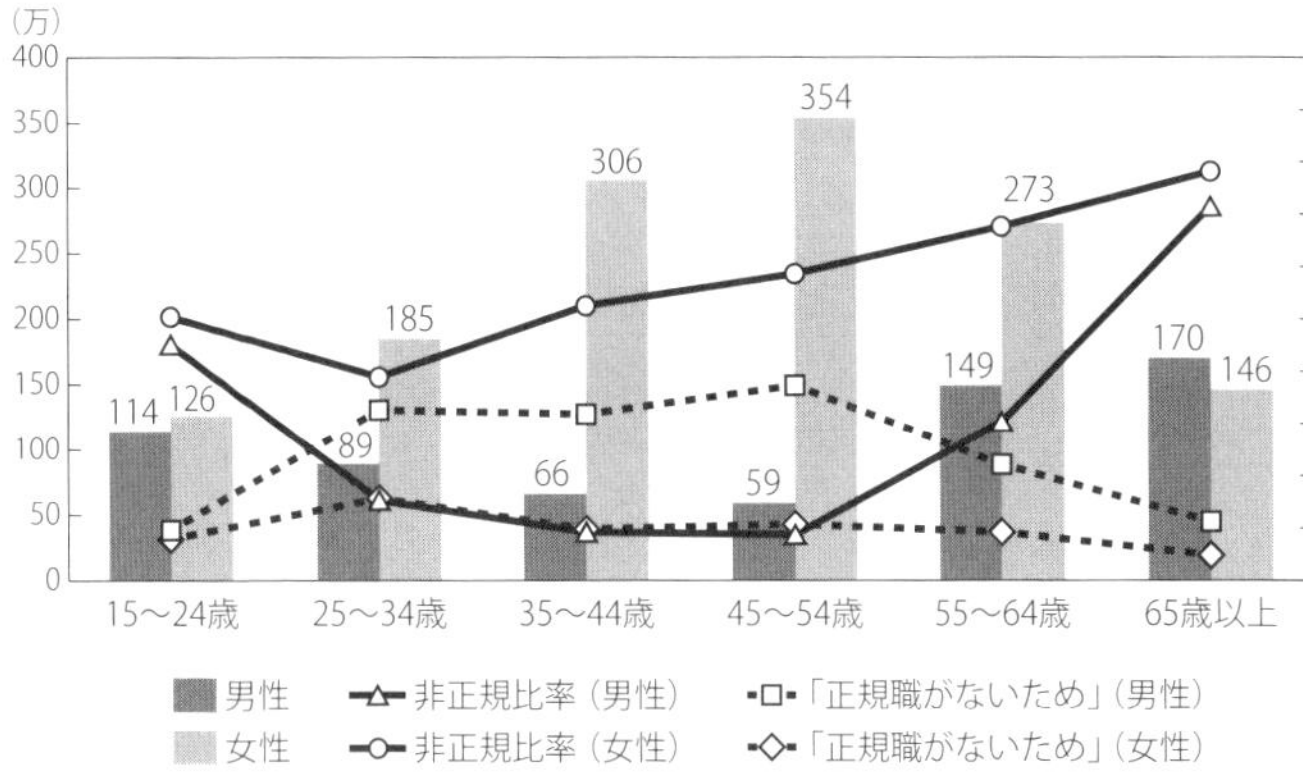

注）1　非正規比率：「役員を除く雇用者」に占める非正規雇用の比率（右軸）。
　　2　「正規職がないため」：非正規労働者のうち，現職についている主な理由が「正規の職員・従業員の仕事がないから」の比率（右軸）。
出所）「労働力調査（詳細集計）」2017年，長期時系列表10および第I-1表より作成。

す。

◎中年非正規雇用の苦難

図1は非正規雇用の年齢別構成を示しています。かつて非正規は若年フリーターや主婦パートに集中していましたが、現在では男性非正規労働者の多数派は高齢者です。女性については、これまで同様に中年層が多数派ですが、このなかには主婦パートだけでなく、シングルマザーや単身女性も多く含まれるようになりました。非正規で働く35～54歳の単身女性は2007年当時25万人でしたが、17年には33万人に増加しています。同様に非正規・単身男性は18万人から29万人に増えました。その大半は年収200万円未満のワーキングプアです。

ここで男性中年層に注目しましょう。35～54歳層の非正規労働者は他の年代に比べそれほど多くはありませんが、非正規職に就いている理由として、「正規雇用の仕事がないため」をあげた比率が、他の年齢層に比べとくに高くなっています（図1参照）。このうち35～44歳層は就職氷河期世代に、45～54歳層の一部は構造改革期やリーマンショック時にリストラ対象となった世代にあたります。

これは35～44歳の男性就業者の年間収入の分布にも現れています。２００７年と17年とを比較すると、下層（４００万円未満）の占める比率が上昇しているのに対し（33・８％→37・３％）、４００万～６９９万円、７００万円以上層はともに低下しています（前者45・０％→43・７％、後者18・５％→15・８％）。

この世代の雇用や働き方の困難は、次に見る高校生・大学生のアルバイトの増加とも関連しています。さらに、非正規労働者のなかで「親が主たる収入源」と回答した割合は氷河期世代の男性で際立って多くなっていますが（厚生労働省「就業形態の多様化に関する総合実態調査」２０１０年）、これは高齢者のワーキングプアの増加とも関係しています。

◎高校生・大学生アルバイトの増加

今日の非正規雇用の特徴は、学生アルバイトが大学生のみならず高校生にまで広がっていることです。２０１２年から17年にかけて高校在学者は４４２万人から４３０万人へ12万人減少したにもかかわらず、就業者、つまり働いている生徒は３万人増加し（19万人→22万人）、就業率はこの5年間で０・８ポイント増え、５・１％に上昇しました。短大・高専、大学生・大学院生の就業者、就業率も過去5年間で増加しています。大学生・大学院生は5万人増えましたが、就業者はそれをはるかに上回る24万人の増加です。

こうした現状は親の経済状況と深くかかわっています。現在の高校生・大学生の親は氷河期世代にあたります。学校卒業時に正社員になれなかった場合はもちろん、正規雇用に就いた場合でも、40代後半以上に比べ、中小企業に就職した人や勤続年数が短い人が多く、賃金水準を押し下げているとの指摘があります（玄田有史編『人手不足なのになぜ賃金が上がらないのか』慶應義塾大学出版会、２０１７年）。

親の収入が低下するもとで、高校生のアルバイトは、家計を支えるためになくてはならないものになっています。とくに母子世帯の子は生活費に加え、進学費用を蓄えるために長時間働くケースが目立っています。大学生は高額の授業料や生活費、卒業後の奨学金返済にあてるために長時間のアルバイトをしています。バイト先ではシフトの強制、正社員なみの責任やノルマまで課せられ、学業や就職活動などにさまざまな支障が生じています。「働かなければ学べない」という現状は「学ぶ権利」のはく奪にほかなりません（ＮＨＫスペシャル取材班『高校生ワーキングプア――「見えない貧困」の真実』新潮社、２０１８年）。

貧困世帯の生徒のなかには大学や専門学校への進学をあきらめたり、高校中退する事例も少なくありません。新卒者の好調な就職状況がさかんに宣伝される一方で、そうした売り手市場に初めから参入できない若者が存在していることにも目を向けるべきでしょう。

◎高齢者のワーキングプア

次に65歳以上の高齢層に目を転じましょう。高齢者が非正規で働く主な理由を見ると、「自分の都合のよい時間に働きたいから」（31・３％）が最も多いのですが、「家計の補助等を得たいから」とか「正社員の仕事がないから」など生活上の理由をあげた人（両者で24・３％）も少なくありません（２０１７年）。

収入の確保を主たる目的に働く高齢者は、若年期、壮年期をとおして非正規で働いてきたため、保険料を払えず無年金となった人や、現役時代の賃金水準が低かったために年金受給額が少ない人、夫また

表1　週40時間以上働く非正規労働者　（単位：万人，%）

	年間収入	2013年			2017年					
		男女計	男性	女性	男女計		男性		女性	
15〜64歳	週40時間以上就労する非正規雇用の計	500	240	259	499	100.0	235	100.0	265	100.0
	100万円未満	40	15	24	28	5.6	11	4.7	17	6.4
	100〜199万円	202	70	132	180	36.1	57	24.3	123	46.4
	200万円未満小計	242	85	156	208	41.7	68	28.9	140	52.8
65歳以上	週40時間以上就労する非正規雇用の計	42	31	12	65	100.0	48	100.0	17	100.0
	100万円未満	4	2	3	5	7.7	2	4.2	2	11.8
	100〜199万円	17	10	6	24	36.9	15	31.3	8	47.1
	200万円未満小計	21	12	9	29	44.6	17	35.4	10	58.8

出所）「労働力調査（詳細集計）」2013年，17年，第II-9表より作成。

は妻を介護施設に入れたため、年金ではその費用をまかなえない人などさまざまです。20年前の大リストラ期に正社員のポストを追われ、その後ずっと非正規で働いていた人も含まれているでしょう。さらに、非正規で働く中年の子が同居しているため、高齢の親も働かなければ生活が維持できないという事例もあります。

とりわけ注目すべきは、65歳を超えても週40時間以上働きながら、年収が200万円に達しないワーキングプアが、2013年から17年までの4年間で8万人増えていることです（表1）。15〜64歳に比べ、65歳以上でワーキングプア比率がはるかに高いことにも注目すべきでしょう。これは高齢女性に顕著で、6割はフルタイムで働いているにもかかわらず200万円に達しません。

人生の終着点を控え、仕事よりも休息を望む高齢者にはその権利を保障すべきです。日本の高齢者の就業率の高さは先進国のなかで際立っていますが、働かなければ食べていけない状態は「休息する権利」のはく奪を意味しています。

（3）もう一つの非正規就業――個人事業主化

今日の労働市場の変貌は、「個人事業主」という非正規就業の増加にも現れています。今、労働市場には、少子・高齢化の急速な進行による生産年齢人口の減少と、ＡＩ化とグローバル化の力が働いています。こうした状況を背景に、安倍政権は「働き方改革」「生産性革命」を掲げて、日本型雇用の解体＝正社員の流動化を強力に進めるかまえです。「テレワークや副業・兼業」とセットに「雇用関係によらない働き方」（個人事業主化）の推進をそのテコと位置づけています。18年6月に成立した「働き方改革関連法案」の一つである雇用対策法改正案は、「多様な就業形態の普及」を国が講じなければならない施策としていますが、「テレワークや副業・兼業」はここに含まれています。法的根拠を与えることでこれらを強力に推進しようとする、なみなみならぬ意欲がうかがえます。

◎副業・兼業推進の意図

副業・兼業は、一人の労働者を複数の企業で効率的に活用する手法、いわば「労働力のシェアリング」の誘い水となるでしょう。ファミリーマートでは２０１８年度中に対話アプリを活用して全店舗でパート・アルバイト店員をシェアする仕組みを構築する予定ですが（『日本経済新聞』２０１７年9月17日付）、副業・兼業が拡大すれば、複数の企業間でも同様の仕組みがつくられることでしょう。経済産業省「『雇用関係によらない働き方』に関する研究会報告書」（２０１７年3月、本章3も参照）は次のように述べていますが、ここでの「外部人材」とは副業従事者や個人事業主を意味しています。

「これまで、企業においては、自社の事業にかかわる業務については、自社で雇用している人材によって業務を遂行するのが一般的であった。……急激な産業構造の転換とビジネスモデルの変化等により、そういった『自前主義』には限界が訪れつつあり、外部人材の積極的活用が企業にとっても重要になりつつある」。

副業・兼業の本格化もまた個人事業主化を促進する契機となります。使用者は副業・兼業を行う労働者を個人事業主扱いすることで、労働基準法の労働時間規制の適用を免れることができるからです。

◎個人事業主の現状

今でも、労働者と異ならない働き方をしているにもかかわらず、形式的に個人事業主とされている人々がいます。塾や予備校・学校の講師、タクシーや宅配便のドライバー、大型家電店のもとでテレビやエアコンなどを設置する技術者、アニメ業界のクリエーター、さらにはSEや工場労働者の一部などです。これらは使用者の指揮下で働いている非正規労働者と考えるべきでしょう。

政府の進める「働き方改革」のなかで焦点となっているのが非雇用型(自営型)テレワーカーです。仕事内容は、データ入力、テープ起こしのような事務作業から、イラスト制作、アプリ開発やWebデザイン、CADによる製品の設計、市場分析、ライターなどの専門的業務にまで広がっています。発注者とワーカーがネットを介して直接取引する場合もありますが、最近は両者を仲介する業者(プラットフォーマー)の存在がクローズアップされています。民営職業紹介業に類似の機能を果たしているものの、職業安定法は適用されず、仲介手数料や仲介サイトの利用料などを規制する法制度はありません。

これらの個人事業主の人数について、既存の統計（「労働力調査」など）でとらえることは容易ではありません。個人事業主は自営業主と非正規労働者の両方にまたがっているためです。先の経産省研究会報告書は「個人事業主1064万人」という仲介業者（ランサーズ）の試算を紹介しています。この数値は、①副業系すきまワーカー（常時雇用されているが、副業としてフリーランスに従事：416万人）、②複業系パラレルワーカー（雇用形態に関係なく2社以上の企業と契約：269万人）、③自由業系フリーワーカー（特定の勤務先はない独立したプロフェッショナル：69万人）、④自営業系独立オーナー（一人経営の個人事業主・法人経営者：310万人）などを合計したものです。ただし研究会報告書ではこれらの試算の根拠は明らかにしていません。このうち②は雇用労働者を、また④は個人経営の工場主や商店主を含んでいるため、1064万人という数値は過大です。

先頃、公表された「就業構造基本調査」（2017年）によれば、「雇い人のない業主」は約400万人ですが、このうち個人事業主と考えられるのは建設業の一人親方などを含めて200万人余になります。これ以外に非正規雇用の契約社員などのなかにも事実上の個人事業主が混じっている可能性があります。企業と取り交わしている契約が雇用契約なのか業務請負契約（個人事業主）か、本人でさえわかりづらい事例が少なくないためです。

みずほ情報総合研究所が個人事業主を対象に実施したWeb調査（2016年）によれば、年収200万円未満と回答した人は「主たる生計者」の18・4％、300万円未満まで広げると3分の1に達します。半数強（52・1％）が400万円未満、1000万円を超える層も1割近くいますが（9・8％）、総じて収入面の厳しさを示しています。

表2　1時間当たりの所定内賃金階級別労働者数（雇用形態別）　（単位：千人，%）

			合計		1000円未満		1000円～1500円未満		1500円以上	
非正規労働者	常用労働者	一般労働者[1]	3,556	100.0	980	27.6	1,829	51.4	747	21.0
		短時間労働者	7,264	100.0	3,988	54.9	2,627	36.2	649	8.9
	臨時労働者		268	100.0	99	36.9	111	41.4	59	22.0
正規労働者			19,166	100.0	899	4.7	6,108	31.9	12,159	63.4

注）1　一般労働者とは，短時間労働者以外の労働者をいう。
　　2　10人未満企業，公的企業，官公署の労働者は含まれていない。
　　3　非正規・一般労働者および正規労働者の月額所定内賃金階級を時間当たり賃金階級に換算する際，それぞれの月間所定内実労働時間（前者163時間，後者166時間）を用いて算出した。
出所）「賃金構造基本統計調査」2017年の所定内賃金階級別の労働者分布表より作成。

（4）非正規化への対抗軸としての最低賃金

◎全世代共通の要求——最低賃金1500円

（2）で述べたように、学ぶ権利や休息する権利の侵害をともないながら、若者から高齢者まで人手不足時代の貴重な労働力として活用されています。たとえば、販売職の非正規（303万人）のうち、学生アルバイトは47万人（15・5%）を占めています。サービス職非正規（421万人）では、学生および高齢者（65歳以上）がともに62万人（14・7%）、両者で3割になります（2017年）。

人手不足のもとで非正規労働者の賃金は上昇傾向にあるとはいえ、所定内の時間当たり賃金が1000円未満の人は非正規・一般労働者の3割弱、短時間労働者では半数強を占めています。1500円未満まで広げれば、それぞれ8割、9割に達します。また正規雇用でも35%の人は1か月の所定内給与の時間当たり額は1500円に達しません（表2）。

全国一律最賃1500円の実現は、非正規で働く若者、中年、高齢者に共通する要求です。それはシングルマザーの過重労働（ダブルワーク）を軽減し、学生アルバイトや高齢者の就労時間をもっと減らすことができるでしょう。若者の学ぶ権利と高齢者の休息する権利の保障のためにも、最賃1500円の実現は社会保障の充実とともに切実な課題です。それは正社員の低賃金層の底上げをも意味します。

◎個人事業主の就業条件と最低賃金

個人事業主にとっても最低賃金引き上げは無関係ではありません。使用者責任を免れるための「偽装個人事業主」に対しては雇用労働者として処遇し、最低賃金を適用することは当然です。

では非雇用型テレワーカーの場合はどうでしょうか。その就業条件は、発注者に優位な力関係や、ワーカー間の情報交換・連携体制の欠如、競争の圧力などによって切り下げられる傾向にあります。1時間かけてイラストを描いても報酬は500円にしかならないというケースもありますが、こうした現状を改め、ワーカーが最低賃金と同等の報酬を確保できる条件を整備することが大切です。まずは発注者とワーカーを仲介しているプラットフォーマーの役割と責任を明確にすべきでしょう。民営職業紹介と変わらない機能を果たしている実態からすればプラットフォーマーの手数料規制をすることが必要です。公的職業紹介事業とのバランスを考え、手数料無料の公営プラットフォームを設けることも考えるべきでしょう。

最賃1500円を実現し、非正規労働者の労働条件を整備することは、非雇用型テレワーカーの就業条件を引き上げるうえでも重要です。同時に、最賃規制を免れる目的の非雇用型テレワークの活用を防止するためにプラットフォームを整備することも大切です。

2　正社員労働の変容と最低賃金――「働き方改革」と関連して

今野晴貴

はじめに

日本の最低賃金はきわめて低い水準に抑えられてきました。それは、日本の最低賃金が女性労働・非正規雇用労働を「家計補助的労働」であるとみなし、差別的水準に抑えられてきたからです。そんななかにあって、最低賃金問題は「非正規雇用問題」、あるいは「格差・貧困問題」として論じられてきました。

ところが、近年では正社員の雇用構造が変容し、正社員であっても年功的な労務管理が適用されない労働者が多数を占めるようになってきています。しかも、彼らは従前の労働者以上に長時間働いています。日本の正社員は今や、高収入の「ワーカホリック」から、長時間働いても低賃金な「ハードワーキングプア」と化しています。

背後では、あとでも詳しく述べますが、それまでの「月給制」の内実が変化し、正社員であっても実質的に非正規雇用と変わらない「職務・時間給」としての性質を有する「月給制」が広がっているのです。

ただし、そうした「職務・時間給」の制度は時間給単価の切り下げを企図する労務管理戦略とともに広がってきました。正社員を低賃金化させるために、既存の法制度をさまざまに脱法しながら、労務管理技法が「開発」されてきたのです。そのため、正社員の労働者たちは自分たちの身に降りかかっている大きな変化をなかなか自覚できずにいます。

しかし、実際には、正社員の労務管理の性質は大きく変化しており、今日では最低賃金制度は非正規雇用問題ではなく、広く正規・非正規雇用の問題となっています。

さらに、安倍政権の「働き方改革」は、このような賃金制度の延長線上に位置し、ますます正社員の「ハードワーキングプア」化を推し進めようとするものです。

本章では、正社員の変化と最低賃金制度の射程の広がりについて、実際の労務管理の事例をもとにし、「働き方改革」の問題点も指摘しながら検討していきたいと思います。

(1) 正社員の「ハードワーキングプア」化と脱法的法運用

◎「ハードワーキングプア」化

冒頭で述べたように、正社員の労働実態は「ハードワーキングプア」化しています。それを裏づけるのが、週60時間以上かつ年収250万円以下で働く正規雇用労働者の推移を示した「就業構造基本調査」のデータです(図1・2参照)。

週60時間の労働は、およそ月80時間の残業に相当しており、これは国が定める「過労死ライン」レベルの長時間労働です。それだけ長時間働きながら、年収が250万円に満たない正規雇用の男性は20

図1　男性正規労働者の労働時間別・低賃金割合の推移

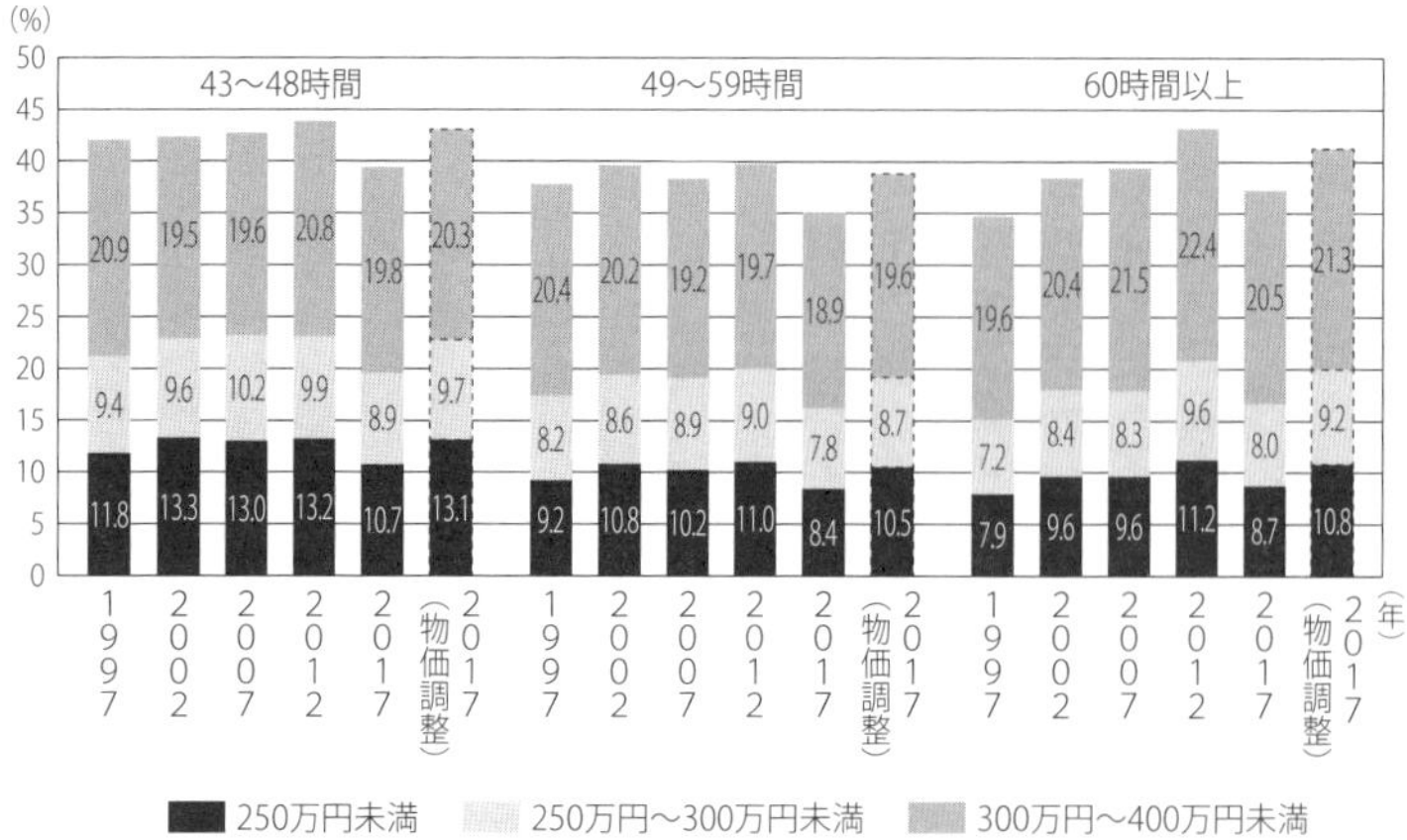

注）2017（物価調整）は2012年消費者物価による調整。
出所）「就業構造基本調査」より後藤道夫氏作成。

図2　女性正規労働者の労働時間別・低賃金割合の推移

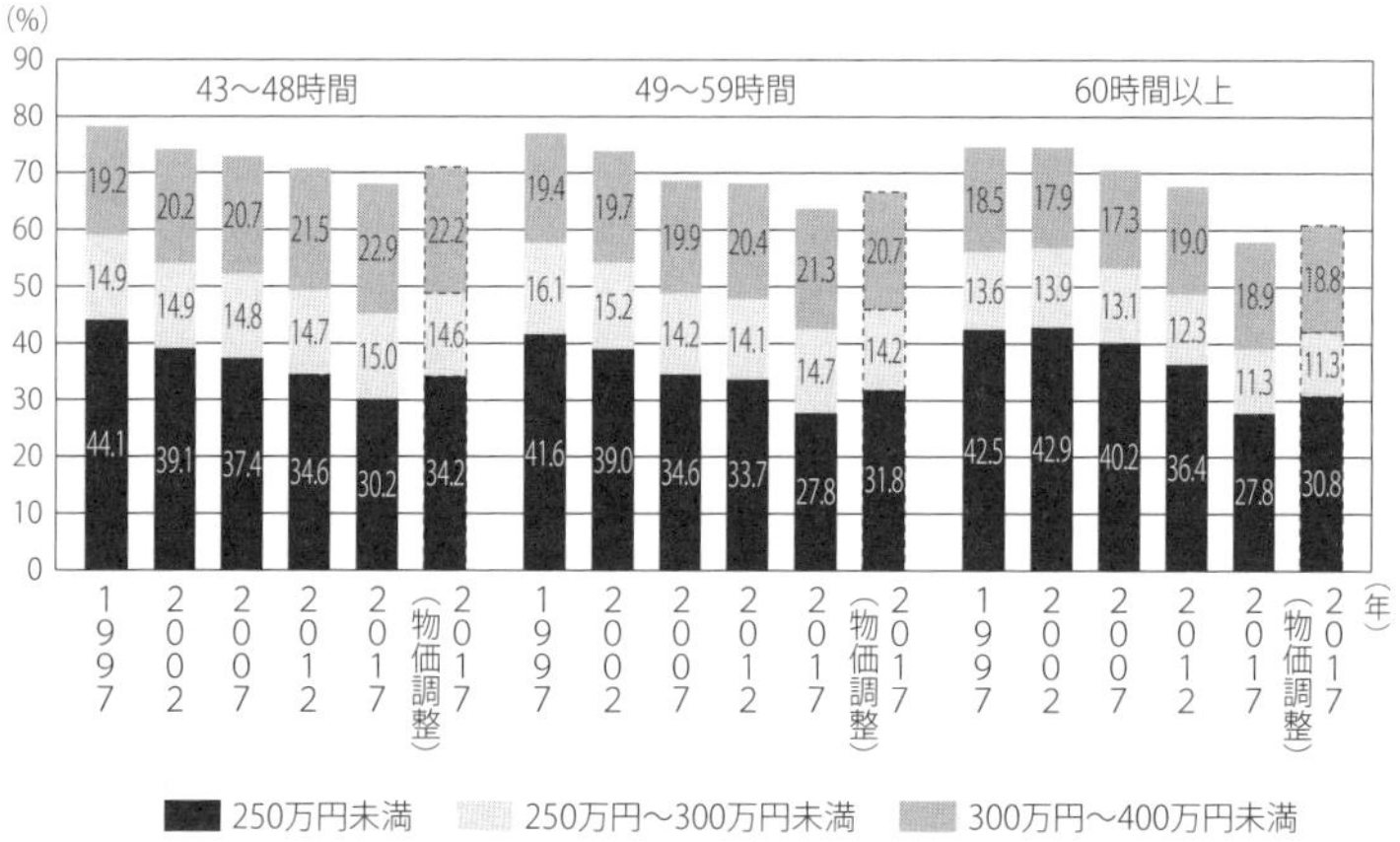

注）2017（物価調整）は2012年消費者物価による調整。
出所）「就業構造基本調査」より後藤道夫氏作成。

17年で11％（物価調整後）と、増加傾向にあることがわかります。また、正規雇用の女性については、週60時間以上の労働者自体は減少傾向にあるものの、250万円以下の収入の割合は依然として30％を超えています。

かつての終身雇用・年功賃金の日本型雇用においては、労働時間が延びるほど所得も仕事のやりがいも向上する傾向を示していました。しかし、今日の正社員の多くは長時間働きながらも、低賃金なのです。

正社員としてのハードワークが前提でありながら、それに見合った報酬を得ることができていない層が増えているということです。こうした働き方は、ワーキングプアより一段深刻な、「ハードワーキングプア」と表現できるでしょう。なお、2017年の数値は微減していますが、これは図中に示したように物価の変動が大きかったこと、最低賃金が上昇したことなどが要因と考えられます。いずれにしても、「ハードワーキングプア」の傾向自体は一貫したものです。

こうしたなかで、最低賃金が正社員の賃金にも影響を与えるようになってきたことも統計から裏づけられます。「賃金構造基本統計調査」から後藤道夫氏が作成したデータによれば、全国の最低賃金加重平均の3割増しの金額よりも、所定内給与が低い正社員の割合は、2007年の3・9％から、2017年には9・0％へと倍増しています（第1章1参照）。

最低賃金からたった3割のところにおよそ1割の正社員の賃金が分布していることになりますが、注目すべきはその割合の急激な伸びです。正社員の給与に与える最低賃金の影響力は確実に大きくなっています。

次に、このような「ハードワーキングプア」を生み出してきた企業の脱法行為について見ていきましょう。

◎偽装管理職

「ハードワーキングプア」を生み出してきた脱法的な労務管理の第1は、「偽装管理職」と呼ぶべき労務管理手法です。労働基準法は、「監督若しくは管理の地位にある者（管理監督者）」については、自ら労働時間の管理や監督を行う者であることから、経営者と一体的な立場にあるとして、労基法の適用が除外されるとしています。

しかし、一般の管理職が「管理監督者」に該当するわけではありません。管理監督者であるかどうかは、会社の役職などの名称にとらわれず、実態に即して判断されるのであり、実際に労働時間規制の枠を越えて活動せざるをえない重要な職務と責任をもち、その地位にふさわしい賃金面での処遇が与えられていることも必要です。

このため、管理職一般を「管理監督者」であるとして、残業代を支払わせない行為は違法であり、このようなやり口は「偽装管理職」にあたるのです。ただし、現実には偽装管理職の扱いは横行していて、労働者自身が裁判などに訴えない限り救済はされません。

近年はマクドナルド裁判判決（2008年、東京地裁）などでチェーンストアの店長の管理監督者性が否定されるなど、「脱法行為」が裁判で追及されてきました。そこで、脱法的企業は再度これを「適法化」するために、時給賃金の引き下げや、次に見る固定残業代を次々に導入するようになったのです。

◎固定残業代

こうして広がったのが、「月給」に残業代を含めて表示する方式です。これは「固定残業代」と呼ばれており、月給に数十時間分の残業代を含めるなどして、長時間残業を合法化しようと画策するものです。有名なのが、「日本海庄や」などを運営する外食大手の株式会社大庄の例です。同社では、2007年に入社4か月の男性正社員が月平均112時間の残業の末に過労死する事件が引き起こされています。

新卒者の最低支給額は19万4500円とされていましたが、実際にはこれは80時間の残業をして初めて得られる金額であって、本来の最低支給額は12万3200円だったのです。給与を時給換算すると770円程度で、当時その地域での最低賃金ギリギリのラインでした。

つまり、大庄は時給770円という低い最低賃金を利用して、19万円という支給額に、80時間もの残業代を含みこませることができたのです。しかも、彼らは入社後に初めてこの残業代が月給に含まれていることを告げられます。このようなやり口を私は「求人詐欺」と呼んでいますが、法律上も長く許されており、行政によるペナルティは科せられていませんでした。

固定残業代を「月給」に含ませる労務管理は、今日では外食、小売り、介護、保育、IT業界などに蔓延しており、「1時間当たりの賃金がいくらかわからない」労働者が多くを占めています。

このような管理手法からは、月給表示の意味が、従来の能力給から、時間を単位として厳密に計算されるものに変質していることがよくわかります。それにもかかわらず、労働者は相変わらず残業代を含んだ時間給の合算を通常の「月給」であると誤解させられているのです。求人詐欺は、このような認識のギャップを利用して行われています。

NPO法人POSSEに2016～18年6月までの間に寄せられた固定残業代にかかわる労働相談の

図3　時給単価の分布

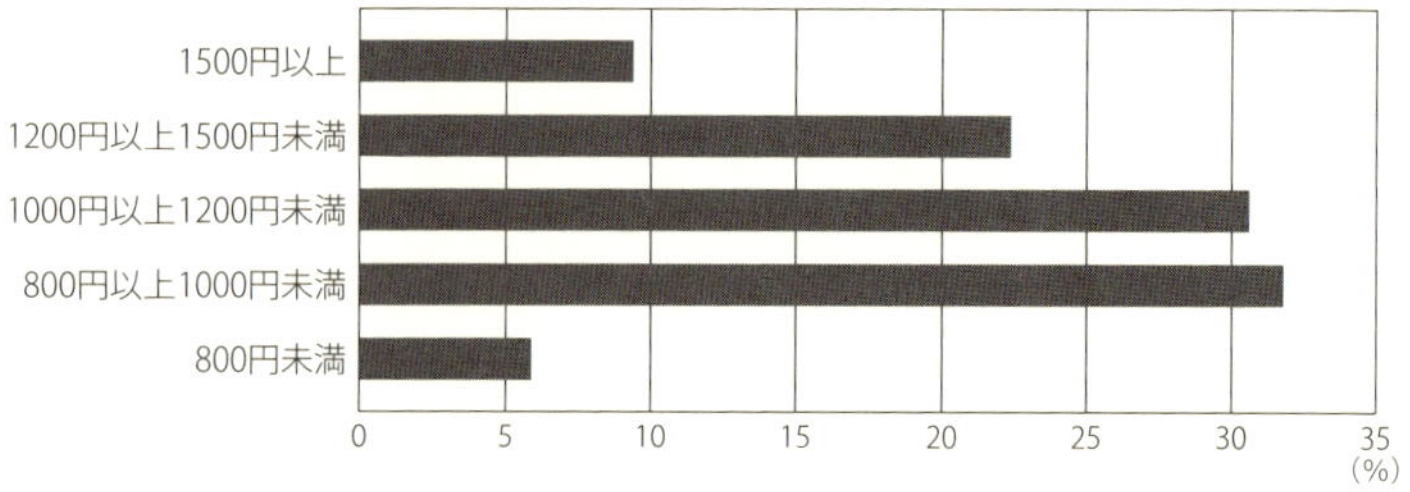

注）1　固定残業代を含まない基本給が分かる場合には，「基本給／月の法定労働時間」により算出した（時給①）。なお，月の法定労働時間は170時間とした。
2　基本給の額が不明な場合は，割増賃金を加味した上で，「固定された残業代（残業手当等）／固定残業代に相当する労働時間」により算出した（時給②）。
3　固定残業代を含む基本給しか分からない場合には，割増賃金を加味した上で，「基本給（固定残業代を含む）／月の法定労働時間＋固定残業代に相当する労働時間」により算出した（時給③）。月の法定労働時間は170時間とした。
出所）NPO法人POSSE労働相談（2016～18年6月）より作成。

うち、時給単価と、月給の固定部分の金額が把握できたケース85件を調べて時給を割り出してみると、図3のとおりでした。最低賃金の水準を割り込んでいるものが複数あることに加え、最低賃金ギリギリの時給1000円前後に集中している点が注目されます。

なお、固定残業代については、今年1月から施行された職業安定法によって、ようやく募集や求人申し込み時に記載が義務づけられました。私が共同代表を務める「ブラック企業対策プロジェクト」が繰り返し求めつづけてきた結果です。また、裁判所でも有効性を厳しく問う判決が相次ぎました。

ところが、今度はこの規定や判例の規制を免れるために、企業内で新たな不利益変更（契約の更新改正によって、固定残業代を合法化する）や、「最後のグレーゾーン」としての、裁量労働制の重複導入が行われるようになっています。

◎裁量労働制

裁量労働制とは一定の専門的・裁量的業務に従事する労働者に限り、労使協定の締結を条件に、労働時間数にかかわらず一定の労働時間数だけ労働したものと「みなす」ことができる制度です。たとえば、「1日10時間働いたものとみなす」とされた場合には、実際には11時間働いたとしても、10時間分の賃金しか支払われないことになります。このように、裁量労働制は労働時間と賃金の関係を実質的に切断することが可能な制度となっています。

労働時間と賃金の関係が切り離されることで、労働者はあたかも「定額使い放題」のように、安く、長く、無限に働かされることになってしまいます。もちろん、裁量労働制には労使協定という手続きに加え、法律で定められた裁量性が強いとされる業務に従事していること、実際に業務の遂行方法および場所や時間に裁量があることが要件とされています。また、みなし時間と実労働時間の乖離が著しい場合にも不適法だとされます。

しかし、これらの手続きや実体をともなわない裁量労働制が社会に溢れているのが実情です。なぜなら、手続きは簡単に偽装できるうえ、法律上の適用業種はきわめて複雑かつ曖昧に定められているため、労働基準監督官でさえ、適法な業務とそれ以外を区別できないからです。当然、実際に裁量があるか否かという判断も曖昧です。みなし時間との乖離もどの程度まで許されるか定まっていません。

実は、裁量労働制をめぐっては、そもそも規定が曖昧なところに加え、裁判例がほとんどないのです(これまで5件)。しかも、そのわずかな判例のなかでも、裁量の有無の判断基準が細かく示されたわけではなく、みなし時間との乖離の問題についてはそもそも一度も判断されたことがありません。

このように、裁量労働制は、それ自体が「グレーゾーン」といってよい法制度であり、労働者も使用者も適法かどうかわからないままに運用されています。そして、労働者が「あなたは裁量労働制だから残業代が出ませんよ」と使用者から一方的にいわれたとしても、それが違法かどうかなど、判断しようがないのです。

このため、裁量労働制は、判例で利用が狭められている管理監督者や固定残業代制にかわって拡大しつづけています。先ほども紹介した職安法の改正で、今年1月1日から裁量労働制もハローワークの求人票での記載が義務づけられたのですが、それ以後に入った求人情報から裁量労働制の求人内容を調べてみると、月給の下限の表示が25万円以下であるものが、なんと全体のおよそ9割を占めていました。20万円以下でも7割です。とても高度に専門的な労働者であるとは思えません。しかも、これらの求人のうち、固定残業代と重複して表示されているものが、14％にのぼりました（4月27日時点、母数77件）。

先ほども述べたように、固定残業代は正社員の「月給」表示を偽装する手段でした。これと並行して裁量労働制が適用されるということは、真に裁量のある労働者に対してではなく、時給単位で計算され、最大限安く使われる正社員労働者に対し、積極的に裁量労働制が適用され、新たな脱法手段となってしまっていることを如実に示しています。

（2）最低賃金と正社員の「月給」が接する事例

上記のような労務管理を適用されている労働者の事例をいくつかあげておきます。

◎ホームページ制作など、広告業務を行う、10人程度の企業

業務はＨＰやパンフレット、映像の企画書の作成、進行管理、営業などでした。人によっては、月1

00件電話をかけて1割仕事を取れというノルマを課せられています。

給与体系は、正社員は裁量労働制で基本給が17万3500円、固定残業代が6万6500円（35時間分の残業手当、10時間分の深夜残業手当の相当額とされている）、ほか歩合給1万円以上とされています。「みなし時間」は8時間です。

残業代不払いが問題となった際に、まずは裁量労働制を主張し、全額の不払いを狙います。そして、その主張が認められない場合も、固定残業代の部分は支払い義務額から減額させようという意図から、このような仕組みにしているものと思われます。

また、「契約社員A」は裁量労働制、基本給14万5600円、固定残業代4万4400円（25時間分の残業手当、10時間分の深夜手当の相当額）、ほか歩合給1万円以上、「契約社員B」は裁量労働制、基本給15万1400円、固定残業代5万8600円（35時間分の残業手当、10時間分の深夜手当の相当）、ほか歩合給1万円以上との記載も見られます。

なお、昇給制度は契約社員までしか適用されていません。

◎介護施設長　全国600か所にFC展開、従業員数460名

施設長は主に営業業務を任されますが、月に100時間以上の長時間労働、深夜割増未払い、残業代の一部未払いが問題になっていました。

給与体系は、基本給22万3400円、資格手当6000円、業務手当4万3600円、処遇改善手当1万円、夜勤手当（夜勤1回当たり6000円）、合計28万3000とされていました。そのうち、「業務手当」の内容が契約書に記載されており、「みなし残業22時間分、深夜労働28時間分」とされていました。

◎保育士：株式会社の認可保育所、19名規模

この保育所では持ち帰り残業や、無給で製作物の作成などがさせられていました。給与体系は、基本給13万円、資格手当2万円、業務手当（27時間分の残業代）3万円、合計18万円とされ、時給は867円（15万円÷173時間）です。

（3）正社員の労務管理様式の変化と「働き方改革」

最後に、正社員雇用の変化と働き方改革、労働運動のあり方について考えます。

◎「職務・時間給」としての性質

まず、固定残業代や低賃金裁量労働制が適用されている職場は、IT・外食・介護・保育など職務が明確な業界が多いということです。つまり、旧来の日本型雇用のように多数の職務を経験し、「能力」を評価して賃金を上げていくことが少ないところです。

これらの業種ではマニュアル化が進んでいるために、比較的短時間で育成できる労働者をできるだけ長く・安く働かせようとします。裁量労働制と固定残業制が重複して用いられていることで、ただ脱法行為が行われているだけではなく、双方とも「能力」評価による月給制あるいは成果給の「正社員雇用」であるかのように偽装されていることで、この時給単位管理の性質が覆い隠されてしまっています。

◎「働き方改革」の狙いと帰結

「働き方改革」は、高度プロフェッショナル制度や、裁量労働制の拡大を企図していますが、これも同

様に、真に成果で評価されるべき高度な業務ばかりでなく、非年功的・非能力的・非成果給的で、とうてい裁量的とはいえない労働者に適用されることが前提されています。経団連は年収400万円以上のホワイトカラーに適用すべきだとしていますが、これは現在の職務・時間給の労働者の大半に適用されるということです。

◎正規・非正規の共通する利害

固定残業制や裁量労働制の賃金分布に加え、上述したように、実際の労務管理においては、すでに「職務・時間給」として非正規雇用との連続性を有するケースが目立っています。冒頭で述べたように、最低賃金規制はこれまでのような非正規雇用だけの問題ではなく、すでに正規・非正規が利害を共通している制度なのです。

以上の正社員に対する労務管理戦略の分析からは、最低賃金の引き上げが非正規雇用・正規雇用の下層を横断した共通の利害であることがわかります。これからの労働運動は、正規・非正規に共通する労働市場横断的な賃金政策を求めることで連帯を強めていくべきでしょう。

3　「新産業構造ビジョン」と最低賃金の意義
――ＡＩ、インダストリー４・０、ＩｏＴ

今野晴貴

はじめに

昨今、ＡＩ技術の発展やインダストリー４・０の展開といった議論が強い注目を集めています。経済産業省は２０１６年に「新産業構造ビジョン　中間整理」を発表し、ＡＩやロボット技術の発展によって、国内の雇用が２０３０年までに７３５万人減少すると指摘し、社会に衝撃を与えました。

これは、単純にいってしまえば、新しい生産技術の発展によって雇用が減少するという古くて新しい問題です。ただし、生産をめぐるテクノロジーの進歩は、これまで当然であった雇用労働を一定程度変質させる可能性ももっています。この点では、労働政策との関係で、新しい論点が出てくることも事実です。

本節では、簡単ではありますが、「新産業構造」の概況を把握したうえで、最低賃金がこの新しい経済社会の技術的状況に対してどのような意義をもつのかを検討します。

（1） 生産力の拡大としての「新産業構造」

◎発展する新たな生産技術

「新産業構造ビジョン」によれば、近年は「技術のブレークスルー」がめざましく展開しており、これまで実現不可能と思われていた社会が実現し、産業構造や就業構造が劇的に変わることになるといいます。

それらの技術としては次の四つがあげられています。第一に、IoT（Internet of Things）。これは「物のインターネット化」の意味であり、あらゆる製品がインターネットに接続する状況をさします。IoTによって、「実社会のあらゆる事業・情報が、データ化・ネットワークを通じて自由にやりとり可能になる」ということです。

第二に、ビッグデータの活用。「集まった大量のデータを分析し、新たな価値を生む形で利用可能になる」といいます。そして第三に、人工知能（AI）技術の進歩によって「機械が自ら学習し、人間を超える高度な判断が可能に」なり、第四にロボットの進化によって「多様かつ複雑な作業についても自動化が可能に」なるとしています。

確かに、膨大な情報を処理することが可能になり、これまで多大な労力を要してきたデータ処理の業務は一挙に削減しうるものと思われますし、すでに製造業の大部分にもロボットが導入されていますが、現在は人間にしかできない作業に、さらに安価な汎用型ロボットが入り込んでいくことも予測されます。

◎予測されている「なくなる仕事」

とくに激しく雇用が縮小すると予測されている職業は、製造ラインの工員や企業の調達管理部門等の「製造・調達」と、経理、給与管理等の人事部門やデータ入力係等の「バックオフィス」。これらにおいては、AIやロボット、グローバルアウトソースにより不可避的に労働の代替が進むとされ、両部門を合計した雇用の減少幅だけで400万人以上であると試算されています。

また、大衆飲食店の店員、コールセンター等の「サービス業（高代替確率）」は、AI・ロボットによる効率化・自動化が進んで減少しますが、現状のままでは、全体の労働需要減のなかで雇用の受け皿になり、むしろ微増すると分析されています。

一方で、このような雇用減少に対応するためには、上記のようにいずれ淘汰されるべきサービス業を積極的に縮小させ、高級レストランの接客係やきめ細やかな介護等の「サービス業（低代替確率）」を増加させなければならず、また、営業部門も高度なコンサルティング機能が競争力の源泉となる商品・サービス等の営業販売にかかわる仕事を増やすべきだとされています。

図1　「雇用関係によらない働き方」とは

- これまでの"常識"であった１社就業に対する「**兼業・副業**」、オフィス勤務に対する「**テレワーク**」、雇用関係による働き方に対する「**雇用関係によらない働き方**」の３つが互いに折り重なり、**「日本型雇用システム」の見直し**につながっていく。
- インターネット上で企業と働き手のマッチングが容易になり、**雇用契約によらない（企業の指揮命令を受けない）働き方**が普及。

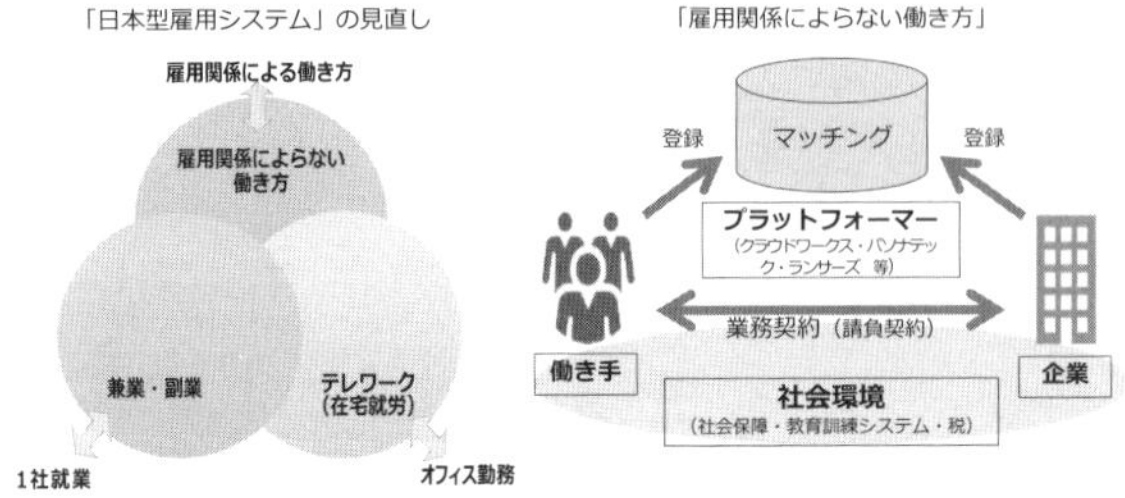

出所）経産省（2017）「『雇用関係によらない働き方』に関する研究報告書」（概要）。

◎「雇用によらない働き方」の礼賛

こうした「新産業ビジョン」と歩を合わせて主張されているのが、「雇用によらない働き方」です。新しい技術によって産業・就業構造が変化することで、これまでのように企業に雇われずとも、労働するかたちが増える・増えるべきだということです（図1）。

厚生労働省もこれに呼応して「雇用類似の働き方に関する検討会」を発足させ、18年3月30日には報告書を提示。「脱雇用」に向けた労働制度改革の検討を本格化させています。

（2）最低賃金との関係

本稿ではこれらの動きを詳細に論じる紙幅はありません。最低賃金との関係に絞って論点を示していきましょう。

◎労働需要の縮減と最低賃金

端的にいって、生産力の上昇は、ますます最低賃金規制の意義を増大させます。少ない雇用へ労働者が集中して過当競争を激化させ、結果的に賃金を果てしなく押し下げる作用をもつからです。

たとえば、今でもギリギリの人員でまわされている飲食店や小売店にＡＩが導入されるとどうなるでしょうか。まず、レジなど単純化された業務の多くをロボットが担うことになるでしょう。いずれはコンビニや飲食店の「完全自動店舗」が実現し、普及することも考えられます。単純労働の多くから、人間は解放される可能性があるのです。

一方で、この解放は「完全」なものにはなりえません。人間にしかできない顧客対応や、突発的な事態への対処が残るからです。たとえば、顧客のクレームに対応するための人員は必ず必要になります。機械の不具合への対応も必要でしょう。この「残った労働」は、最小限の人員でこなすことが求められるのです。

多数の店舗が点在する地域に数人の社員だけが配置され、クレーム対応や不具合に奔走する。まったく家にも帰れない。このような事態が容易に想像されます。「労働は減るが、長時間労働は減らない」のです。雇用量そのものが機械によって減少するなかでは、「残った過酷な仕事」に人々が殺到し、ますます低賃金化するとともに、ブラック企業の人材「使いつぶし」経営に拍車をかける可能性もあるということです。

こうした事態に対して、一定の金額の金銭をすべての人に支払うベーシックインカム（ＢＩ）の制度を創設すれば、人々は働かずに豊かになれると主張されることがあります（ＡＩ＋ＢＩ論）。しかし、そのようなことは幻想です。最賃が低いままＢＩが導入されれば、いっそうの賃金の下落を招くのです。これは歴史の教訓です。だからこそ、最低賃金制度が重要なのです。

◎「雇用によらない働き方」への対抗戦略

一方で、雇用外的な労働が増え、請負・自営業者ばかりになると、最低賃金の規制を免れた、とんでもなく劣悪な低賃金労働が社会にはびこってしまうことでしょう。しかし、だからこそ、最低賃金は重要性を失わず、むしろより重要な制度となります。

無規制な請負労働の請負単価の基準を定めることが、こうした事態への対抗策であり、その際には、標準的な労働者が一定の業務をこなす時間を基礎として、最低賃金に換算した価格を請負労働の市場に適用することが有効だからです。つまり、最低賃金の規制を請負労働にまで拡張・外延化する必要が出てきます（本章1も参照）。

ただし、こうした連動は自然とは形成されませんから、労働運動は積極的に最低賃金を単価計算に連動させるべきですし、すでに社会政策としてこの連動を促進しようという議論もあります。

このように、最低賃金の規制力を拡張するための新たな立法措置の要求が、これからの労働運動にとって重要な課題となってくると思われます。

4 公共サービス労働と業種別・職種別最低賃金
――保育労働を素材に

蓑輪 明子

はじめに

経済のグローバル化と少子高齢化、女性就業化を背景とする日本経済・社会の構造転換にともなって、2000年代以降、日本では経済のサービス化が急速に進んでいます。公共サービス労働の拡大は高度成長期においても見られましたが、現代の公共サービス労働の拡大は新自由主義化と並行して生じているため、民営化・市場化と公共サービス労働の労働条件の劣化をともなっているのが最大の特徴です。本稿がテーマとする保育もその例外ではありません。そうしたなかで、浮上しているのが、職種別最低賃金によって、公共サービス労働の労働条件向上をはかるべきだとする戦略です。

(1) 新自由主義改革下での保育労働市場の拡大

2000年代は、保育制度における公的責任の後退と民営化、市場化が急速に進みました。戦後の保育は、保育が必要な子どもたちに市町村が自ら保育を実施する義務を負う（保育実施義務）制度として整備されてきました。そのため、公立保育所における保育が典型的なものとされ、市町村にかわって民間保育所が保育する場合でも、保育実施義務を負う市町村が非営利団体である社会福祉法人に委託する形態をとり、営利企業の参入は認められませんでした。さらに保育の質を確保するため、国が施設・設備、保育にあたる人員について最低基準を定め、これを満たす認可保育所を整備する一方、運営費は国や自治体が負担する制度が確立しました。

しかし、1990年代以降の新自由主義改革のなかで、こうした制度枠組みは一転します。保育ニーズの高まりに対して、営利企業の利潤追求への欲求をテコとした保育の量的拡充を政府はめざしたのです。市町村の保育制度における役割は保育施設整備まで後退させられ、2000年には保育事業への営利企業が参入を認められ、保育の実施主体は多様化します。*

＊ ただし、市町村の保育実施義務が完全に撤廃されたわけではなく、保育所については市町村自ら保育を実施する義務を有するとしています。しかし、その他施設については市町村が保育施設を整備する責任をもつだけとなっています。

さらに、国は保育の多様な実施主体の参入障壁となっているとして、保育にかかわる諸規制の緩和を進め、それまでよりも低い基準で開設できる施設を次々と公認していきました。この時期には地方制度改革が行われたこともあって、公立保育園の民営化も各地で進み、社会福祉法人と営利企業を受け皿とした保育拡大が一気に進むこととなりました。保育施設数は増加しましたが、公営施設は33・7％にまでその割合を減少させる一方、私営施設が増え、社会福祉法人が運営する施設が53・5％に、営利法人施設が5・1％に増加しています。株式会社の保育事業参入はとくに首都圏で進んでおり、港区では51・0％、中央区では48・0％、川崎市では41・5％、文京区では38・0％、練馬区では34・8％、横

表1　保育施設・保育士数の推移

	保育施設数			保育士数（専任・常勤のみ）		
	総数	公営	私営 {社会福祉法人 {営利法人	総数	公営	私営
2000年	23,394	13,768（58.9%）	9,626（41.1%） { 8,607（36.8%） { —	245,400	125,084（51.0%）	120,316（49.0%）
2016年	26,265	8,857（33.7%）	17,408（66.3%） {14,049（53.5%） { 1,337（5.1%）	315,727	105,617（33.5%）	210,110（66.5%）

注）2016年は保育所，幼保連携型認定こども園，保育所型認定こども園，小規模保育事業を含む。
出所）「社会福祉施設等調査」。

浜市では31・９％が株式会社立の保育所となっています（保育研究所編『保育白書　２０１８』１１５頁）。

こうした動きは、保育士の労働条件を全体として低下させていくことになります。戦後の保育制度では、公立・私立を問わず、保育所の運営費は保育料と国・自治体の財政負担によってまかなわれてきました（２００４年以降、公立保育所については地方交付税交付を通じて地方交付税交付団体にだけ措置されています）。保育所に支給される運営費額は、所管省庁が、事務費、国が定める人員配置基準に応じた人件費等を積算して、決定しています。しかし、この見積もりの前提となっている職員の一人当たりの所得水準は低く、２０１７年でも保育士で月額給与（特殊手当込み）が20万９２５０円で、勤続年数（10年目まで）にあわせて０～10％の増額（処遇改善費Ⅰ）がされるだけです（これとは別に最近は7年目以上の中堅保育士の3分の1にのみ増額をしています）。しかもこれらは運営費を見積もるための目安で、事業所が労働者に支払う賃金額についての規制はなく、実際にはこれよりも低い賃金しか支払われていない労働者が膨大に存在しています。そのため、株式会社の人件費比率が低くなっているなど、経営サイドが人件費を抑制している施設もあるのです。また国が運営費を保障する人員が少なく、現場では限られた財源で国の基準を上回る人を雇うのが普通であることも、一人当たりの賃金が低くなる原因となっています。当然、労働時間も長くなる傾向にあります。

つまり、戦後の保育制度は、財源不足で低賃金・長時間労働を生み出す構造になっていたといえます。こうした制度枠組みのもとでも、公立保育所については、地方自治体の財源で、人員配置や賃金の底上げをはかり、比較的安定した労働条件が確保できました。私立保育所では公立のように財源を確保できませんが、高度成長期には、一部の自治体が独自の補助制度を創設し、私立保育所の賃金と職員配置を公立と同じ水準で保障できるようにしてきました。

ところが、新自由主義化のなかで限られた自治体で行われていた賃金底上げのための補助ですら、多くの自治体で改廃されることとなります。保育施設への公的財政支出が抑制されるなかで比較的よい労働条件だった公立保育所が減り、私立の保育施設が増え、しかも、私立の保育労働者の労働条件はますます悪化していったのです。

さらに近年では、財政的制約のなかで、公立私立を問わず、非正規労働者が増えています。保育所就業者（認可外保育施設、ベビーホテル、託児所を含む）の正規雇用の割合は54・2％にすぎず、とくに株式会社立と公立ではそれぞれ45・7％、41・7％となっています（「経済センサス基礎調査」２０１４年）。こうしたなかで公立保育所の労働条件も正規・非正規問わずさらに劣悪化しているのです。

(2) 現代日本における保育労働の実態

では、保育労働者の実態は、具体的に、どのようになっているでしょうか。第一の特徴は、低賃金労働者が多いという点です。図1は、一般労働者(フルタイム、民間)の保育士、福祉施設介護職員、全産業労働者の決まって支払われる給与月額(以下、給与月額)の分布と平均給与額等を示しています。とくに注目したいのは、保育士は平均給与月額が22万9900円と低いだけでなく、低賃金層が多く、月額給与が20万円以下の人たちが40・2%、24万円以下の人になると72・3%にものぼっています。全産業では、20万円以下25・3%、24万円以下42・6%ですから、保育士には低賃金層が際立って多いことがわかります。賃金が低いといわれる介護職員と比べても、低賃金層が多くなっています。保育士は、本書が必要だと考えている最低生活費(単身ひとり暮らし)すら保障されない人が大部分を占めることを意味しています。

このことは民間保育士に限りません。先に、公務員は自治体の財政支出により民間施設とは異なって相対的によい労働条件を確保できたといいましたが、正規でも若年層の賃金水準は最低生活費を割り込みます。2017年の地方公務員の初任給(大卒、一般行政職)は、政令市平均で17万9720円、市平均で18万6377円です。諸手当を含めても、若年層の月額給与は最低生活費を下回ることがわかります(総務省「2017年　地方公務員給与等実態調査」)。筆者らが2017~18年に愛知県で行ったアンケート調査では、公立保育所に働く正規保育労働者の61・8%が賃金に対して「不満」「やや不満」と答えましたが、20代では73・2%にのぼっているのも、その反映です（「愛知県保育労働実態調査」調査詳細はhttp://aichi-hoiku.tumblr.com/ 以下「愛知調査」）。

パート保育士（民間）については、2017年で全国の時給平均1063円（図2）と、そもそも最低生活費をクリアできる額にはなっていません。そのうえで、もともと非正規のなかでは高かった保育士賃金は

図1　職種別・決まって支払われる給与月額

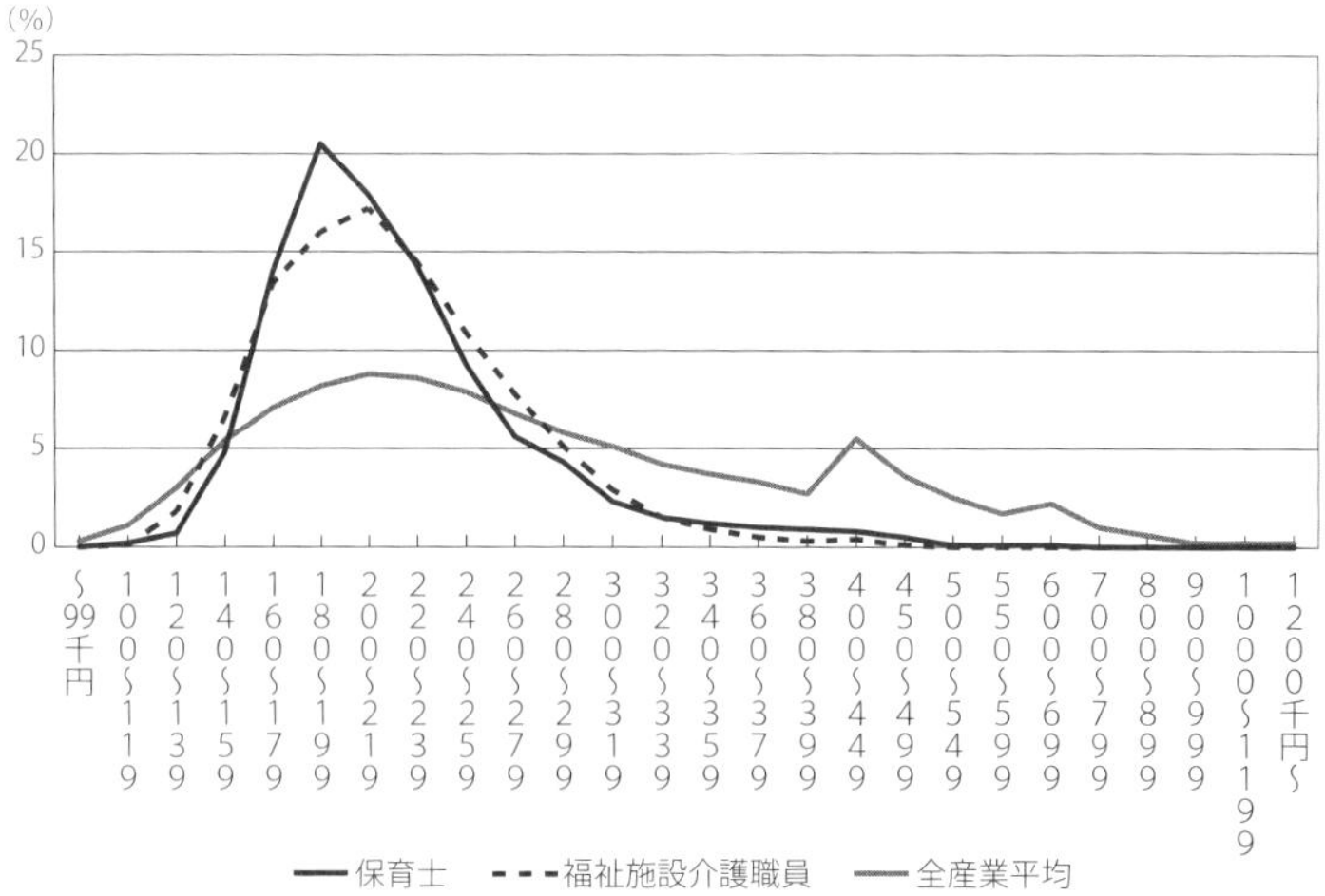

	保育士	福祉施設介護職員	全産業
平均年齢（歳）	35.8	40.8	41.7
平均勤続年数（年）	7.7	6.4	11.8
平均給与（千円）	229.9	233.6	325.6
決まって支払われる給与月額20万円以下（%）	40.2	37.9	25.2
決まって支払われる給与月額24万円以下（%）	72.3	69.7	42.6

出所）「賃金構造基本統計調査」2017年より作成。

図2　短時間労働者時給（保育士・全産業平均）および最賃額

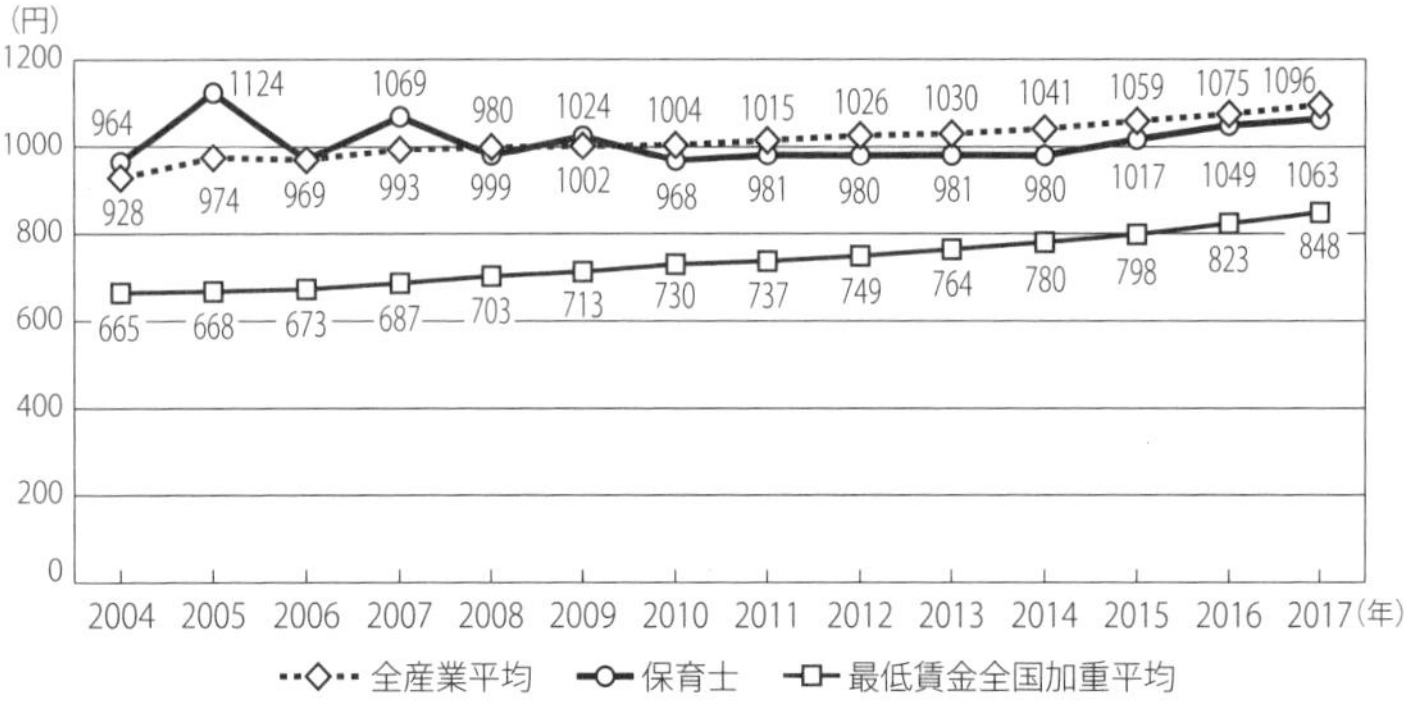

	2004年	2005年	2006年	2007年	2008年	2009年	2010年	2011年	2012年	2013年	2014年	2015年	2016年	2017年
保育士・最賃との差額	299	456	296	382	277	311	238	244	231	217	200	219	226	215
保育士・全産業平均との差	36	150	0	76	−19	22	−36	−34	−46	−49	−61	−42	−26	−33

出所）「賃金構造基本統計調査」各年より作成。　（円）

この間の最賃引き上げのスピードに追いつけず、近年、最賃との差を縮めていることも見逃すことはできません。図２にあるように２００４年から２００９年までは最賃と保育士平均時給との差額は３００円程度ありましたが、現在では２００円前後に縮まっています。しかも、最賃引き上げに合わせて、上がってきた全産業時給平均を保育士時給が下回るようになっています。２０１６年の公立保育所非正規職員（臨時的任用職員）の平均時給は政令市１０４８円、市区１０２８円となっており、やはり民間全産業平均時給を下回っています（小尾晴美「公立保育所の処遇の現状と課題」『保育白書２０１８』）。非正規雇用労働者は正規のように一時金で補塡して生活することも難しいですから、賃金は最低生活費を完全に下回っており、家族に依存して生活することを強いられる差別的な賃金水準となって

図3　時間外労働時間数と超勤支払手当数（愛知調査・正規票）

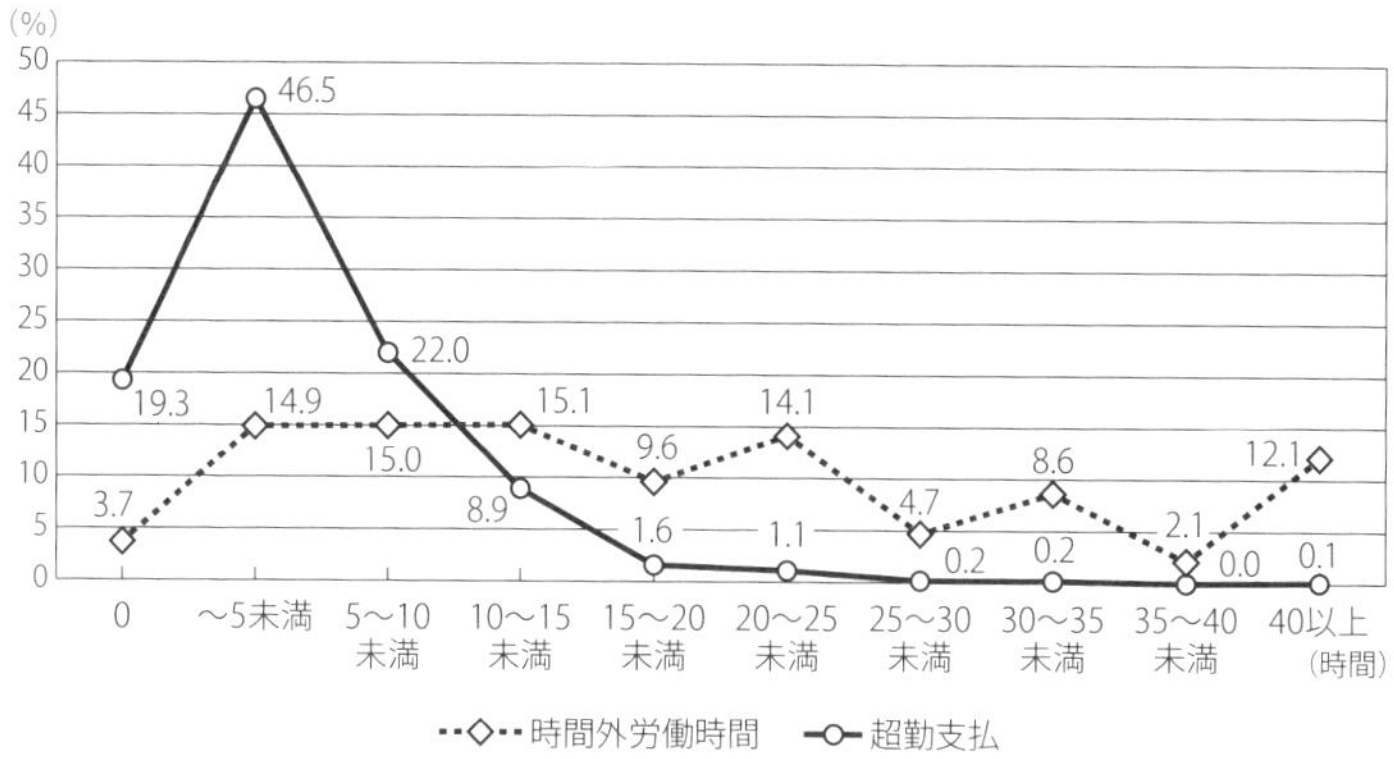

出所）「愛知県保育労働実態調査」より作成。

います。

現代の保育労働の特徴の二つめは、長時間労働が常態化し、しかも未払い労働が多くなっているという点です。「愛知調査」では1か月の時間外労働の平均が18・9時間、「道北地域の保育者の就業実態と就業意識に関するアンケート調査結果報告書」（山野良一、傳馬淳一郎、小尾晴美／2017年）は週4・4時間、「保育士の実態に関する調査研究報告書」（保育協会／2011年）で1日およそ1～1・5時間と、どの地域もおおむね月20時間前後の時間外労働となっています。仕事を家で行う「持ち帰り」については5～7割の人がしており、かなりの時間数になっています。いずれの調査でも休憩を完全にとれない状況が広範にあり、休憩なくぶっ通しで仕事をするのが常態化していることもわかっています。

しかも、こうした時間外労働には賃金がきちんと支払われていません。「愛知調査」では、勤務時間後の時間外労働にすべて手当がついている人は8・9%、保育所内での時間外労働月平均18・9時間に対して超勤手当支払い時間は平均4・2時間にすぎず、両者には大きな乖離がありました。図3は「愛知調査」の時間外労働と超勤支払い時間の分布を示したものですが、超勤支払い時間数の分布が時間外労働の実労働時間数の分布に連動していません。こうなるのは事業所の労働時間管理が適切に行われていないためです。こうした、広範な未払いの存在は賃金水準にも影響を与えています。未払いは時間給の低下をもたらすからです。

（3）「保育最賃」と未払い解消

このような保育業界の賃金の低さと未払い労働を解消するためにはどうしたらよいのでしょうか。保育所の利用料収入には規制と限界があり、賃金を引き上げるためには国や自治体の大幅な財政支出が不可欠です。その財源を引き出すうえで、武器になると思われるのが労働規制です。財源がないので労働法を守れないという発想が横行していますが、そうではなく、労働法を根拠に財源を国や自治体に要求するのです。長年、低賃金と時間外労働を黙認して、現場の労働者に犠牲を強いて保育財源を抑制したままでニーズ拡大に対応してきた国と自治体の責任を明確にし、果たさせる必要があります。

そのために本稿が提案したいのは「保育最賃」の創設です。保育産業の保育士・給食調理員といった職種に応じて、地域別最低賃金とは別の保育業界に適用される最低賃金という賃金規制の方法です。通例、保育労働者の賃金水準として公務員準拠がいわれますが、多すぎる低賃金層、非正規労働者、公務部門の低すぎる若年賃金水準という、現在の労働市場構造を考えた場合には、産業全体の最低賃金規制を本書が主張するレベルでの最低生活費に、さらに上乗せした水準で構築することこそが、労働市場全体に影響を及ぼすことのできる実効力ある方法だと思います。日本では最低賃金といえば地域別最賃をさすだけで、産業別・職種別最賃はあまり活用されていませんが、こうした方法は労働組合の規制まで含めると、世界的にはめずらしい仕組みではありません。

たとえば、オーストラリアでは、全労働者の最低労働基準にあたる国家最低基準(NES:National Employment Standards)があり、所定労働時間、有給休暇、病気休暇・介護休暇、出産・養子縁組休暇などが定められているほか、国家最低賃金が定められています。また、最低労働条件を規定する行政命令(Modern Awards)が定められている産業もあり、その場合はNESかModern Awardsのどちらか高い基準がその産業の最低基準となります。幼児のケア・教育を行う産業には幼児サービス行政命令(Children Services Modern Award)があり、ここでは業界固有に必要な手当(1日にシフトが二つに分かれたときに払われる手当やユニフォーム支給、クリーニング代支給の規定など)のほか、国家最低賃金を上回る保育最賃が職能に応じて定められています。

2017/2018年の国家最低賃金は18・29豪ドル(1505・5円)ですが、子どもの日常的なケアを行う資格(certificate III)をもつ労働者の保育最賃は21・29豪ドル(1752・3円)となっています。それでもオーストラリア労働者の平均時給の半分以下であるため、幼児関連産業を組織するUnited Voiceは職能の軽視と女性差別であるとして、2013年から国家財源による保育最賃引き上げキャンペーン(Big Step)を繰り広げ、大規模なストライキを行い、引き上げを勝ち取っています。

こうした保育最賃を日本でつくる場合には、さしあたり二つの方法が考えられます。一つは、最低賃金法の特定最賃制度を活用する方法です。特定最賃はその産業や職種に地域別最賃よりも高い最低賃金

表2　東京23区内の公契約条例実施状況（報酬下限額設定のあるもののみ）

自治体	下限報酬額	保育下限報酬設定	保育下限報酬額
足立区（2013年〜）	1000円	有（2018年〜）	保育（資格有）　1100円 保育（資格無）　1000円
渋谷区（2013年〜）	993円	無	—
世田谷区（2013年〜）	1020円	無	—
千代田区（2014年〜）	1042円	無	—
港区（2016年度〜）[*1]	1000円	有（開始時期不明）	保育士　1050円 給食調理員　1050円
目黒区（2018年度〜）	1010円	無	—

注）1　港区は条例ではなく「港区労働環境確保の促進に関する要綱」による。

が必要だと認められた場合に、設定される最低賃金です。その産業の労働者ないし使用者のおおむね3分の1の合意を集めたうえで、最賃審議会が審議し、必要と認めたときに設定されるケース（公正競争ケース）などがあります。日本でも特定最賃が設定されている産業もあり、近年では、医労連（日本医療労働組合連合会）が看護師の特定賃金を制定する運動に取り組んでいますが、保育でもこうした運動に取り組む必要があるように思われます。

もう一つの方法は、公契約条例（詳しくはトピック⑪）を活用する方法です。公契約条例では職種や業種ごとに下限報酬額を設定することがあります。これを用いて「保育士」や「給食調理員」といった保育業界の下限報酬額を定めるのです。２０１６年に千葉県野田市で保育士１０４９円という下限報酬額が設定されたほか、東京都では足立区が２０１８年から有資格保育職１１００円、無資格保育職に１０００円の下限報酬を設定しています（東京23区の公契約条例の状況は表2）。公契約条例のメリットは賃金引き上げと財源確保が同時に行える点です。また、自治体によっては下限報酬額の設定に合わせて、公立施設での非正規保育労働者の賃上げや民設民営施設の委託費引き上げを行うこともあり、保育業界全体の賃金引き上げの根拠となります。

図4　名古屋市非正規労働者　施設別・時給分布

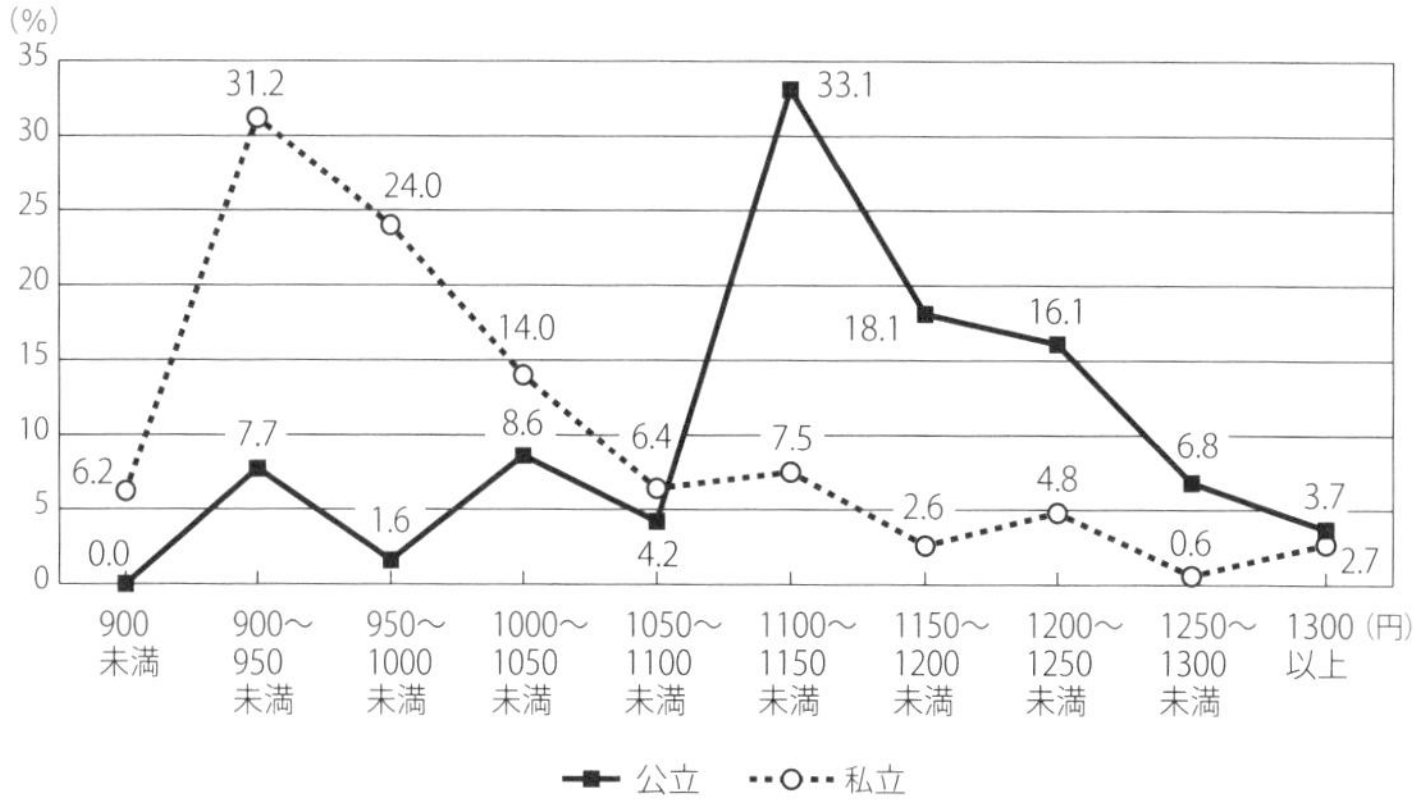

出所）愛知県保育労働実態調査より作成。

こうした特定最賃や公契約条例による「保育最賃」で、賃金格差を是正しながら、賃金水準の底上げをはかることができます。図４は名古屋市の公立・私立の非正規労働者の時給分布を示したものです。名古屋市内の非正規保育労働者の時給平均は１０７１・２円で、愛知県の短時間労働者時給平均１１０９円を下回っています。しかも公立平均が１１３８・２円、私立平均が９９４・３円で、公私に１４３・９円もの差があります。このグラフからも「保育最賃」で格差解消・賃金底上げが可能だとイメージできるのではないでしょうか。

加えて、時間外労働の問題でも、共通規制をつくる必要があります。労働時間の規制は労働基準法や就業規則で規制されていますが、これだけでは不十分であり、産業別業種別に労働時間規制を具体化することが必要です。その際、活用できそうなのが、公立保育施設に対し、担当課が出している時間外労働に関するガイドラインです。A市では、労働組合の働きかけを受けて、担当課が時間外労働に関する通知を出し、園長が残業管理をしっかりすること、「持ち帰り」や時間外労働を黙認しないこと、時間外申請を「仕事ができない」「新人である」という理由で拒否できないことなどを指導しているほか、保育準備や行事準備、書類作成や保育室等の環境整備など、時間外労働になりやすい業務を列挙して、未払い残業の防止を促しています。実際、A市では平均時間外労働時間数は他市よりも低く、平均超勤支払い時間数は他市よりも多くなっています。

さらに、こうしたガイドラインを自治体が私立保育所向けに出すことができれば、業界全体で何が残業かがいっそう明確になっていきます。保育行政を所管する厚生労働省や内閣府もこうした通知を出す必要があるでしょう。現在は、保育業界での未払い労働は不可視化されています。何が残業かが仕事のあり方に即して明らかにされ、未払いが解消し、時間外労働の実態が可視化されれば、国や自治体としても時間外労働の支払い財源を支払わざるをえなくなります。未払いを支払い労働に変え、さらに賃金原資が確保できれば、人を雇用することも可能です。未払いをお金に、そしてお金を人員に変えることで、時間外労働は自由時間に変わります。

こうした産業横断的な最低賃金規制、労働時間規制の方法は、保育に限らず、公共サービス労働全体で応用が可能であると思われます。全労働者に適用される地域別最低賃金を引き上げるだけでなく、仕事に応じた最低基準を設定し、上乗せをはかることで、重層的な賃金規制が可能となります。それでこそ労働者全体の賃金が引き上げられ、「経済に正義」がもたらされるのです。

第3章

最低賃金の歴史と思想

1 日本の労働運動と最低賃金闘争

小越　洋之助

はじめに

この節では日本の最低賃金と労働運動の関連を記述します。最低賃金（最賃）の記述はここでは主として制度としての最賃制の変化です。労働運動は今日の状況にいたるまで最賃制についてさまざまな対応をしました。その歴史の概観を説明する箇所ですが、現在という地点から見て過去から顧みることも無益ではないと思います。

（1）総評「賃金綱領」と業者間協定方式による最賃法の成立

◎「いかなる労働者にも八千円」の要求

日本が敗戦により占領下におかれた47年、労働基準法が成立します。その28条から31条にかけて、最低賃金制の規定がありました。ＧＨＱ（連合国軍総司令部）の「民主化政策」で燎原の火のように労働組合が生まれました。ただし組織形態は企業別組合が主体で、そのナショナルセンター（全国中央組織）として戦闘的な「産別会議」と労使協調的な「総同盟」に分立します。産別会議は、「最低賃金制の確立」

を、産業別協約や賃金体系で要求しました。当時は物不足とインフレーションが激しく、占領軍、政府、財界の産別会議への弾圧の影響などもあり、制度としての最賃制は実現しませんでした。

50年代以降は労働組合の全国組織は、総評（日本労働組合総評議会）と全労会議（全日本労働組合会議。総評を脱退した3単産と総同盟の連合体。64年同盟に変わる）、中立労連、新産別という四つに分かれます。占領軍の支援で50年に結成した総評は「ニワトリからアヒルへ」と表現される「闘う組合」に変貌し、賃金闘争・最賃制闘争を主導して52年2月「賃金綱領」を提起します。そこでは賃金の戦前水準復帰を目標とし、同時に「いかなる労働者にも（月給）八千円」という「全国全産業一律最賃制」を提起しました。

全国一律最賃8000円は、当時の資料によると、それ以下の労働者は44・8％に達し、かなり高い水準でした。そのこともあり、総評の最賃制8000円要求は62年まで続き、全国一律制確立はしばらくは「宣伝のスローガン」を脱していませんでした。それが変化するのは、政府が業者間協定方式という最賃法を提起して以降のことです。

この「賃金綱領」で示した全国一律制は、設定方式（適用範囲）を日本全国とし、しかも一本の絶対額を掲げました。また、低賃金労働者への底上げをめざす社会政策としての最賃制を掲げ、その後の労働運動に強い影響を与えたのです。

◎対米貿易摩擦の登場と中卒初任給の急上昇

日本経済は1955年から73年頃まで「高度経済成長」という歴史上まれに見る好況期を迎えます。この時期は軽工業から重化学工業化、石炭から石油へのエネルギーの転換などにより、劇的な産業構造の転換と労働力の流動化が進みました。ただし当初は繊維産業などの軽工業は輸出産業としてまだ重要な位置にありました。高度成長を支える労働力の主要な担い手として、政府当局は、農村に滞留していた若い労働力に目をつけ、その人々を都市に流動化させる政策をとりました。ところで、高度成長に入る頃、対米輸出に「1ドルブラウス」という問題が発生しました。ブラウスとは女性の上着、仕事着のことです。これがアメリカでは2ドルで売られたとき、日本の製品では半値の1ドルで売られ、またたく間にアメリカ市場を占有していきます。ＩＬＯ（国際労働機関）などは戦前からの安い賃金による日本の「ソシアルダンピング」輸出を警戒し、アメリカ国内でも低賃金による日本製品輸入に制限をかける動きが始まります。日本の行政当局は、対米「貿易摩擦」の緩和のために、最賃らしきものを急いでつくることを余儀なくされたのです。国内では中卒労働力の需要増大で、中小企業経営者は激しい「人手不足」と初任給の急上昇で困っていました。行政当局は、貿易摩擦に対処しつつ、国内での過当競争に悩む輸出業者や大企業の下請企業を対象に、中卒初任給をコントロールすることに思いいたったのです。

（2）日本の歴史上初めて成立した最低賃金法（1959年）

◎業者間協定方式とは？

このように、日本の最賃制は労働運動のたたかいによって登場したのではなく、外圧を懸念した当局（労働官僚）によって、若年労働力不足による中小業者同士の初任給引き上げ競争を防止するために策定されました。１９５６年４月、静岡県の缶詰協会が、同県の労働基準局長の指導で、缶詰調理工に中卒15歳の初任給協定を締結しました。この「最賃第1号」の対象は当時「女工」と呼ばれた女性労働者でした。以降、桐生の絹人絹《じんけん》織物製造業、横浜の手捺染《てなっせん》業、秩父の織物業、福井の眼鏡枠製造業など各地に広がりました。業者間での求人難の打開、初任給引き上げ競争や過当競争を防止するのが目的で、労働者の生活の安定などが目的ではありませんでした。

◎最低賃金法（1959年）の成立

1955年の総評第6回大会では地域ぐるみ闘争を指導した高野実から太田薫・岩井章に指導部が交替し、春闘方式が発足します。企業別組合が力を分散させず、春という時期に産業別統一闘争として賃金闘争を一斉に行う方式です。この方針転換のなかで最賃闘争でも労働組合側の反撃が始まりました。

政府がめざす業者間協定方式を中心とする最賃法案には致命的な欠点がありました。ＩＬＯ26号条約（最低賃金制度の創設に関する条約）には最賃決定に際しては「関係労使が対等平等」に参加する、という条文があります。業者間協定方式の決め方は、業者団体の一方的申請→「最賃審議会」での審議→行政当局への答申というプロセスですが、「審議会」では労働組合がいくら反対しても、使用者と公益委員の賛成で通され、労使対等原則などありません。総評は「ニセ最賃」と呼び、この方式の廃止と全国一律最賃制の運動を強めました。しかし50年代では最賃闘争は大衆運動から切り離され、全国一律最賃８００円を国会の場で法制化させようと、政党（社会党）依存におちいります。他方で岸内閣は１９５９年４月、「最低賃金法」を成立させました。その結果、労働基準法の最低賃金条項はこの最賃法に移行しました。

この法律には以下の４方式がありました。①業者間協定方式（法９条）、②業者間協定の地域的拡張方式（法10条）、③労働協約の地域的拡張方式（法11条）、④最低賃金審議会の調査審議にもとづく方式（法

16条）です。

①の業者間協定方式は、業界団体が申請した「最低賃金」を「最低賃金審議会」を通して法制化するというものです。②はそれを同業者のアウトサイダーにも拡張適用させるもので、この①、②は59年最賃法の中心となりました。③は労働協約の最低賃金を地域に拡張適用させるというわけですが、この発動はごくごく限定されました。その理由は、日本の労働協約は正規労働者の企業内協約が中心で、臨時・非正規労働者を除外し、さらに適用の際「同種の労使の大部分」が協約の地域拡張の要件とされたことです。つまり労働者だけでなく、使用者の大部分が必要という規定です。当初はこの「大部分」は4分の3以上必要で、70年に3分の2以上に緩和されたものの、「使用者要件」の存在がこの方式の普及のネックだったのです。

④は、その後の最賃法改正の主流となる方式ですが、当時9条、10条、11条方式で決定することが「困難または不適当」なとき、行政官庁が最賃審議会の調査審議を求め、その意見を尊重して最賃額を決定するということで、当初から傍流におかれました。結局この59年法は業者間協定方式がほとんど唯一の決定方式でした。

なお、最賃額決定の原則は、「労働者の生計費、類似の労働者の賃金及び通常の事業の賃金支払能力を考慮して定められなければならない」（59年法3条）として、「事業の賃金支払い能力」が当初から挿入され、その後の改正法にも基本は継承されています（「類似の労働者の賃金」が「賃金」にかわった程度）。労働者の生計費ではなく、企業の支払い能力が優先される法はＩＬＯでも稀有と見られ、日本の最賃制はその後進性から脱皮できていません。

(3) 1968年最賃法の改正――法16条による「審議会方式」へ

◎対政府交渉の実現と業者間協定方式の廃止

しかし、1960年には日本を揺るがす安保闘争があり、この運動の高揚が最賃闘争にも引き継がれました。総評は59年法を前述のように「ニセ最賃」と呼び、内部では全国一律制が先か産業別最賃が先か、地域別最賃をどう位置づけるか、などの論争がありつつも、全国一律制確立運動を強め、春闘共闘は63年、64年には対政府ストライキ、対政府交渉を追求しました。とくに64年には3・27統一行動として30単産951組合が統一ストライキに参加し、2万人の中央動員、対政府（労働大臣）交渉を実現し、当時の大橋労相から「ある程度地域的な例外を認めるならば、全国一律制もムリではない。日本でもできると思う」という答弁を引き出しました。こうして労働組合の全国一律の最賃制の構想は50年代のアメリカ型（国会方式）からフランス型（労使交渉を含む審議会方式）に代わってきました。

他方で、59年法はさまざまな矛盾を露呈します。その改定は初任給の急上昇に追いつかず、改定しても引き上げ効果がなくなる反面、60年代半ば頃から中卒の若い労働力が枯渇し、それにかわり中高年女性パートが最賃の対象になり、また、制度面では総評以外の労働組合も労使対等でない決定方式に批判を強めたのです。一方、政府は産業構造の重化学工業化、そこでの中小企業「近代化」対策として、より多くの労働者を包括させる最賃を追求しはじめました。こうして1968年に改正最賃法が成立します。

◎1968年改正最賃法の内容

では、この改正法とはどのような内容なのでしょうか。

①法16条による最賃決定とは、正確には「最低賃金審議会の調査審議に基づく最低賃金」として、行政当局（中央は労働大臣、地方は労働基準局長——当時の名称）に最賃決定の権限があり、実際の最賃審議は労・使・公益各委員同数構成の「最低賃金審議会」で行うのですが、中央と地方の最賃審議会は行政当局への諮問機関で、決定機関ではありません。また、最賃審議の細部の検討には「専門部会」があり、ここではごく少数の委員で実質的な審議が可能な仕組みでした。中央の最低賃金審議会（中賃）は全国的な最賃審議のほか、最賃の基本方針の策定を行います。

②業者間協定方式と大きく違うところは、全体として「審議会」が全面に出て、それが実質的に最賃審議に関与すること、また、設定方式は、業者間協定方式のような業者団体がある狭い地域の業種に適用してきた最賃から、○○県金属機械産業、○○県卸売・小売業のように、大括りの産業別に設定することです。そして、審議した最賃額に不服であれば、行政当局の決定の前に、関係労使の「異議申し立て」ができる制度を導入しました。この制度変更で、日本政府は71年4月、ＩＬＯ26号条約を、あわせて１３１号条約（「開発途上国を特に考慮した最低賃金の決定に関する条約」）を批准しました。

この改正は、政府が総評・春闘共闘の「ニセ最賃」論に対応したもので、全国一律制を導入せずに、１９５９年法の矛盾に対処し、同時に、高度成長下での地域開発に応じ労働力の適正配分や中小企業の「近代化」対策も意識したもの、と見ることができるでしょう。

◎地域別最賃の登場と産業別最賃の併存の時代

16条方式導入以降、政府は「重点対象業種」として産業別最賃の適用労働者を大幅に増加させます。地方では大企業の下請企業や部品加工企業などでこの設定方式が広まり、1977年には約3659万5000人へ適用という数字が記録されています。

同時に、新たに71年から「地域包括最賃」という設定方式が登場します。これは都道府県別に設定される地域別最賃です。76年1月には最後の宮城県で決定され、47都道府県全部の地域への設定が終わりました。その毎年度改定、改定時期の接近も起こってきました。こうして両方式の併存時代を迎えます。ある県での労働者について、二つが適用される場合、原則は高い最賃が優先されます。地域の産業別最賃は地域別最賃よりも約1割以上は高く、当然産業別最賃のほうが優先されます。労働組合では全国一律制を否定する同盟（全労が名称変更）が、68年当時「全労働者を対象とする最賃を地域別に設定し、その上に産業・業種・職業別の最賃を設定」するという構想を掲げました。中賃や行政当局は同盟路線を重視し、地域別最賃重視の方向に舵を切ります。労働市場の底辺層での中卒者に代替して、中高年女性パート労働者を新たな低賃金層とし、産業別最賃より額が低く、産別最賃が適用しないか、できない業種にも包括適用できる最賃として地域別最賃を重視した、と推測されます。

（4）「国民春闘」下の全国一律制闘争（1975年）と中賃「目安」の実施（1978年）

◎「狂乱インフレ」と「国民春闘」への転換

1970年代前半は労働運動が高揚し、総評・春闘共闘の掲げる全国一律制の確立が大きく前進しました。71年8月の「ニクソン声明」は、ドルと金の交換停止や10％の「輸入課徴金」などによるドル防衛政策でしたが、これは国際通貨危機や世界的インフレを激化させる導火線となりました。日本国内では金融緩和による金あまり、72年8月に登場した田中角栄内閣の「日本列島改造」による公共事業の大盤振舞い、そのなかで73年に第一次オイルショック発生による石油価格の暴騰などが重なり「狂乱物価」という激しいインフレが引き起こされました。労働運動は「社会的弱者救済」などインフレに対処する「生活制度闘争」を掲げました。政治情勢では革新自治体の相次ぐ誕生、72年総選挙における社会党の失地回復、共産党の大幅な躍進、民社党の後退など、運動の高揚を促進する条件も進展しました。

労働運動は「狂乱インフレ」の事態に対処すべく、73年年金スト（年金の物価スライド制の獲得）、74年インフレ阻止闘争として、運動の領域を企業内の賃金闘争だけでなく、未組織労働者や国民諸階層の課題をも掲げ、たたかいに立ち上がりました。「国民春闘」と名称変更した74年のピークの「4・11統一ストライキ」には日本の労働組合は99単産545万人が参加し、賃上げでは史上最高の32・9％の引き上げを獲得、インフレ反対の市民運動も大きく盛り上がりました。

◎75年「労働四団体統一要求」と「四野党共同法案」の成立

1975年の国民春闘では全国一律最賃制の確立が課題となりました。

この時期の特徴は、第一に、総評、同盟、中立労連、新産別という労働四団体が全国一律制確立の要求において統一したことです。総評と同盟は前年の統一ストの評価、官公労働者のスト権問題で対立していました。同盟は全国一律制には一貫して反対し、現行法の枠内での運動に固執していました。地域別最賃についてはこれをランク化することを方針としていました（具体的には地域をA1・A2・B・Cの

4区分とし、それを要求の目安とする）。

この両組織が全国一律制で統一したのには、高度成長の終焉による雇用問題の深刻化や政府が提出した「雇用保険法」の成立問題があり、相互に調整・妥協した結果と考えられます。そして、75年1月、「労働四団体統一要求」が成立。その内容は、全国一律制と地域別最賃の関係を「地域上積み方式」として整理したことです。つまり全国一律制に、上積みする地域別最賃を認める、ということです。

総評のほか中立労連も加盟する春闘共闘の構想では、全国一律制一本で、地域格差なしでした。全国一律制よりも高い地域別最賃を認めたのは、春闘共闘が同盟に譲歩した結果です。ただし、全国一律制の水準は最低地域の最賃額としたのではありません。それは「平均的地域の生活費」を基礎とする、とされ、それでも実効性のあがらない大都市地域では上積みをはかる、との構想でした。また、審議会のあり方について「最賃委員会」として決定権をもち、中立委員の役割、機能を限定し、生計費原則を全面に掲げ、スライド制の設置を要求するなど画期的な内容でした。

第二は、社会・共産・公明・民社の四野党は労働四団体の要請により、同年3月、国会対策委員長会議で共同法案作成を決めました。四野党共同法案は、①法案の目的を「この法律は、労働者が健康で文化的な生活を営むために必要な賃金の改善を図り、もって労働者の生活の安定に寄与すること」とし、②全国一律制を基本とし、生計費原則を全面に掲げ、③最賃の決定機構について、中央に、政府任命の「中央最低賃金委員会」（労使各12名、公益6名）、地方に自治体の首長が任命する「地方最低賃金委員会」（労使各7名、公益4名）とする、④中央は全国一律額を決定し、地方は地域別最賃を決定する、として全国一律最賃に「上積み」する方式を選択、④協約の拡張適用方式として「労働協約に基づく産業別職業別最低賃金」を中央、地方の最賃委員会で行う、⑤公務労働者も適用範囲に加える、などでした。

この四野党共同法案ではスライド制の導入は明記されず、生計費の算定基準も曖昧でした。とはいえ全国の国民的最低限＝ナショナル・ミニマムをめざし、労働者の賃金の最低限として全国一律制を掲げ、それを公務員にも適用する、同時に家内労働の最低工賃とも関連させる。最賃委員会に最賃の決定権を与え、そのために労使の協議を促進し、公益委員を斡旋役に限定して、地方での最賃委員の任命を自治体の首長とすることとです。全国一律制に地域上積みをはかるという構想は、生計費に地域的格差がないということが論証されてきた今日では論点ですが、法案は労働四団体の統一要求に配慮した結果です。

春闘共闘は「全労働者階級の統一闘争を発展する」として全国的な活動家集団を組織し、75年「3・27統一ストライキ」体制を組織し、総計431万9300人というかつてない取り組みが行われました。しかし、この統一ストライキは、政府側から、「今後の最賃制のあり方について、全国一律制の問題を含め、中央最低賃金審議会の調査審議を求めること」「その間、労働四団体の統一要求、野党四党の最賃法案を重要資料として提出する」という文言を社会党幹部が受け入れ、結局は中止されたのです。

◎中賃「目安」答申とその背景

70年代後半〜80年代には、国民春闘高揚期とは違った情勢の転換になりました。高度成長の終焉による雇用不安の顕在化、大幅賃上げに対する財界からの攻撃、鉄鋼労連の「賃金自粛」や、75年以降、金属労協（ＩＭＦ・ＪＣ）による経営側の賃金抑制＝「一発回答」方式の受け入れ、82年に登場した中曽根内閣による国鉄はじめ官公労の「スト権奪回スト」への攻撃の強まり、国鉄の分割・民営化という新自由主義政策の始まり、同盟や金属労組による労働戦線の右寄り再編の動き、これに対抗する「統一戦線促進労組懇」（統一労組懇）の旗揚げなど、労働戦線の再編がクローズアップされてきました（こうした経過で89年11月、「連合」と「全労連」、12月「全労協」が結成されました。総評主流、中立労連、新産別は「連合」に合流します）。

政府・中賃は77年に「中賃答申」を発表します（施行は翌78年）。この答申が、現在まで続く、その後の日本の最賃制の決定方式に大きく影響しました。

「中賃答申」は、労働団体や野党が主張した「全国一律制」について、「条件が熟しておらず時期尚早」として否定し、地域別最賃をベースに、全国一律制の考え方にある「全国的見地からの整合性」を取り入れた、として地域別最賃をＡＢＣＤの4ランクに分け、地方での最賃審議の前に中賃が引き上げ額の「目安」を出す、としました。総評指導部は、この「目安」に反対しましたが、やがて4ランク制を前提として高位ランクと低位ランク間の格差縮小や下位ランクの上位への変更などの「条件闘争」に切り替えました。しかし、その後の労働戦線の再編、総評解体とともにこの運動も事実上消えました。

この中賃の対応は、全国一律制が「全国的整合性」にすり替えられ、地域別最賃を重視した同盟など労働組合の労使協調的潮流を包摂し、正規賃金と無関係な家計補助的な底辺層の賃金にわずかに影響させる最賃となったのです。「目安」導入以降、当局は「30人未満の零細企業の賃上げ率」を改定の有力指標としました。地域別最賃の水準は中卒女性初任給より低く、それよりさらに低い主婦パートの時給水準と関連してきました。また、「目安」は地方の審議を拘束しないタテマエでしたが、その後は「目安」が事実上最賃決定の基準となり、地方の最賃審議会はそれに数円の積み上げをする程度になりました（ただし２００７年の最賃法改正以降、最賃時給は上昇してきました。近年は大都市部では高卒初任給とリンクし、パート時給の最低限か、それを超える水準になっています。反面、Aランク最高地域［東京］と最低地域［Dランク］の格差は大きく広がりました）。*

＊　最高と最低の格差は、1988年の100対84・25＝80円から、2018年には100対77・26＝224円に拡大しました。時給差224円は政府の換算式では月当たり3万8931円に相当します（224円×173・8時間≒3万8931円）。

諸外国では全国一律制を選択する国が広がり、常識化しているのに、日本では都道府県ごとに47に分断され細分化した地域別最賃の設定が今もって続いているのです。

◎産業別最賃の「特定最賃」への移行

16条方式の産業別最賃は、地域別最賃の引き上げにともなって後退していきます。両者の併存状態は一定期間続きましたが、地域別最賃の普及と、その金額が上昇するなかで、日本の経営者団体（日経連、のちの経団連）は「屋上屋を重ねる」として産業別最賃の廃止を強力にかつ執拗に主張しはじめます。

1981年7月、中賃は「最低賃金額の決定の前提となる基本的事項に関する考え方について」、そして86年2月には「現行産業別最低賃金の廃止と新産業別最賃への転換等について」という答申を提出します。要するに従来の「大括りの産業別最賃を廃止し、基幹労働者に適用する新しい産業別最賃に転換」させる、ということです。「関係労使が労働条件の向上または事業の公正競争の確保」の観点から、地域別最賃よりも高い水準のものに限定する、としました。具体的には、①新しい産業別最賃は法16条の4（労使の申し出条項）を活用する（2007年の改正法では15条）、②産業または職業（職種）ごとに適用する新しい産別最賃は、「労働協約の拡張適用」および、「事業の公正競争」のために関係労使が申し出たものに限定する、③協約最賃は基幹労働者の2分の1以上、(すでにある産業別最賃の改定には3分の1以上)、公正競争での申請は3分の1以上を申し出の要件とする、④18歳未満および65歳以上の者の適用を除外し、従来の大括り(産業大分類)から「小括り」(産業小分類、場合によって産業細分類)へ変更、⑤この「特定最賃」は関係労使のイニシアティブにもとづき新設・改正または廃止を行います。なお、旧産業別最賃中、一定の要件を満たしたものは「特定最賃」に転換しました。

金属機械製造業種を多く抱える連合系労組では「特定最賃」の改正、要求を再三提出しますが、経営者団体の委員が強く反対し、改定は困難となっています。「特定最賃」は経営にとっては人手不足業界の人材確保のためにも引き上げや新設が必要であり、労働組合側には個別企業を越えた産業別機能の役割という意義があります。

(5) 2007年の最賃法改正──「最賃と生活保護との整合性」の登場

◎改正最賃法の背景

2001年4月小泉内閣が発足し、新自由主義による規制緩和、郵政民営化が大胆に行われました。この間、正規雇用の低賃金化と非正規雇用化は進行し、最賃適用対象者は「家計補助者」でなく、「独立した生計維持者」にかわってきました。時給引き上げの展望のない若者・女性・フリーターの人々は最賃制の大幅引き上げに期待し、全労連は時給1000円以上の引き上げ要求を掲げます。「格差社会」やワーキングプアの増大、そこでの貧困の顕在化に現行最賃が対応できない状況、国際的な最賃引き上げの動向からの大きな遅れも指摘され、法改正は必至となりました。

◎改正最賃法の内容

最賃法は2007年12月、第一次安倍内閣のときに改正されました。骨子を列記しましょう。①表示単位を時間額に一本化する、②地域別最賃を「国内の地域ごとに、すべての労働者に適用される」ように義務化する、③最賃の決め方を「地域における労働者の生計費及び賃金並びに通常の事業の賃金支払い能力を考慮して」決定する、④地域における労働者の生計費については「労働者が健康で文化的な最低限度の生活を営むことができるよう、生活保護に係る施策との整合性に配慮するものとする」ことの明記、⑤現行制度にある適用除外制度をなくして「減額措置」を導入する（障害で著しく労働能力の低い者、試用期間の者など）、⑥地域別最賃違反の使用者への罰則を強化する（現行2万円以下から50万円以下への引き上げ）、⑦産業別最賃の罰則をなくし、「特定最低賃金」に変更する、⑧労働協約拡張方式（法11条）を廃止する、⑨派遣労働者に適用される最賃を「派遣元」の事業場への適用から「派遣先」事業場へと見直すこと、です。この改正法以降、「目安」による引き上げ額は上昇します。

◎神奈川の最賃裁判

2007年の法改正の核心は、④の「生活保護に係る施策との整合性に配慮する」（法9条3項）の導入でした。憲法25条の生存権保障が生活保護だけでなく、最賃制という労働による賃金のミニマム保障と連動したことは明確です。法改正の趣旨がすべての労働者に最低生活を保障することにより、その実現のために最賃が生活保護を下回らないことを求めています。このことは改正法の立法経過や国会の審議のプロセスで再三確認されており、国も通達で明記しています。しかし、厚生労働省当局は「配慮」

だから、すべての労働者が生活保護を下回らないことを義務づけられてはいない、と抗弁しました。

神奈川労連は2011年6月、国と神奈川県労働基準局長を相手に、横浜地裁に行政訴訟を提起しました。原告は時給1000円未満で、ギリギリの労働と生活を余儀なくされた133人で、最賃を今すぐ時給1000円以上にするために「最賃裁判」を起こしたのです。同時に厚生労働省が提示した両者の「整合性」の算定式の不合理性を指摘し、対案を提示しました。*

＊政府による両者の「整合性」の計算式は、A最賃月額＝時間額×173・8時間（1）＋税・社会保険料比率0・859（2）、B生活保護費＝生活扶助費（12〜19歳単身1類費＋2類費）（3）＋冬季加算＋期末一時扶助＋住宅扶助費（4）でした。Aの（1）は労基法で許容されうる最長時間を1年に割り出した数字です（1年間＝2085・7時間÷12＝173・8時間）、（2）は沖縄県の最賃（2年遅れの額）という全国最小の数値を全都道府県に適用。Bの（3）は「人口加重平均」、（4）の「実績値」にはいずれも難点がありました。「人口加重平均」では生活保護世帯が多い1級地などには不利になり、「実績値」では家賃が必要のない人も計算に入る、この水準では実際の家賃をカバーできない、などです。さらにこの算定式では「勤労に必要な経費」はまったく考慮されていません。原告は（1）は「毎月勤労統計」での実際の労働時間（150〜155時間）を確認し、月150時間とし、（2）は神奈川県の数字を、（3）は1級地の基準の採用、（4）は「限度額」を保障すること、さらに生活保護でも保障している「勤労必要経費」として毎月3万1240円を加えて、実態に沿った「整合性」に変えることを主張しました。

最賃制での裁判は日本の労働運動の歴史上、初めてのことです。横浜地裁では、原告が毎回毎回低賃金で生活が困難な現実を意見陳述し、時給1000円以上に最賃を引き上げることを訴えました。17年10月、最高裁が上告棄却・上告申し立て不受理の判決を出すまで実に6年半。その前の16年12月の横浜地裁の判決は、最賃決定、改定の「行政処分」（当局への不服申し立て）について、①多くの原告による現場の生活実態から1000円以上に、との訴えに対しては、最賃の適用対象は「不特定多数」であるから訴訟はできない、②シングルマザーやパート労働者の賃金が低すぎ、生活保護や児童扶養手当を受給せざるをえないことをとらえ、「種々の施策によって総合的に実現されることが前提されている」として、最賃が1000円以上でなくても「直ちに原告に重大損害が生じる恐れはない」（判決文19頁）と断じたのです。最賃の低さや生活保護との「整合性」の導入経緯、行政当局の「整合性」の計算式の問題点をすべて無視する判決でした。しかし、この裁判の訴えは最賃「全国一律制」当面1000円以上や、「時給1500円運動」につながりました。

（6）ただちに全国一律時給1000円、そして時給1500円へ――むすびにかえて

最賃引き上げの労働運動はこれまで時給1000円以上をめざしてきました。しかし、その水準はすでに大都市部では目前で、日本全体を見ればC・Dランクの極端に低い最賃水準が残され、若い労働力の流出や内需拡大による地域活性化を阻害しています。運動はただちに日本のナショナル・ミニマムとして全国一律制1000円の確立、さらに時給1500円の実現へと変化してきています。それは実効性のある「同一労働同一賃金」の実現にとっても不可欠な課題です。

全労連は2008年頃から労働総研（労働運動総合研究所）と共同して、各地域でのマーケット・バスケット方式による生計費調査を積み上げてきました。そこでの生計費は25歳基準で、どこでも月額22万～24万円でした。この金額は時給（月150時間）換算で約1500円に相当します。

全労連は2016年7月の第28回大会で「全国最賃アクションプラン」を提起しました。その目的は、

①格差と貧困の加速度的な拡大を是正し、すべての働く人が人間らしく暮らせる賃金の底上げを実現するために、最低賃金法を改正し、全国一律最低賃金制を創設すること。それと一体で、中小企業支援を抜本的に強化し、内需拡大による日本経済の回復を実現すること、②とくに青年分野の賃金底上げの創意的な取り組みを重視し、安心して働きつづけることができ、結婚・子育てが可能な賃金の底上げの取り組みを飛躍させること、です。賃金闘争との連携では、「その事業所・職場で働くすべての人を対象にした最賃協定の改善・獲得を組合加入も視野にめざす」としています（18年7月、第29回定期大会「議案書」）。

時給1500円要求は、青年などに共感を呼んでいます。アメリカの労働組合・さまざまな市民組織による「時給15ドル運動」、郡・市レベルでの条例による15ドルの獲得、州最賃の引き上げに影響され、若者の組織（エキタス：ラテン語で「公正」の意）は「時給1500円運動」を掲げ、市民運動として新宿、渋谷などでの精力的な街頭デモはじめキャンペーン活動を行っています（トピック①・⑦）。この最賃引き上げ運動は、正規労働者にも、また再雇用や契約社員の賃金改定にも影響を与えています。再雇用の例では、ソニーの再雇用者（60歳定年後の1年ごと契約）はその基本時給が2001年から1000円に据え置かれたままでしたが、17年10月より1300円に一気に30％増額。この改定には「最低生計費調査」が貢献しています。低賃金による生活難、貧困から、「人間の尊厳」「人間らしい生活」を取り戻す時代へ――そのキーとしてただちに全国一律時給1000円の達成、さらに最賃時給1500円は必要不可欠という世論が浸透しつつあるのが現在といえましょう。

最低賃金審議会に民主的ルールを――「鳥取方式」の実践――

藤田 安一

最低賃金審議会はブラック・ボックス

これまで永らく、わが国の最低賃金審議会はブラック・ボックスであるといわれてきました。その理由は最低賃金が審議され決定される過程が、はなはだ不透明であり閉鎖的であったからです。

わが国における最低賃金の審議は、全国で一つの中央最低賃金審議会と47都道府県ごとに設置された地方最低賃金審議会で行われています。中央の場合には厚生労働大臣が、地方の場合には各都道府県労働局長が、毎年、審議会に最低賃金にかかわる調査・審議を諮問し、審議会がその結果を答申するというプロセスを経て、都道府県ごとに地域別最低賃金が決定されます。

しかし、原則公開といいながら、審議会のもとで設置されている専門部会は非公開でありつづけてきました。この専門部会こそが最低賃金の審議が集中して行われる場であり、ここで決定された最賃額が審議会に提案されることになっています。だから、専門部会が非公開のままでは、最賃額がどのようにして、またどのような理由で決まったのかはまったくわかりません。

そこで、私が2008年に鳥取地方最低賃金審議会の会長になってから、全国に先駆けてこの専門部会も含めすべての最賃審議会を全面公開することにしました。のちに、これは審議会運営の民主的ルールとして「鳥取方式」と呼ばれるようになりました。

「鳥取方式」とは

「鳥取方式」は、この審議会の全面公開のほかに、以下の3点を特徴としています。

第一は、傍聴の自由化です。鳥取県の場合には、これまで審議会の傍聴は1団体につき6名までという制限がありました。それを撤廃して、何人でも希望者は自由に傍聴することができるようにしました。

第二は、意見聴取を実質化しました。毎年、地方最低賃金審議会が始まるのは7月下旬。そして8月に入ると、審議の参考のために審議会委員以外の労使双方の団体から意見聴取をすることになっています。しかし、意見聴取といってもこれまでは紙に書かれた意見書が審議会に提出されるだけでした。そこで、この意見聴取を紙ではなく実際に審議会に出席してもらって、直接その席で意見を述べてもらうことにしました。

また、審議会の最後の段階では、審議の結果として最賃額を労働局長に答申しますが、その内容に不服があれば関係団体は異議申し立ができることになっています。この異議申し立も、今までは紙によってその意見が出されていたのを、審議会の席で当事者から直接意見を述べてもらうことにしました。

第三は、審議会以外の水面下での交渉による調整を禁止しました。これまでは最賃額の決定段階になってくると、審議会以外の場で使用者側と労働者側が密かに最賃額を協議したり、事務局が使用者側と労働側との間に入って最賃額を調整しようと動いたりしていました。そこで、交渉は審議会の場のみとし、審議会以外での交渉による調整は禁止しました。

最低賃金審議会の全面公開は当然

以上が、「鳥取方式」の内容です。もうこの時から、10年が経過しました。現在においても、鳥取県では当時行った改革の大半は継続されています。審議会の全面公開、傍聴の自由、参考人の直接意見陳述、審議会以外での調整の禁止など、何よりもその改革が現在に求められているからこそ、今でも続いているのに違いありません。

本来、私が審議会の完全公開によってめざしたことは、あまりにも最賃決定の過程が不透明で、国民の知る権利が侵害されている現況を是正することにありました。そうすることによって、国民の監視が強まり憲法25条が提唱している健康で文化的な最低限度の生活を保障する最賃額に決まることを期待したからです。

毎年、最低賃金は働く者の生活保障のためにわが国の社会政策の一環として、法的な根拠にもとづいて決められます。それが、最低賃金の適用を受ける労働者の知ることのできない密室で決定されていいはずはありません。当然、透明性や公平性が求められる行政は、もっと積極的に情報公開に努める必要があります。

2　最低賃金制とナショナル・ミニマム論

木下　武男

最低賃金制が身近で切実な制度になってきました。働く者の生活に密接にかかわってきているからです。これまでは働く者の生活は企業が支払う年功賃金で成り立っていました。ですが、２０００年代から賃金は下落し、非正社員も激増し、状況は大きく変わりました。

そこで最低賃金制が切実になっている背景や、企業が払う賃金との関係、最低賃金制のあるべき水準、賃金運動のあり方などを、賃金論の基本的な考え方と関連づけながら説明していくことにしましょう。

(1)　労働市場を整備する最低賃金制

賃金に限らず、労働者の働き方や生活を向上させる方法は二つあります。国家による規制と労働組合による規制です。賃金は春闘の賃上げと結びついて、上げるものであると理解されてきました。しかし規制は、上げるためのものではありません。これ以上は下がらないように基準を設けて歯止めをかけるための制度です。もちろん歯止めをだんだん上げていけば賃金は上がりますが、ここでは賃金規制は労働市場と一体の関係にあるという理解が大切です。

労働者が唯一もっている財産は労働力商品です。労働者は労働力を経営者に売って賃金を得て生活を成り立たせています。経営者は労働力を買って経営活動を行っています。その労働力の売買の場が目には見えない労働市場です。見えないといっても、たとえばパート募集の張り紙に時給900円と書いてあるとします。時給が低いので応募しない人もいれば、生活に困っていて働きたい人もいるでしょう。このように労働力商品をめぐって労働者と経営者が相対している、その関係性の場が労働市場なのです。

最低賃金制はこの労働市場を賃金面で規制するためにつくられました。労働者は労働市場のなかで賃金を得ようと、先を争って職に就こうとします。そのままほうっておけば、賃金は止めどなく下がっていきます。それを法律で規制しているのが最低賃金制なのです。全国一律最低賃金制ができたとして、時給1000円となったとします。すると時給1000円未満で働かせた企業は法律に違反し、罰せられることになります。

労働時間も労働者にとって大事です。日本の労働時間は労働基準法32条で1日8時間、週40時間と定められ、罰則規定もあります。しかし誰もが知っているように労使協定で残業は上限規制がないに等しい状況です。一方、ドイツでは月曜日から土曜日までの平日の平均労働時間は8時間を超えてはなりません。1日当たりの労働時間は8時間を超えてもよいのですが、それでも最長労働時間は10時間です。このドイツの労働時間法からすれば日本の大部分の企業は法律違反となるでしょう。しかも「毎日10時間を超えて働かせていたり、週末に働かせたりしていたことが発覚すると経営者は」、最高210万円の罰金、「悪質なケースになると、経営者が最高1年間の禁固刑を課せられることもある」（熊谷徹『ドイツ人はなぜ、1年に150日休んでも仕事が回るのか』青春新書インテリジェンス、2015年）といいます。

そうなると、日本の働き方の野放しの状態を改善していくには、法律による賃金や労働時間の高い規制と、厳しい罰則を実現させれば、よいことになります。過労死や「ブラック企業」状況もほとんど解決するでしょう。最低賃金が1500円なら、働く者の貧困状態もかなりよくなるでしょう。しかも国による規制なので税金はまったく投入する必要もありません。しかし、国家が命令すれば、問題は解決するのでしょうか。そうはいきません。

ここは難しいところですが、肝心な部分です。簡単に説明すると、現代では、労働条件は国家が命令するものではなく、近代市民社会の一領域である労使自治の社会分野で一義的に決定されるものだからです。近代以前は絶対主義の時代でした。そこでは絶対王政が官僚と常備軍で民衆を支配していたのですが、それだけではなく、国王は中間団体に特権を付与し、中間団体を通じて国家を統治していました。中間団体に与えられた政治的な機能が網の目のように社会を覆っていたのです。たとえば問屋制ギルドは、特権を付与され営業や働き方を決定する政治的な権限をもっていました。市民革命が打ち倒したのは、この絶対王政の権力でした。マルクスはこう述べています。近代の「政治革命」が「いっさいの身分、職業団体、同職組合、特権を粉砕したのは必然的だった」。つまり重要なのは、国王がもっていた権力が奪われただけでなく、中間団体に与えられていた政治的な権限をも廃棄したことなのです。

労働者の処遇は、「労使自治」と呼ばれる自治的な社会空間で決まることになりました。そこで当事者である労働者と経営者が交渉し、労働協約という約束事をかわします。約束事は労働組合の実力いかんで決まることになります。このことが近代市民社会でたたかうという意味なのです。日本にとってこれがもつ意味は甚大です。それは「労使自治」のアクターである労働組合の実力が微弱だからです。微弱だからといって市民社会＝労使自治の枠組みから逃れることはできません。

（2）働く者の貧困と現行の最低賃金制

◎民間賃金の先行・最賃の後追い

労働条件が「労使自治」の領域で決まることを「一義的」と表現したとおり、国家による労働条件の規制が意味をもたないのではありません。両者の関係こそが重要です。「労使自治」で決まる労働条件は労働協約で明記されています。注目すべきは、この労働協約の水準と国の政策制度の水準との関係です。

ドイツの年次有給休暇で説明しましょう。ドイツの年次有給休暇は１９６３年の法律で、最低24日間です。しかし企業と労働組合との労働協約では、大半の企業は30日間の休暇を与え、残業時間を10日前後まで代休とすることを認めています。法律では24日間、協約では40日間です。労働者のほとんどが40日の有給は完全に消化しています。さらに、週給2日制と祝日やクリスマス休暇などを含めると、ドイツの労働者は年間１５０日以上は完全に休んでいることになります（熊谷前掲書）。

二つの関係に注目すると、24日の有給休暇のほうは法律による水準であり、30日間は労働協約です。両者の水準は、労働協約が先行し政策制度がその後追いをする、つまり先行・後追いの関係にあります。

この一般的な前提をふまえて、最低賃金制を考えなければなりません。結論的には、「労使自治」で決まる「民間賃金」が先行し、最低賃金制の「最賃」が後追いするという関係になります。それではこの関係が、実際の賃金制度のもとでどのように現れてくるのでしょうか。ここから日本の最低賃金額が極端に低い現実も浮かび上がってきます。そのためには民間賃金の二つの種類、つまり日本の「年功賃金」と欧米を中心にした世界標準の「ジョブ型賃金」との区別に立ち入らなければなりません。

◎年功賃金体制下での最低賃金

まず年功賃金がもっている三つの特性を確認しておきましょう。まず、①賃金の決定基準はジョブではなく属人的要素にもとづいています。「属人的要素」とは、たとえば性、年齢、学歴、入社年次、仕事への態度、人柄などを含みます（他方、ジョブとは、世界標準の労働者の処遇の基準であり、職種や職務など現に労働者が就いている仕事のことを意味します。ジョブの要素ならば、属人的要素と違って、企業を越えて処遇の基準を設定することができます）。②賃金の上がり方は年齢や勤続の要素が重視されるので、年齢別の上昇カーブを描きます（他方、ジョブ型であると、一定の熟練の水準に到達するとその後は上がらないフラット型になります）。そして、③賃金水準は上がり方に対応して、未成年労働者が親元にいることを想定した親元賃金、単身で生活できる単身者賃金、世帯主賃金へと上昇します。

中卒あるいは高卒の「初任給」は親元賃金です。大卒「初任給」は単身者賃金と考えられることが多いようですが、現在、必要金額には届いていません（第1章2）。年功賃金は、単身者賃金にとどまらず、世帯主賃金へと毎年上昇する賃金と見ることができます。年功賃金は世帯主賃金へと上昇するはずの賃金ですが、さらに、それとは違った、主婦パートなどの「家計補助」労働を対象とした低い賃金が存在します（第1章1）。

この三つの特性をもった年功賃金、および、家計補助賃金との関係で、日本の最低賃金制の特質が明らかになりますが、まず、比較のためにヨーロッパを見ておきましょう。

ヨーロッパでは、最賃が後追いする低賃金の社会的相場は、低熟練の労働者の職種別賃金です。この賃金水準と最賃額が関連しています。低熟練の職種別賃金であっても、その水準は家族形成可能な「一人前賃金」です。したがって、この民間の低賃金に連結している最賃額も「一人前賃金」になります。

このため技能習熟の途中の「一人前」ではない未成年労働者の最賃額は一定の減額比率が定められています。フランスでは18歳未満の労働者は最低賃金額が減額されています。イギリスでも25歳以上は一定額ですが、24歳以下からは年齢層によって最賃額に差があります（トピック⑥）。

日本の場合、1960年のスタート時の最低賃金は、参照する賃金相場として中卒女子初任給を選びました。中卒女子初任給は、男性の初任給と違って、その後上昇しつづけることを想定されていない親元賃金です（第1章1）。また1970年代に最低賃金が後追いする民間の低賃金相場とされたのは、主婦パートなどの「家計補助」賃金でした。いずれの場合も、労働者が暮らせる「一人前賃金」（単身者賃金はその下限）とは無関係に、それよりずっと下の水準で、日本の最低賃金は設定されてきたのです。

このことによって、最低賃金は生計費原則から事実上切り離されました。ヨーロッパの最低賃金とは、似て非なるものとなったのです。

同時に、最低賃金が「一人前」以上の通常の労働者の賃金と切り離されたために、多くの労働者は最低賃金に関心をもちにくい状況となりました。日本の場合、年功賃金につらなる初発の賃金として重要な位置をもったのは高卒男子初任給でしたが、最賃額は男子高卒初任給のずっと下になりました。仮に、高卒男子初任給の水準を後追いするかたちで最低賃金制度が形成されれば、高卒初任給水準は年功賃金全体に少なからぬ影響をおよぼしますので、多くの労働者が関心をもった可能性はあったでしょう。しかし、生計費原則という点では非常に弱い制度になったと思われます。

1960年代の最賃制は、高度成長期では労働力不足のもとで上昇する中卒女子初任給を抑制する役割をもちました。今日でも最低賃金制は、民間の低賃金の社会的相場になっています(第4章3)。経営者は非正社員を雇う場合、最低賃金額を下回らなければ賃金を下げてもかまわないと考えているでしょう。最低賃金制は人件費の削減をめざす経営者の賃金抑制の役割を果たしているのです。

見てきたように最低賃金制の水準が、親元賃金あるいは家計補助賃金か、年功賃金の高卒男子初任給か、職種別賃金の「一人前賃金」かによって大きな違いを生みます。最低賃金制は、日本では低賃金をさらに初任給以下に押し下げる役割を果たし、ヨーロッパでは賃金の低下に「一人前賃金」で歯止めをかける機能をもっているのです。日本の「年功賃金型」最低賃金制は、賃金を下方に抑制するメカニズムとなってきたといえるでしょう。

(3) 時代の転換とナショナル・ミニマム論

◎最低賃金制にかかわる働く貧困層の増大

日本の最低賃金制が賃金抑制の役割を果たしてきたことは確かですが、しかしこれまでは大きな問題にはなりませんでした。年功賃金のもとにいる労働者にとっては、どんなに初任給が低かったとしても、それは「上昇」の出発点にしかすぎません。これまでは零細企業の女性従業員などを例外にして、大部分は初任給水準を抜け出していきました。また非正社員である学生アルバイトや主婦パートにしても、低賃金が貧困に直結することはあまりありませんでした。雇用形態による賃金の差別は個人に現れますが、貧困は世帯に現れます。多くの場合、男性世帯主が主な世帯収入を支えていたからです。

しかし、２０００年以降の労働市場の構造変化は、この欠陥を明らかにしたのです。

二つの図を見てください。図1が「雇用」、図2が「給与・所得」の推移を表しています。戦後労働社会の反転現象が１９９８年に生じています。雇用の図の一番下からいうと、「正社員(女性)」が減りました。それから、「正社員(男性)」も減少に転じました。戦後一貫して伸びつづけた「雇用者」の数が減少し、鈍化しています。１９９８年に雇用の分野で大きな転換があったのです。

これと符節を合わせるように図２の「賃金・所得」のほうも大転換が起きています。一番上が「年間給与額」です。これも１９９８年から下落しています。「月間給与額」は戦後からうなぎ登りに上がっていましたが、これが下がったのも98年です。「初任給」も頭打ちになっています。

雇用については非正規雇用の拡大に注目しなければなりません。極端な低賃金労働者が急速にそして膨大に広がったからです。「15〜24歳」の男性で在学中を除外した非正社員の割合は、２０００年代から大幅に拡大し、今や3割弱です。職業人生の初発から非正規労働者の道を歩むことになるのです。

女性はさらに深刻です。非正規割合は２０００年代に急上昇し、在学中を除く「15〜24歳」層の約４割にもおよんでいます。しかも男性と違い、女性はその後の年齢層で非正社員比率が上昇しています。多くの女性が非正社員として職業人生に入り、そのまま非正規を抜け出せないことがうかがわれます。

労働市場の構造転換は企業の新たなビジネス・モデルをつくりだし、雇用政策をも変化させました。「ブラック企業」で象徴されるような低処遇と過酷な労働、使い捨て雇用の正社員を生み出したのです。長期の雇用も期待できず、自動的な昇給・昇進もない正社員です。非年功型の正社員と見ることができ

図1　雇用状況の推移

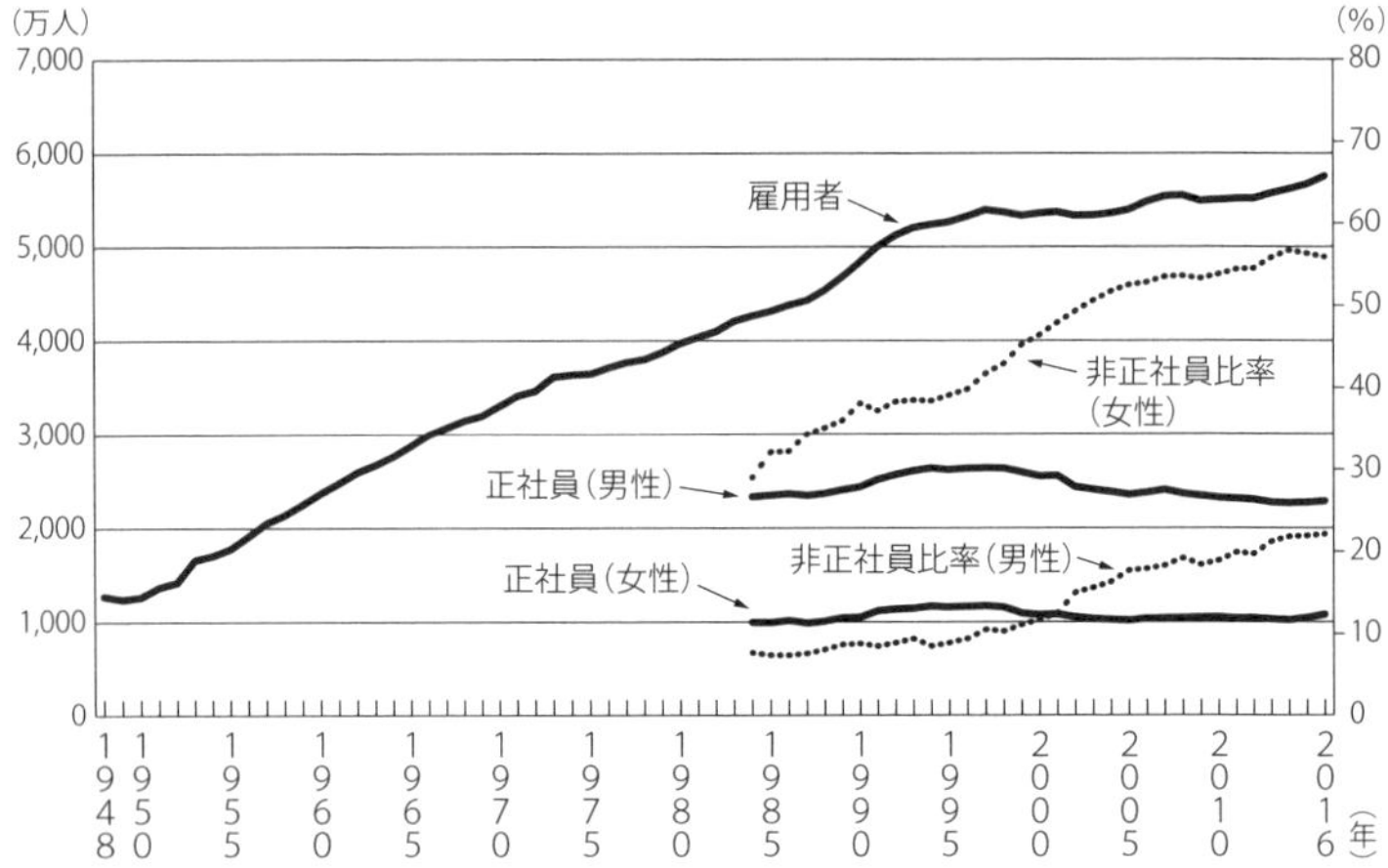

出所）総務省「労働力調査」より作成。

図2　給与と初任給の推移

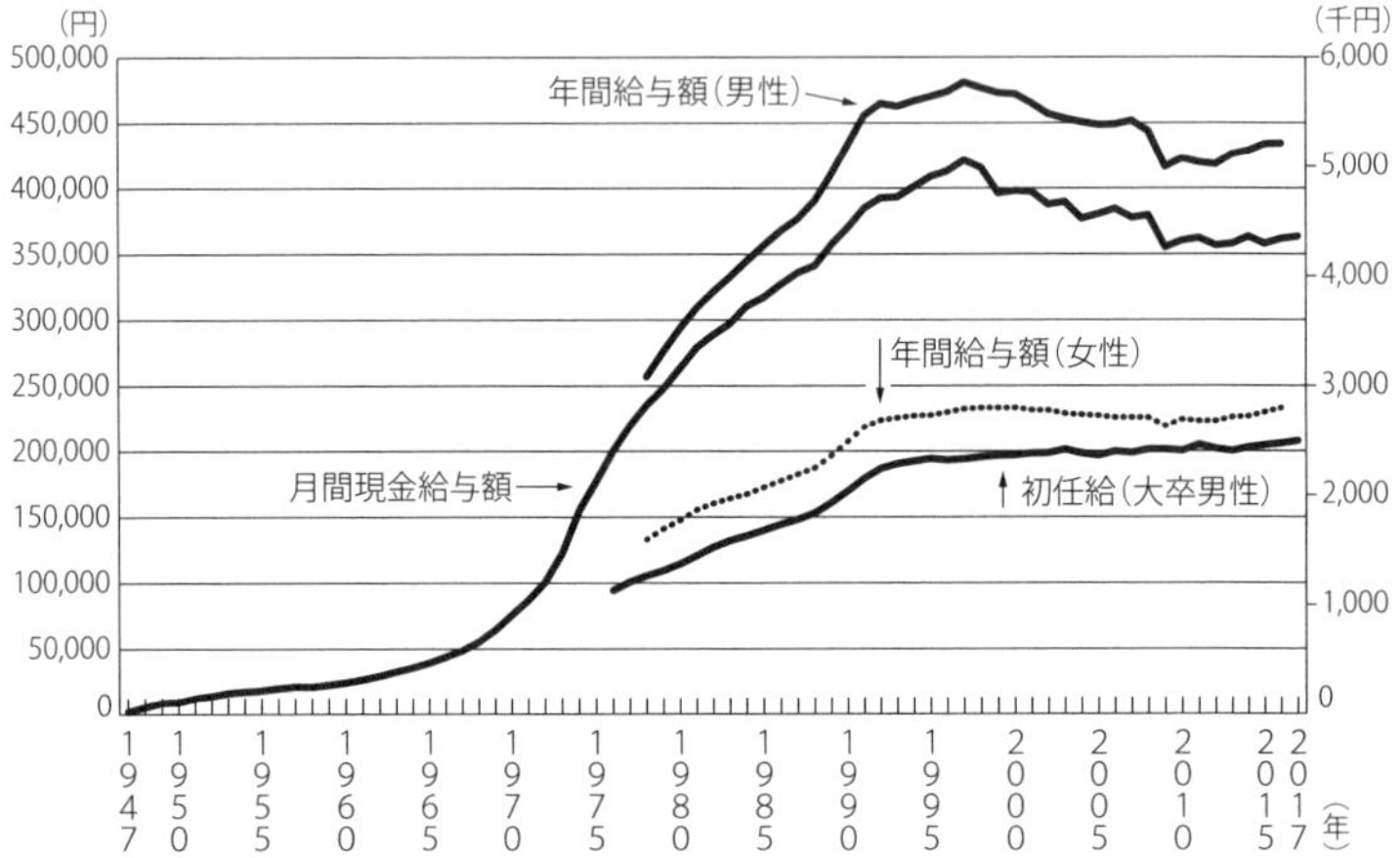

注）月間現金給与額は企業規模30人以上の常用労働者。年間給与額は１年以上勤続者。
出所）厚労省「毎月勤労統計調査」，「賃金構造基本統計調査」，国税庁「民間給与状態統計調査」より作成。

ます。非正社員は当然ながら非年功型です。

　非正規と非年功型正社員、この二つの労働者を非年功型労働者として類型化することができるでしょう。2000年代以降の労働市場の大きな転換によって、非年功型労働者で構成される下層労働市場が分厚くつくりだされてきたのです。それ以前は日本の多くの男性労働者は年功賃金と終身雇用制で生活と雇用が守られてきた年功型労働者でした。今や非年功型労働者が多数派であることは確かです。ここにこそ労働市場を規制する最低賃金制の今日的な意義があるとみなければなりません。

◎ナショナル・ミニマム論と労働組合

　下層労働市場の非年功型労働者の特質は、賃金が上がらない、上がってもすぐに限界に達するということです。年功賃金は初任給を出発点にしているので、生活を成り立たせるにはそこにとどまるわけにはいきません。このあってはならないことが下層労働市場で生じているのです。ここから、生活できるような最低賃金額は、どうあるべきかという水準の問題が提起されてきます。

　生活できる賃金水準を検討するうえで、ナショナル・ミニマム論は決定的に重要な概念です。ナショナル・ミニマムは日本では、生存権を保障した憲法25条や、社会保障の体系を示したベヴァリッジ報告との関連でしか理解されていません。しかし、賃金におけるナショナル・ミニマムこそがその中心に座る必要があるのです。

　ナショナル・ミニマムの概念が初めて提起されたのは、イギリスのウェッブ夫妻が1897年に出版した『産業民主制論』でした。『産業民主制論』は労働組合の機能を定式化したことで知られていますが、ナショナル・ミニマム論はこの組合機能を不可欠な前提として展開されています。したがって民間賃金の先行と最低賃金の後追いとの関係から見ると、組合機能による賃金水準がまず先に理解されなければなりません。

ウェッブは、賃金が安くても労働市場で職に就きたい労働者が競争している状況を説明しました。2000年以降の日本の下層労働市場では競争はいっそう激しくなっていますが、19世紀後半のイギリスでも同じようなものでした。ウェッブは個々人がバラバラに競争している状態を、労働力商品が「個人取引」されていると表現しています。

この「個人取引」を「集合取引」（コレクティブ・バーゲーニング）＝団体交渉にかえることができれば、競争を規制することができます。「集合取引」とは、労働力商品をまとめて（「集合」化して）、経営者に売る（「取引」する）ことです。労働組合が労働者を組織化（コレクティブな状態に）して、労働者を代表して経営者に売りつけることで労働者の競争は規制することができます。

そのために欠かせない条件があります。労働力商品をまとめて売るためには、同じ商品にする必要があるのです。それがウェッブがいう「共通規則」（コモン・ルール）です。

ところで肝心なことは、「共通規則」は労働力商品を「平等」にする基準ですが、しかしその「平等」のなかには生活できる「水準」も含まれていることです。「共通規則」は賃金水準のみならず、労働条件のすべてを規制する内容でした。当時の「共通規制」は、職業別労働組合の政策であり、賃金水準は標準賃金で、働き方は標準労働日で示されていました。このうちの標準賃金は最低賃金ではなく、徒弟制を経た熟練労働者を標準とした一人前の水準でした。つまり高熟練の標準労働者を対象にした家族形成可能な一人前の賃金だったのです。

◎働く貧困層の出現とナショナル・ミニマム

ナショナル・ミニマムはこの「共通規則」の歴史的な飛躍として登場してきます。そもそも労働組合は、労使の交渉で産業ごとに一定の賃金水準を決定するのがその中心的な機能です。しかし労働組合がない産業では無法な労働が野放しになります。この現実から出発したのがナショナル・ミニマム論です。19世紀末~20世紀初頭、膨大なワーキングプアが出現しました。熟練労働者の豊かな生活の対極に、極貧の生活を強いられている不熟練労働者が存在していることに社会は注目しました。それは家内工業で働く主に女性労働者でした。請負制度のもとで労働者は極端な低賃金と長時間労働、劣悪な労働条件で働かされていました。その働かせ方が労働者の汗を搾り出させるようだったので苦汗制度（sweating system）と称され、そのような産業は苦汗産業と呼ばれていました。

ここで重要なのは、ウェッブが苦汗産業を単に家内労働に限定していないことです。「対価を支払わざる労働力の供給を受けつつある」産業だとしています。具体的には「健康を保つにたる衣食住を供するには不十分な賃金」、「憩と娯楽を奪うほど長い時間労働」、「危険又は不衛生な條件」で働かせている産業のことです（シドニー・ウェッブ／ベアトリス・ウェッブ『産業民主制論』１９２７年［復刻版１９６８年］法政大学出版局、９１６頁）。

これは現代日本で、実にありふれた光景ではないでしょうか。非正規雇用の労働者で成り立っているような小売・飲食・サービス産業、あるいは正社員を使いつぶし、使い捨てる「ブラック企業」、これらの産業で働く労働者の実態と同じです。19世紀末イギリスの苦汗産業と同じような働かされ方がこの日本で今広がっています。ここにウェッブ「ナショナル・ミニマム」論の今日的な意義があります。

さてそれでは、ウェッブはどこに解決策を見出したのでしょうか。その理解のカギは「対価を払わない」産業を「無規制産業」と規定したところにあります。規制がない。つまり労働組合の「共通規則」による規制も、工場法など国の規制も受けない産業のことです。

この現実もまた、労働組合の論理が解決の道を開くことになります。ウェッブの考えは明確です。「救済策は、この共通規則の考えを産業から全社会に拡大し、国民的最低限を規定して以て絶対的に如何なる産業も公共の福祉に反する条件のもとでは経営するを許さざること」(同前、938頁)。この「全社会に拡大」された「共通規則」が、「国民的最低限を規定」するナショナル・ミニマムなのです。ここに労働組合の「共通規制」と一国レベルのナショナル・ミニマムとが連結することになったのです。

◎賃金のナショナル・ミニマムとしての最低賃金制

最低賃金制は賃金のナショナル・ミニマムとして存在しています。ナショナル・ミニマムは国民の最低生活保障を実現するために、社会保険や公的扶助をはじめ多くの分野に支えられて成り立つ理念です。その重要な一分野として最低賃金制があります。ではその最低賃金の水準はどのようなものなのでしょうか。今の日本の貧困と低賃金を考えれば、この水準問題が議論の焦点にならなければなりません。

ウェッブがナショナル・ミニマムで対策を講じようとした苦汗産業は、「その日その日」の「生計費さえ支払えば」よしとする状況でした。ウェッブはこれを興味深いたとえで批判します。当時、「市街鉄道」は馬に引かれて走っていました。苦汗労働者が「馬であるとするならば」、「その雇主は恐らく、日々の食料や小舎や休息や定量の外に、その事業の維持のために必要なる次ぎ次ぎの替え馬を飼育し訓練するの費用全額を準備しなければならないであろう」(同前、917頁)。馬にかかる日々の「定量」の費用は、労働者ならば日々の生計費でしょう。しかしこれだけでは市街鉄道産業の未来はありません。「次ぎ次ぎの替え馬」が必要であり、その費用が準備されなければなりません。労働者ならば労働力の再生産の費用ということになります。ここから1頭の馬の生活の費用だけでなく、「次ぎ次ぎの替え馬」、つまり労働力の再生産の費用が必要だと主張していることが推測できます。しかもウェッブはこのような「使ひ耗《へ》らし方」が労働者の「體格や智力や品性」を低下させることで「国民の資源を侵蝕して」いる、「社会の生活力を枯渇」させていると指摘しています。ウェッブは今の日本の経済社会を批判しているかのようです。

以上見てきたウェッブの提起から引き出せることは、次のようなことでしょう。労働組合の規制のない無規制産業のワーキングプアは、ナショナル・ミニマム思想にもとづく最低賃金制で克服することができる。その最低賃金制の賃金水準は労働力の再生産、つまり家族形成可能な水準でなければならないということです（なお、社会保障との関連は本書終章を見てください）。

しかしこの日本では、ウェッブが提起した道筋でナショナル・ミニマムを実現することはできません。日本では「共通規則」がほとんど存在しないからです。「共通規則」は企業を越えた労働条件の標準です。年功賃金は企業を越えた賃金の標準にはなりえません。企業別組合は企業を越えて「共通規則」を押しつける「集合取引」を実現することもできません。

このように見てくると、労働組合の力がきわめて弱いことはもちろんですが、そもそも年功賃金と企業別組合のもとでは「共通規則」はつくれない、この大きな壁がナショナル・ミニマム実現の道に立ちはだかっていることがわかります。

（4）最低賃金制と職種別賃金

◎業種別職種別ユニオンによる職種別賃金の設定

ナショナル・ミニマムの実現を阻む障壁は、長い道のりと大きな困難があるとしても取り除かなければなりません。なぜなら若者や女性を中心とする膨大な働く貧困層の状態を克服するには、この道を進む以外にはないからです。そのためには年功賃金と企業別組合にかわるオルタナティブを探らなければなりません。それが企業別組合にかわる業種別職種別ユニオンであり、年功賃金にかわる職種別賃金です。詳しくは2017年に結成された「『業種別職種別ユニオン運動』研究会」のHP（http://www.gyousyubetu-syokusyubetu-union.com/）、および木下武男「『業種別職種別ユニオン運動』研究会の課題と役割」（『労働法律旬報』2017年年7月下旬号）を見てください。

業種別職種別ユニオンには、「業種別」と「職種別」、それぞれの意味があります。「業種別」の意味の根本は、産業別と同じように、団体交渉を行う経営者団体に対応しているところにあります。この企業横断的な産業別・業種別交渉こそが、「共通規制」を経営側に押しつける「集合取引」の機構です。

次の「職種別」は、「共通規則」を設定する基準であるジョブを意味しています。「共通規則」は労働者間競争を規制する基準なので、企業を越えられる基準でなければなりません。職種別賃金ならば、企業を越えて横断的な賃金規制を実現することができます。

この職種別賃金の水準こそが、これまで検討してきたナショナル・ミニマム論とそれにもとづく最低賃金制の議論の帰結となります。新しい最賃額として要求されている時給1500円であっても、家族形成可能な生計費をまかなうにはまだ低い水準です。最賃額をさらに引き上げることが必要となります。しかし、ここに「労使自治」先行論が立ちはだかっているのです。

この最賃額1500円を突破する主体こそ業種別職種別ユニオンです。たとえば東京都のある保育士ユニオンは時給2000円を要求しています。1か月の所定内労働時間を155時間とすると、月31万円、年にして370万円となります。これでも低いかもしれませんが、重要なのは、ユニオンの実力をもって最賃額を超え、より豊かな生活を求めていることです。

◎職種別賃金とナショナル・ミニマム型最低賃金制

新しい賃金システムの将来展望を示したのが図3です。矢印が下に向かっているのは、賃金を引き下げる大きな力が働いていることを表現しています。労働市場で働くこのベクトルに対して賃金規制をするシステムが民間の協約賃金であり、国家の最低賃金制です。

まず最低賃金制ですが、全国一律最低賃金制が実現したあとに、地域最賃がどのようになるのかは将来、議論が必要でしょうが、ここでは、この2本で全国的な賃金規制の歯止めをつくるイメージを示しています。この上にある公契約条例（リビング・ウェイジ）は、自治体の条例による一定額の賃金水準です。今、各地で公契約条例を求める運動が広がっていますが、自治体が行う事業が、労働者が生活できる一定の賃金額でなされることを条例で義務づけることを求める運動です（トピック⑪）。この賃金水準は最低賃金の上でなければなりません。

さてこの最低賃金制が賃金下落の最低限の歯止めですが、その上に、各種の職種別賃金と下方の矢印

図3　将来の賃金システムのイメージ図

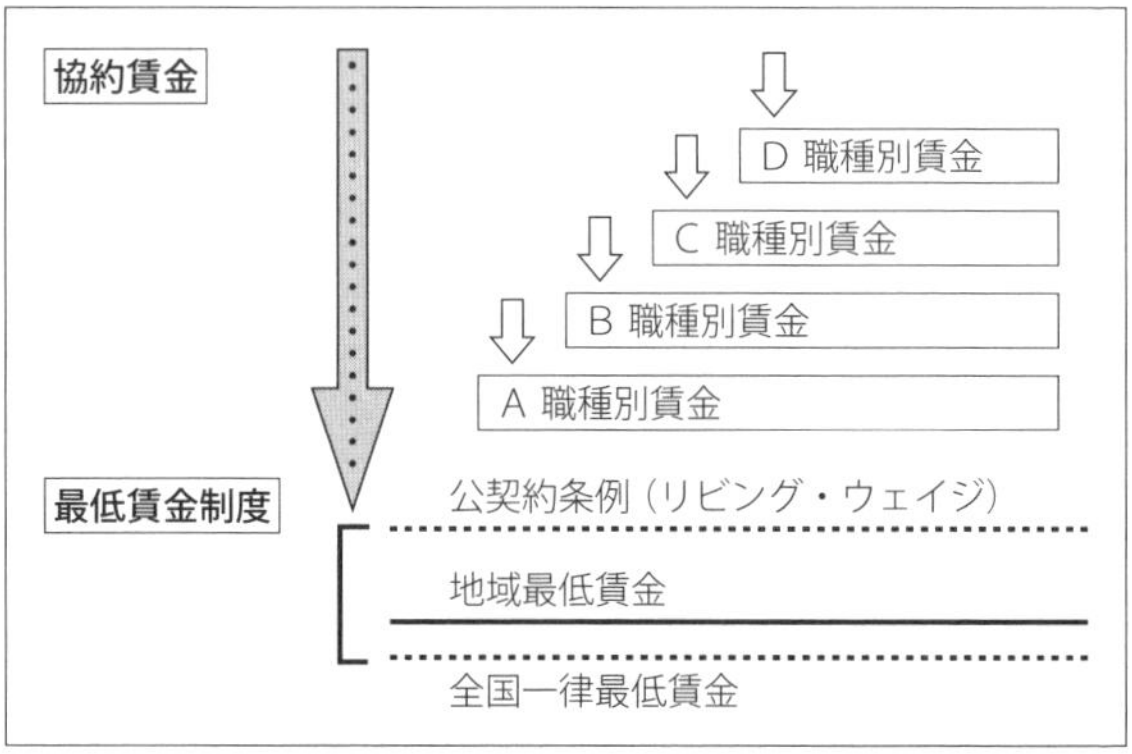

があります。これが業種別職種別ユニオンによって職種別賃金が実現し、賃金下落を職種別にくい止め、上昇させているイメージです。この民間の賃金相場に引き上げられるかたちで最低賃金も上がっていく。そのような将来展望です。職種別賃金が長方形になっているのは、職歴などでスキルが伸びることで賃金も上がることを示しています。

このイメージにもとづいて業種別職種別ユニオンの運動によって、数多くの業界で一つひとつ職種別賃金を地道につくりあげ、最賃要求１５００円を上回る賃金水準がめざされるべきです。この職種別賃金で貧困から脱出し、家族形成が可能な生活を実現することができます。この一点ならばあらゆる組合潮流を越えて労働者の大々的な職種別結集をはかることができるに違いありません。

そしてこの職種別賃金に牽引されるかたちで、最低賃金１５００円が実現されることになるでしょう。職種別賃金とリンクした最低賃金制は、これまで年功賃金に足を引っ張られていた最低賃金制とは違います。これまでの最低賃金制は年功賃金の最下限である高卒初任給が重しとなり、つねにその下に押さえ込まれてきました。職種別賃金はすでに述べたように労働力の再生産が可能な水準でなければなりません。民間の職種別賃金に接近する最低賃金額もまた、再生産を可能とするナショナル・ミニマムの理念にもとづいています。このように職種別賃金が先行する最低賃金制の実現は、これまでの日本の「年功賃金型」最低賃金制から、「ナショナル・ミニマム型」最低賃金制への転換を意味することになります。

◎段階論と同時並行論

しかしこの民間賃金が先行し、制度が後追いする関係は、労働組合運動が遅れている日本では現実の運動論としては制約があります。確かに労使自治による「共通規則」が先行し、最低賃金制が後追いする関係は論理の道筋として当然のことです。ウェッブが体験したイギリスでは運動の展開もまた先行・後追いの関係にありました(もっとも、イギリスでもトピック⑤が示すように、すべての産業に協約賃金が行き渡っているわけではありませんが、しかし最賃が民間賃金を先行していることはありません)。しかし日本では、「共通規則」はほとんど存在しません。ないのですから、この関係は論理として確認することは必要ですが、実際の運動の順序の問題として設定することはできないのです。

職種別賃金運動と最賃要求運動との同時並行的な展開が必要とされます。そうすることで最低賃金制を要求するキャンペーン運動や街頭の運動から、職種別賃金を実現するユニオン運動へ、またユニオン運動からキャンペーン運動などへ、相互のエネルギーの好循環を期待することができます。

最低賃金と協約賃金

浅見 和彦

最低賃金を法定すると同時に、組織労働者の場合は、労使の団体交渉によって労働協約で定める賃金、すなわち協約賃金を実現することが必要です。企業内の協約賃金もありますが、使用者団体との団体交渉による労働協約で規定する産業別・職業別の協約賃金を獲得し、同一の産業・職業の労働者に幅広く適用することをめざすことが重要です。

日本では、海員組合、音楽家ユニオンなど一部の産業別組合、職業別組合の経験にとどまるため、欧州の主要諸国、とくにイギリスの事例を概観してみましょう。

最低賃金と協約賃金との関係──欧州諸国の主な類型

まず、欧州主要諸国の全国最低賃金と、労使の団体間の交渉による労働協約で定めた賃金との関係は、いくつかのパターンがあります。

一つは、法定の最低賃金が相対的に高く、協約賃金と接続する（あるいは重複する）ことで、協約賃金の最低限を引き上げる役割も果たすタイプのもので、フランスがこれにあたります。

二つめは、法定の最低賃金の水準があまり高くないために、労働市場で重要な役割を果たしていない一方、協約賃金の適用範囲がかなり広く、よく遵守されているタイプで、スペインが代表例です。

三つめは、組合と使用者団体との団体交渉による協約賃金が確立している産業が少ないため、法定の最低賃金が多くの産業で重要な役割を果たしているイギリスのようなタイプです。

四つめは、労使で合意している協約賃金がカバーしている範囲が広く、法定の最低賃金制をもたない国で、スウェーデンがこの類型に入ります。

もともとはこのタイプであったドイツは近年、最低賃金制も導入した国で、五番めの類型に数えられるでしょう（D. Grimshaw (ed.), *Minimum Wages, Pay Equity and Comparative Industrial Relations*, Routledge, 2013)。

　三つめのタイプにあたるイギリスは、近年、産業別交渉が激減し、企業別の協約が多くなっていますが、現在でも産業別の団体交渉が大切な役割を果たしている建設産業における協約賃金の例を見てみましょう。

イギリス建設産業の協約賃金

　イギリスの建設産業は、19世紀の半ば頃から地域別・職種別に最低限の賃金率を労働協約で規制してきた歴史をもちます。その後、部門別の全国交渉に移行し、第一次世界大戦後から１９９０年代半ばまでの時期は、建築部門では熟練労働者と不熟練労働者の二本の賃金率を決め、土木部門では熟練度による複数の賃金率を立てずに一本でやってきました。

　１９９０年代における建設行政と労使の三者の社会対話によって、１９９８年以降は建築と土木の両部門を一つにした産業別の全国的な団体交渉機構が常設され、そこで労働協約が締結されています。労働組合側は二つの労働組合が、また使用者側は元請けと専門工事業の計９団体が交渉当事者として参加しています（建築・土木のほかに、電気工事業、配管業、暖房・空調・屋内設備業や、プラント建設の交渉機構も存在します）。

　現在の建築・土木の労働協約は、伝統的にあった熟練労働者（大工、左官、塗装工、煉瓦工など）と不熟練労働者（日本では普通作業員、軽作業員と呼ばれている職種に相当）との二つのグレードのほかに、その中間の半熟練労働者（重機のオペレーターなど）の四つのグレードを新設し、合計六つのグレード別の賃金率を規定しています（A. Dainty and M. Loosemore (eds.), *Human Resource Management in Construction*, Routledge, 2012)。

　１９９８年以降、ここ20年ほどの間の労使交渉でいずれのグレードの賃金率もおよそ2倍に引き上げてきています。24歳以下に適用する「全国最低賃金」よりも高くて、25歳以上に適用する２０１８年の「全国生活賃金」の水準を１００とすると、不熟練労働者の賃金率でも１１８、半熟練労働者は１２７から１５０、熟練労働者の場合は１５７という水準です。これは各企業の使用者が払わなければならない最低限の協約賃金ですから、実際に受け取る賃金はこれを上回っている労働者がたくさんいます。

イギリスの最低賃金制度

遠藤 公嗣

イギリス（連合王国）の最低賃金法は1998年に初めて制定され、この法にもとづいて1999年に初めて最低賃金額が定められました。現在まで、毎年、最低賃金額を引き上げる改定が続いています。イギリスの最低賃金は、全国一律の最低賃金額です。イギリスは形式的には国家連合体であって、そのために地方分権の制度と意識が日本よりはるかに強いのですが、にもかかわらず最低賃金額は全国一律です。その他の特徴を、日本の最低賃金との違いに注目して紹介しましょう。

年齢別の最低賃金

最低賃金額は、主に年齢別で定められます。表1は2018年4月1日からの1年間の額と、その前の1年間の額です。1999年の最初の「全国最低賃金」は、21歳以上の3・60英ポンドと、20〜18歳の3・00英ポンドの2本立てでした。1999年から現在までの約20年間で、21歳以上最低賃金は2・175倍（25歳以上）ないし2・05倍（24〜21歳）に、20〜18歳の最低賃金は1・97倍に引き上げられたことになります。

また、年齢別の区分種類は最初の2本立てから現在は5本立てと、次第に増加してきました。25歳以上を「全国生活賃金」と名づけて区分を新設したのは、2016年からです。「見習い」は雇い主や先輩のそばで働きながら技能を身につける労働者で、この区分を新設したのは2010年です。

低賃金委員会の勧告

常設の低賃金委員会があります。この委員会が、担当大臣から諮問を受けて最低賃金改定額を大臣に勧告し、大臣が決定します。低賃金委員会は労・使・中立の委員（3年任期、定員9名）で構成されます。毎年、改定額の諮問と勧告があります。これまでのところ、委員間の意見対立で委員会勧告を出すことができなか

表1　イギリスの最低賃金額

	全国生活賃金	全国最低賃金			
	25歳以上	24−21歳	20−18歳	17−16歳	見習い
2018年4月1日～2019年3月31日	7.83（1174.5円）	7.38	5.90	4.20（630円）	3.70
2017年4月1日～2018年3月31日	7.50（1125円）	7.05	5.60	4.05（607.5円）	3.05

注）英ポンド，（　）内は１英ポンド150円で換算の円額。
出所）https://www.gov.uk/government/organisations/low-pay-commission（2018年6月20日閲覧）。

ったことはありません。また通例では、委員会勧告に従って大臣は改定額を決定します。ただし2014年に、「見習い」について、委員会勧告以上の額を大臣が決定したことがあります。

低賃金委員会の年次報告書

低賃金委員会は、毎年、年次報告書を公刊します。最低賃金改定額の勧告は、この報告書のなかで述べられます。最近刊は2017年11月で、「全国生活賃金」新設後の最初の報告書のため、これに関する詳細な記述があります。委員会として、「全国生活賃金」額は2020年に所得中央値の60％の額となることを政策目標とすること、新設による失業増加の懸念も伝えられたものの、目標実現はイギリスの経済成長の状況次第であり、目標実現の前倒しも先送りもあること、他の年齢区分の「全国最低賃金」への影響を慎重に見極めること、などの記述があります。

アメリカの最賃運動・地域運動の展開
――地域での「コアリッション」構築による最低賃金条例制定――

小谷 幸

日本では最低賃金1500円を求める動きが徐々に高まっていますが、アメリカではすでに2018年8月現在、三つの州とワシントン特別区において、最低賃金を段階的に時給15ドル（1ドルを100円とした場合、1500円。企業規模等による例外あり）に引き上げる条例が成立しています。たとえばカリフォルニア州では、2022年に時給15ドルが実現します。

では、この画期的な条例の制定は、いったいどのようにして可能となったのでしょうか。もちろん、2011年ニューヨークでのウォール街占拠運動や、2012年からのファストフード労働者によるストライキ「Fight for 15」等の格差是正をめざす大規模な運動の果たした役割は大きいのですが、それに呼応するかたちで、各地域において、労働組合や非営利団体が「コアリッション」(coalition) と呼ばれる連携組織を構築し、それが最低賃金条例を制定する過程で戦略的に力を発揮したからだと考えられます。

アメリカの最低賃金条例の仕組み

アメリカでは、国の最低賃金（連邦最低賃金）は連邦上院下院での公正労働基準法の制定により決まります。これは2018年現在7・25ドル（1ドルを100円とした場合、725円）と、沖縄県等日本で最低賃金が最も低い7県の737円よりも低い水準になっています。ただ州・郡・市等の地域によっては、それ以上の額を地方議会での最低賃金条例制定により定めることができます。今回の地域における最低賃金引き上げは、この地方議会での条例制定により実現しました。

地方議会での最低賃金の決め方は、大きく二つあります。一つは議員が法案を提出し議決する方法です。2014年に初めて時給15ドルの最低賃金条例を成立させたシアトル市ではこの方法が採用されました。

もう一つは、住民の署名を集め投票法案提出権を得て、住民投票法案として発案する方法です。先の方法では議会の否決が見込まれたり、内容に大幅な譲歩を求められる場合は、この方法をとり、賛成多数を得られれば、法案が成立します。カリフォルニア州のオークランド市では2014年、最低賃金を12・25ドルに引き上げる住民投票が実施され、賛成多数を得ました。それを契機に、サンフランシスコ市をはじめとする近隣の市でも波及的に最低賃金の引き上げが実現し、それがロサンゼルス市・郡、さらにはカリフォルニア州全体での15ドル実現に大きな影響を及ぼしました。

コアリッションを構成する組織とその活動

地域での最低賃金条例の制定過程において、コアリッションと呼ばれる連携組織がつくられ、大きな役割を果たしています。コアリッションを構成するのは、労働組合、ワーカーセンター（労働組合が組織しにくい、移民・家事・レストラン労働者等に対し、相談・権利擁護・教育研修等を行う非営利団体）、シンク・アンド・アクト・タンク（主に労働組合によって設立された、労働組合間、労働組合と非営利団体との連携を促進する非営利団体）等です。それを大学のレイバーセンターが、戦略的なキャンペーンの構築に関するワークショップや、低賃金労働者の実態調査、最低賃金と雇用パフォーマンスの関連に関する研究の実施により支えています。

コアリッションは、活動方針とゴールを定め、商工会議所等、最低賃金引き上げに反対する組織に対抗し、首長・議員の支持や住民投票への選挙民の賛成を獲得しようとします。そのために、首長や議員に向けたロビー活動、市民への広報活動や署名活動、メッセージの根拠となる研究の実施・データの収集等、各組織の得意分野に応じた活動を戦略的に進めていきます。

コアリッションは多数の組織の集まりですから、当然ながら戦略・方針をめぐる葛藤が多々生じます。それらを可能な限り民主的に解決するために、まずコアリッションを当事者の声が十分に取り入れられる組織構成にする、話し合いや意思決定のルールを明文化する等が意識的に行われています。また組織横断的に大学等のワークショップを受講することが、互いに知り合い、連携の土壌をつくる機会となっています。

ドイツ・フランス・韓国の最低賃金

中澤 秀一

世界のなかで、多くの国が全国一律の最低賃金制度をとっており、イギリス、アメリカ、ドイツ、フランス、韓国のいずれの国も全国一律の制度となっています（イギリスはトピック⑥、アメリカはトピック⑦を参照のこと）。

ドイツ　低賃金労働者の増大への対応

ドイツには、もともと法定の最低賃金が存在しませんでした。それは、産業別の労働協約により、一定の賃金水準が確保できていたからです。しかし、近年、労働者の4分の1が低賃金労働に従事するようになり、格差と貧困がきわめて深刻になってきました。そこで2015年に初めて全国一律の最低賃金制度を新設しました（現在は、8・84ユーロ＝約1144円）。最低賃金の導入によって、それまで最低賃金未満で働いていた約400万人の労働者の賃金が上昇しました。

ドイツでは、最低賃金を新たに設けることに対して、雇用に悪影響が出るとの理由から経営者側を中心に反対意見がありましたが、これまでのところ経済への悪影響は報告されていません。だからこそ、制度新設後も最低賃金額が引き上げられているのでしょう。

フランス　国際的にも高水準なSMIC

フランスでは、「全産業一律スライド制最低賃金」（一般的には頭文字をとってSMICという略称で呼ばれます）が1970年に創設されています。1時間当たりの賃金額（現在は9・88ユーロ＝約1278円）が定められるのですが、国民にわかりやすく通知するためにフルタイム労働者の1か月（月151・67時間労働）当たりの最低賃金も同時に定めています（約19万4000円）。またSMICは、フルタイム労働者の賃金の中央値の60％程度になっていて、世界でも高水準の最低賃金です。この高水準を維持するために、中小企業を対象に社会保障負担を軽減する政府の助成があります。

韓国 労働組合のさまざまな戦略

韓国の最低賃金は、急速なスピードで引き上げられています。2017年5月に就任した文在寅《ムンジェイン》大統領が大統領選の際に掲げた公約は「2020年までに最低賃金＝時給1万ウォン（約1000円）を達成する」というものでした。この公約にもとづき、韓国は最低賃金の引き上げ過程にあります。2018年の最低賃金額は全国一律で7530ウォン（約753円）で、すでに日本のDランクを上回っており、さらに2019年からは8350ウォン（約835円）に引き上げられますから、Cランク以上にもなるでしょう。

最低賃金に関する審議および議決をする機関として、労働者、使用者、公益それぞれの代表で構成される最低賃金委員会が設置されています。ここでは、賃金実態や生計費などの基礎資料が提出され分析されるほか、現場を訪問してのヒアリングも実施されています。

日本との比較から韓国の最低賃金を考える場合、労働組合の戦略を見逃すことはできません。公益代表は雇用労働部長官の推薦を受けて大統領から任命されるため、政権の意向が反映されやすく、最低賃金委員会ではなかなか労働側の意見が通りません。これを打開するために、ときに労働側は委員会を欠席するほか、脱退することさえ厭いません。そして、記者会見を行ったり、集会を主催したりして世論にアピールします。

また、このような「外」へのアピールだけではなく、他の社会勢力や非組合員を巻き込んで「提携する」ことも重要な戦略として位置づけられます。2002年に結成された「最低賃金連帯」には、ナショナルセンター（労働組合の全国中央組織。日本の連合や全労連にあたる）やアルバイト労組や女性労組、青年ユニオンなどの労働組合のほか、市民団体、シンクタンク、政党などの多様な31団体が参加しています。さらに、最低賃金委員会の労働代表はナショナルセンターからの推薦で選出されているのですが、2015年からは韓国非正規労働センターや青年ユニオンのメンバーが選ばれています。このような取り組みが最賃引き上げを促す原動力の一つになり、現在の引き上げにつながったのです（取材協力：龍谷大学政策学部　安周永准教授）。

3 政党・労組・論壇は、最低賃金をどう見ているのか？

戸室 健作

日本の政党、労働組合、論壇は、最低賃金について、現在、どのように考えているのでしょうか。

(1) 政党と労働組合

自民党は、「総合政策集2017 J-ファイル」(2017年)において、「最低賃金については、過去5年で約100円引き上げてきましたが、中小企業・小規模事業者の生産性向上や価格転嫁等の取引条件の改善を図りつつ、年率3%程度を目途に引き上げ、全国加重平均1000円を目指します」と述べています。

最低賃金の引き上げ目標額を1000円においているということ、ただし、1000円というのは「全国加重平均」の金額なので、地域によって最低賃金が1000円を下回ることを容認していること、さらに、目標額を達成する時期はすぐということではなく、「年率3%」の引き上げなので2023年度を想定していること、などがポイントです。同じ与党である公明党も、最低賃金について、自民党と同様の考えをもっています(公明党「Manifesto2017 衆院選重点政策」2017年)。

次に野党について見てみましょう(なお、日本維新の会と自由党は、ホームページで政策を調べましたが、最低賃金についての記述は2018年8月5日現在、見あたりませんでした）。

立憲民主党は、「立憲民主党基本政策」（2017年）において、「ワーキングプアをなくし、安心して働き暮らすことのできる賃金を確保します。全国どこでも誰でも時給1000円以上になるように最低賃金を引き上げます」と記しています。見てわかるように、「全国どこでも誰でも時給1000円以上」なので、与党とは異なり、1000円を下回る最低賃金を許容していません。1000円という最低基準を設定して、それ以上の金額をすべての人々に保障しようという考えです。国民民主党も、最低賃金について立憲民主党と同様の考えをもっています（国民民主党「基本政策」2018年5月）。

同じ野党でも日本共産党は、最低賃金について、次のように主張しています。

「最低賃金の地域間格差を是正し、世界の先進国では当たり前の全国一律最低賃金制に踏み出します。最低賃金は『いますぐどこでも時給1000円』を実現し、1500円をめざします」（日本共産党「2017総選挙／各分野の政策」2017年）。どこでも時給1000円を「いますぐ」実現することを強調している点や、1000円を超えて「1500円」をめざしている点が注目されます。社民党も、全国一律、時給1000円に引き上げて、さらには時給1500円をめざすとしています（社民党「2017年衆院選選挙公約」2017年）。

労働組合のうち、国内最大のナショナルセンターである連合は、最低賃金について「誰もが時給1000円」の実現を図ることも不可欠」と述べています（連合「2018春季生活闘争基本構想」2017年）。全労連は、「労働運動的には、時給1500円、月額22～23万円程度が必要といえる」が、「緊急的に時給1000円以上への引き上げ」をめざしています（全労連「全国最賃アクションプラン」2016年）。全労協も、「1500円が今すぐには困難であれば1000円への引き上げが求められているのです」と主張しています（『全労協fax情報』1729号、2016年）。

このように、最低賃金について、各政党、各労働組合では、引き上げる賃金の目標額、目標達成の時期などに違いが見られます。ただし、重要なことは、与党も含めて、最低賃金の引き上げがめざされており、少なくとも時給1000円という明確な目標金額が掲げられているということです（平均1000円か、誰でも1000円かの違いはありますが）。

（2）論壇

最低賃金について、論壇では、新古典派（新自由主義）の経済学者の考え方が支配的でした。彼らは、最低賃金の引き上げは失業者を増やし、雇用に悪い影響を与えると考えてきました。

たとえば、慶應義塾大学教授の鶴光太郎氏は、日本内外の最低賃金についての研究をサーベイした論文を2013年に書いています（大竹文雄・川口大司・鶴光太郎編『最低賃金改革』日本評論社、2013年の第1章）。そこでは、ニューマーク氏（カリフォルニア大学教授）とワッシャー氏（米連邦準備制度理事会エコノミスト）が、欧米の研究についてサーベイした2007年の論文を紹介しており、それによると、圧倒的に多くの研究が、最低賃金の導入や引き上げは雇用に負の影響をもたらすという結論に達しています（7〜8頁）。また、鶴氏は日本の研究についてサーベイし、「大規模なミクロ・パネルデータを使い、より最低賃金変動の影響を受けやすい労働者へ絞った分析は、ほぼ雇用へ負の効果を見出している」（28

頁）と述べています。このように、新自由主義者は、最低賃金の引き上げに否定的であることがわかります。

しかし、先に見たように、必ずしも現在の日本の状況は、新自由主義者が考えているようには進んでいません。自民党も含めて各政党、労働組合が最低賃金のアップを主張しているのです。

また、現在、アメリカでは、最低賃金が大幅に引き上げられる地域が出てきており、経済学者の間で、最賃引き上げの是非について大きな論争がなされています。鶴氏の論文では、最賃引き上げは雇用にマイナスの効果をもたらすという研究が海外で主流を占めているように記されいてますが、必ずしもそうではなくなっているようです。

アメリカでは、連邦レベルの最低賃金が２００９年に7・25ドルに上がって以降、据え置かれています。しかし、各州では独自に最低賃金を定めることができ、２０１８年１月１日現在で、全50州のうち29州とワシントンＤＣが、連邦最賃を上回る最賃を定めています。たとえばワシントンＤＣの最賃は12・50ドルです（社会政策学会２０１８年春季大会の共通論題での高須裕彦・法政大学大学院フェアレイバー研究所特任研究員のフルペーパーより）。

アメリカ大統領経済諮問委員会のファーマン委員長（当時）ら４人の研究者は、２０１３年12月以降に最賃を引き上げた18州とワシントンＤＣについて、最賃の引き上げが雇用に与えた影響を調査し、その調査結果を２０１６年12月２日に公表しました。それによると、最賃を引き上げた州も引き上げなかった州も、ともに雇用者数が増加する傾向にありました。ファーマン委員長らは、「最賃の引き上げは雇用への悪影響はほとんどなく、低賃金労働者の所得を十分に引き上げることができるとの見方をさらに立証している」と述べています（『しんぶん赤旗』２０１６年12月23日）。

アメリカでは郡・市レベルでも、独自に最低賃金を決定することができます。たとえばシアトル市では、２０１７年度が15ドル、２０１８年度では15・45ドルになっています。このシアトル市の２０１５年から２０１６年の最賃引き上げについて調査した研究では、ワシントン大学が「雇用は減少」と結論を出しましたが、カリフォルニア大学バークレー校では「雇用減はなし」との結論を出しています。バークレー校のマイケル・ライヒ教授は、他の複数の都市も調査して、「最低賃金の引き上げが雇用を奪った証拠はなかった」と述べています（『日本経済新聞』夕刊２０１８年2月21日）。このように、最低賃金が雇用におよぼす影響について、現在、全米で論争が行われているところですが、日本の論壇では、雇用にプラスの効果を与えるという研究結果は、それほど紹介されていません。

ただし、日本の論壇に変化が見られないかというと、そうではありません。近年、経営者やエコノミストから、「最低賃金を引き上げるべきだ」という声が登場してきています。冨山和彦氏（経営共創基盤ＣＥＯ、経済同友会副代表幹事）は、最低賃金は、「政府が言うように１０００円にしたらいい」といいます（『毎日新聞』２０１７年2月22日）。冨山氏は、「最低賃金が払えないような生産性の低い企業は人を雇えず、廃業する企業も出てくるだろう。しかし、そこで仕事を失った人たちは高い確率でより生産性の高い企業に吸収される。その結果、事業と雇用がより生産性の高いところに集約されていく」、と述べています。

同様に、日本総合研究所調査部長の山田久氏も、「誤解を恐れずに言えば、最低賃金の引き上げを行うことで、不採算企業の市場からの退出を促し、そこから吐き出される労働力を、最低賃金引き上げを吸収できる収益力のある企業にシフトできれば、生産性向上と賃金上昇の同時実現が可能になると言えるだろう」(『エコノミスト』２０１５年10月20日号、41頁)と主張しています。

ここでは、生産性の低い企業を市場から整理する手段として、最低賃金の引き上げが肯定的に評価されています。市場整理(合理化)を目的とした最賃の引き上げ策については首を傾げたくなりますが、いずれにしろ、こうした主張が論壇に現れてきていることは、最賃の引き上げに反対する、従来の新自由主義者の主張は影響力が低下してきていることを示しているのかもしれません。

なお、日本では、最賃はこの10年で１６１円上昇(改定率23％)しました。他方、求人倍率はリーマンショック時を除いて下がっておらず、最近5年間では０・８から１・５へと大きく上がりました。役員を除く雇用者数もここ5年で約３００万人増えています。

第4章

大資本に対する防波堤としての最低賃金

——地域経済と中小企業

1　最賃引き上げと地域内再投資

岡田知弘

はじめに

「アベノミクス」のもとで、格差と貧困、低賃金、長時間労働、非正規労働問題がクローズアップされるなかで、これまで述べてきたように最低賃金1500円を求める声が全国に広がってきています。他方で、今でも苦しい経営状況におかれている中小企業・小規模企業経営者の多くは、「最低賃金の引き上げは難しい。売り上げが落ちるなかで、賃金を引き上げると会社は倒産してしまう」と頭を抱えています。実際、中小企業・小規模企業で働く従業者は、日本全体で従業者全体の7割を占めています。しかも、地域経済を支える企業の99％以上が中小企業・小規模企業となっています。もっとも、これらの比率は、あくまでも全国平均であり、都道府県別に見ると大きな違いがあります。たとえば、鳥取県の中小企業の比率は企業数の99・9％、従業者の95・7％を占めますが、大企業の本社機能が集中した東京都では、中小企業は企業数の99・9％を占めていますが、従業者数比率では43・0％にとどまっています（総務省統計局「平成28年経済センサス」）。

したがって、最賃1500円を実現をしようとするならば、中小企業・小規模企業の経営の持続性とともに労働者や中小企業経営者が生活する地域経済の維持、発展も同時にはかる必要があります。しかも、都道府県ごとの大企業と中小企業との関係に留意しながら、労働運動や社会運動が全国的な取り組みとあわせて少なくとも都道府県ごとに独自の方針と運動を展開し、地方自治体をも巻き込んでいくことが重要です。

本章では、この難問を解決する道筋を考えてみたいと思います。ただし、問題が複雑に絡み合っていますので、本節ではまず一国経済と地域経済の仕組み、地域経済における賃金の役割、そして最賃引き上げが地域経済や一国経済において果たす役割について、明らかにしていきたいと思います。そのうえで、2節において、中小企業も地域経済も元気にする具体的方策について述べることにします。その際、「賃金」の問題を同じ企業のなかでの労働者と資本家との間の個別的な関係だけから見ると、労働者がつくりだした経済的価値をどちらがとるかという力関係だけの問題に見えてしまい、問題の解決が難しくなることがしばしば起こります。しかし、視点を変えて、税や社会保障の負担や給付という「財政の所得再分配機能」も取り入れて、一国経済や地域経済、社会の持続性という社会的視野からとらえると、解決の糸口が見えてくることになります。

(1) そもそも経済的価値は、誰がどのようにつくりだし、受け取っているのか

では、毎年労働者や資本家(企業経営者)が受け取る所得は、誰がどのようにつくりだしているのでしょうか。これについては、たとえば、「日本は資源が少なく、少子高齢化が進んでいるので、輸出で稼ぐしかない」という議論が、とくに安倍政権誕生後の「アベノミクス」のもとで策定された成長戦略であ

る日本再興戦略を進める人たちによってなされています。その際のキイワードは、日本を「世界で一番企業が活動しやすい国」にすることであり、規制緩和とTPP（環太平洋経済連携協定）等の通商交渉、円安誘導策による輸出促進策で外貨を「稼ぐ」としました。

けれども、輸出それ自体では経済的価値は増えません。このことは、アダム・スミスが240年前に、『国富論』において指摘した点です。当時のイギリスは、経済的価値（富）は、輸出による貿易差額で生み出されるとした重商主義にもとづいた政策を展開していました。スミスは、この考え方を批判したのです。なぜなら、世界経済を計算単位にすると、輸出額と輸入額は同額です。「売り」の反面が「買い」であり、この取引自体から富は生まれようがありません。

スミスは、経済的価値の源泉は、自然と労働の結合であるとし、労働の投下によって新たな価値が生み出されるとし、労働価値説を唱えました。その価値を富として実現するのが、社会的分業による商品交換であり、スミスは、とくに一国内の農業と商工業、農村と都市との社会的分業の重要性を強調しました。なぜなら、社会的分業と交換の圧倒的部分は国内市場でなされるうえ、とくに農産物を海外に依存することはローマ帝国の崩壊に示されるように、一国の経済基盤を脆弱なものにするからです。

このスミスの労働価値説を継承、発展させたのがマルクスです。マルクスは『資本論』のなかで、商品の価値総額は、不変資本（C＝原材料費、燃料費、機械等の生産手段の減耗分）＋可変資本（V＝賃金部分）＋剰余価値（M＝利潤部分）から構成されるとしました。このうちVとMを合計したものが、現代でいう付加価値です（図1）。そして一国における付加価値の総額が、国内総生産（GDP）に相当します。また、国内総生産から固定資産減耗分を除いたものが国内純生産、そこから間接税を引き補助金を足したもの

図1　商品価値の構成と付加価値

不変資本（C）	可変資本（V）	剰余価値（M）
生産手段 （原材料＋機械設備減耗分）	労働者が受け取る 賃金部分	資本家が受け取る 利潤部分
	付加価値部分	

が国内所得です。これに海外からの所得を加えたものが国民所得となります。

ちなみに、国民所得や県民所得は、雇用者報酬＋企業所得＋財産所得の総計です。個人経営や農家の所得は、大企業の法人と同じく「企業所得」に分類されています。労働者を雇用しない自営業の場合、生計費も企業所得によって生み出しているわけです。いずれにせよ、最も重要なことは、経済的価値、富を生み出しているのは、労働者、自営業者といった勤労者にほかならないということです。

マルクス『資本論』によれば、資本主義社会においては、生産手段を所有する資本家は、この付加価値から剰余価値（利潤の源泉）をできるだけ多く搾取しようとし、労働者に支払う賃金を抑制し、長時間労働を強いる傾向になりがちです。このことが、資本家と労働者との労働日、賃金をめぐる階級闘争の原因となります。また、小経営は大経営との競争にさらされ、大資本の「外業部」となり富の収奪（現代の下請企業からの原材料の買いたたき）対象になるとも指摘しています。

現代の日本において、資本金10億円以上の大企業の労働分配率（V／（V＋M））、すなわち総付加価値のうち労働者に分配される賃金・報酬の比率は、２０１１年度の60・6％から16年度には52・8％に低下しています。そのかわり企業の内部留保や株主配当が急増しました。内部留保は、同じく２６７兆円から３２０兆円に増加しています。その少なくない部分が、安倍政権下の大企業向け減税、補助金の積み増しによるものです（全労連・労働総研『２０１８年　国民春闘白書』学習

表1　主要国のドルベース名目GDPの推移

（単位：mil.US$）

国名	2009年	2010年	2011年	2012年	2013年	2014年	2015年	2009〜12年増減率	2012〜15年増減率
日本	5,035,142	5,498,719	5,908,988	5,957,250	4,919,588	4,602,419	4,383,076	18.3%	−26.4%
イギリス	2,314,508	2,403,581	2,594,735	2,630,473	2,712,296	2,988,893	2,858,003	13.7%	8.6%
ドイツ	3,417,799	3,417,095	3,757,698	3,539,615	3,745,317	3,868,291	3,363,600	3.6%	-5.0%
フランス	2,693,665	2,646,837	2,862,680	2,681,416	2,810,249	2,829,192	2,418,946	−0.5%	−9.8%
米国	14,418,740	14,964,380	15,517,930	16,155,255	16,663,160	17,348,072	18,036,648	12.0%	11.6%

出所）国連統計。

表2　アベノミクス下の日本経済の主要指標

	安倍内閣発足時	直近	指数	出所	比較時点
マネタリーベース（兆円）	116	472	406	日本銀行hp	2012年11月末〜17年11月末
国債残高（兆円）	812	950	117	財務省hp	2012年12月末〜17年9月末
企業物価指数（2010年基準）	99.9	99.4	99	日本銀行hp	2012年11月末〜17年10月末
実質為替実効円レート（対1ドル）	96.82	74.09	77	日本銀行hp	2012年11月末〜17年10月末
東証一部株価指数（TOPIX）	848	1804	213	日本取引所グループhp	2012年12月26日〜2017年12月8日
金融・保険除く法人の純利益（兆円）	24	50	209	法人企業統計調査	2012年度〜2016年度
金融・保険除く大企業の内部留保（兆円）	272	320	118	法人企業統計調査	2012年度〜2016年度
金融・保険除く法人の人件費（兆円）	197	202	103	法人企業統計調査	2012年度〜2016年度

注）マネタリーベース＝「日本銀行券発行高」＋「貨幣流通高」＋「日銀当座預金」。
大企業の内部留保＝資本金10億円以上企業の資本剰余金＋利益剰余金＋引当金（流動負債＋固定負債）の合計。

の友社、2017年）。

ところが、表1で安倍政権下におけるドル換算での名目GDPの増減率を他の先進国と比較すると、実にマイナス26％台となっています。他の欧米諸国と比べてその減少率の大きさが目立ちます。それは、民主党政権期を大きく下回っており、大企業の「稼ぐ力」は大きく伸びたにもかかわらず、国民経済としては大きく縮小してしまったのです。

実際、安倍政権発足後の各種データを表2で見ると、2012年末から

17年末にかけて、「アベノミクス」の「第一の矢」で通貨供給量は4・06倍に、また「第二の矢」によって国債残高は17％増えたものの、「脱デフレ」の指標である企業物価指数はむしろ微減してしまっています。逆に、増加したのは、株価指数の2・13倍、法人企業純利益の2・09倍、そして法人内部留保の18％増であり、大企業法人雇用者が大半を占めると考えられる人件費もほとんど増えていません。つまり、大企業の法人所得と株式保有資産家の財産所得のみが「稼いだ」わけです。

◎問題の元凶――財界の「グローバル国家」論のもとでの低賃金・低コスト政策

少数の多国籍企業と資産家の富の増加を第一に優先すべきという政策は、1996年の経団連の提言「経団連ビジョン2020」にある「グローバル国家」論によって初めて提唱されました。同提言は、橋本龍太郎内閣が策定していた「橋本行革」に対して向けられたものであり、その提言を盛り込んだ「橋本行革ビジョン」によって消費税増税、法人税減税、各種社会保険料の負担増大、そして派遣労働、年俸制導入などによる国民負担強化、低賃金・非正規雇用増大政策が開始されることになります。

その後、2000年代初頭の小泉構造改革によって、国際競争に打ち勝つためにとして、政財界あげて低賃金、低コスト政策を追求していきました。労働者だけでなく、グローバル企業と取引している下請企業、協力企業に対しては原材料費の圧縮が求められ、農産物価格も押し下げられ農家所得の減少も進行しました。さらに、地方においては、財政の「効率化」をはかるために、市町村合併政策と「三位一体の改革」による地方交付税交付金の削減がなされ、地方自治体による地元企業への発注や地元雇用も減少し、地域経済の衰退が加速することになりました。

表3は、1990年代半ば以降の各国雇用者報酬総額の推移を、各国通貨ベースで比較したものです。

表3　各国雇用者報酬の推移（1995〜2015年）

	1995年	2010年	2011年	2012年	2013年	2014年	2015年	単位
日本	268,399	243,606	245,201	245,946	247,978	258,547	261,948	（10億円）
	100	90.8	91.4	91.6	92.4	96.3	97.6	（%）
ドイツ	992	1,282	1,337	1,388	1,426	1,483	1,537	（10億ユーロ）
	100	129.3	134.8	139.9	143.8	149.5	155.0	（%）
フランス	619	1,040	1,069	1,091	1,104	1,122	1,137	（10億ユーロ）
	100	168.0	172.6	176.2	178.3	181.2	183.6	（%）
アメリカ	4,197	7,969	8,277	8,615	8,854	9,264	9,704	（10億USドル）
	100	189.9	197.2	205.2	210.9	220.7	231.2	（%）
イギリス	386	817	828	849	878	899	930	（10億ポンド）
	100	211.6	214.5	219.9	227.4	232.9	240.9	（%）

出所）労働政策研究・研修機構『国際労働比較』各年版から作成。

２０１５年時点で日本だけが１００を割り込んでいることがわかります。アメリカやイギリスでは、日本よりも失業率が高いにもかかわらず、２倍以上に増えているのです。国民所得のなかで、最大の比重を占めるのは、どの国においても賃金部分＝雇用者報酬であり、日本では約７割を占めています。日本はなぜこのような状況になっているかといえば、「グローバル競争に打ち勝つため」といって、雇用者や下請企業に対する配分を少なくして株主への配当と自らの内部留保だけを増やしていく経営行動をとったからです。ドイツやフランス、アメリカでは、むしろ賃金として再分配し、国内市場を肥やしています。この違いが鮮やかに出てきているわけです。

日本のグローバル企業は、目先の利益を増やすために、賃金や原材料コストを引き下げ、さらに政府に迫って大企業や資産家の税金・社会保険料負担を減らすことに執念を燃やしてきました。その結果、個別の大企業や資産家は大いに「稼ぐ」ことができましたが、一国経済の大半を担っている雇用者や中小企業・農業経営者の得る所得が減っていき、経済の衰退が進んだわけです。

そこで、もう一度、資本主義社会における国や地方自治体を介

図2　資本主義社会における経済的価値の生産と所得の循環・再分配の仕組み

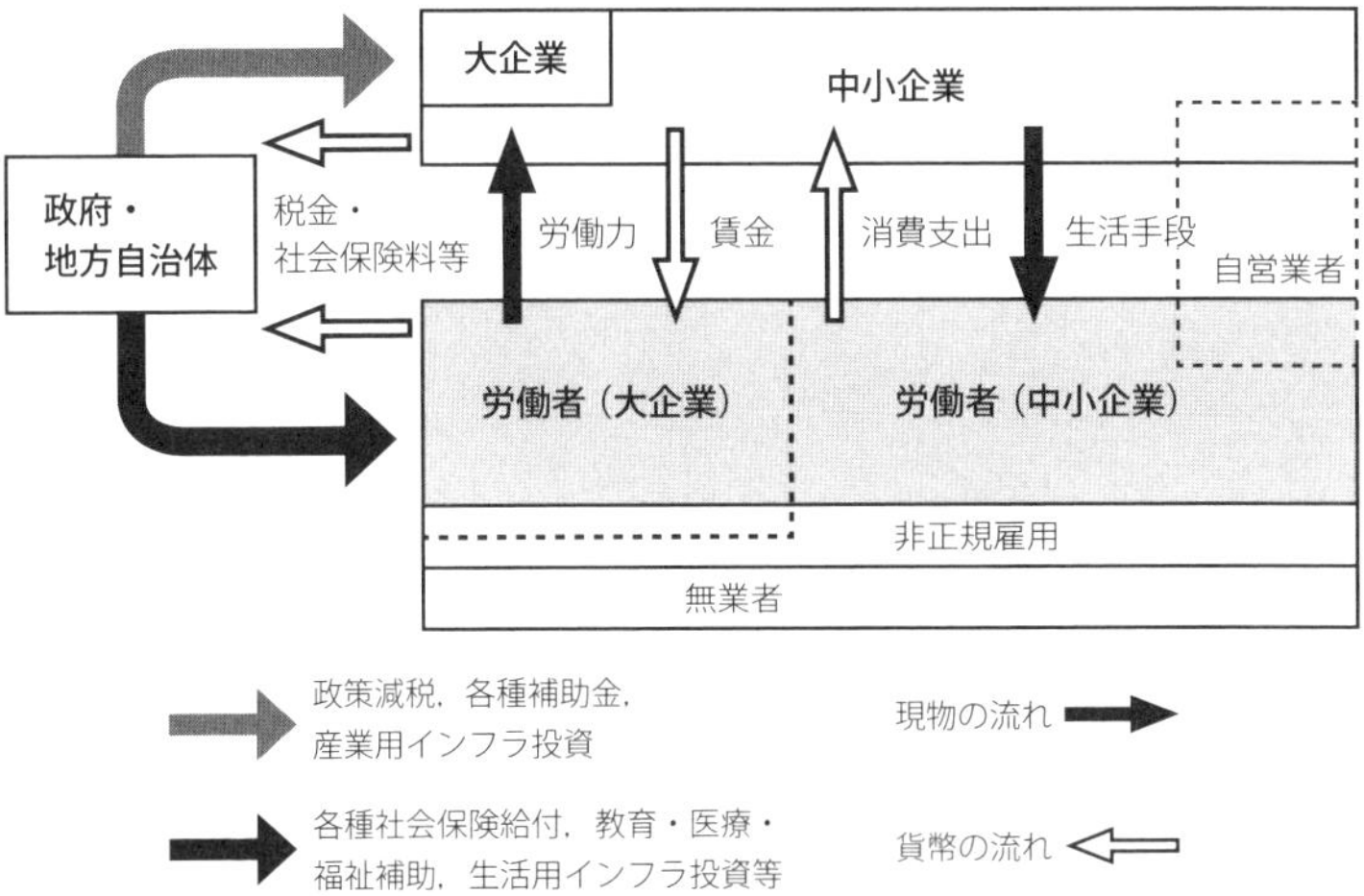

した経済的価値と所得の再分配の仕組みを図2で見てみましょう。資本主義社会における資本蓄積（再生産）は、労働者が賃金を受け取ったのち、それを財源に生活手段を購入すること（これを、消費支出という）によって、初めて成り立ちます。労働者の個人的消費支出によって消費財産業（衣食住、交通、教育、娯楽、医療福祉等の個人サービス業）の市場が創出され、その蓄積が可能となります。マルクスは、これを「見えない糸」と呼びましたが、この取引を通して、毎年、一国経済が再生産され、社会が維持されることになります。その再生産の投資額が前年を上回れば拡大再生産（プラスの成長）、下回れば縮小再生産（マイナス成長）となります。労働者が受け取る賃金や自営業者、中小企業経営者の所得と、それにもとづく消費支出が減少すれば、当然、縮小再生産となります。日本政府と財界は、少数の多国籍企業と資産家の利益を確保するために、国民経済的に見ると実に馬鹿げた「自爆」政策を展開してきたといえます。

◎戦後の高度経済成長は、誰がどのように実現したのか

以上のような話をすると、賃金や下請け単価を引き上げたら、日本が国際競争に負けて、成長できなくなると批判する人がいます。しかし、現実には、グローバル競争下において、少なくとも1990年代以降、賃金・下請け単価引き下げによる低コスト政策を追求した結果、日本のみが国民への所得分配を縮小し、市場の消費購買力を奪い、国民経済そのものの成長力を低下させたのです。前述の表3で明らかなように、アメリカやイギリスをはじめとするヨーロッパ諸国も同じグローバル競争下において、雇用者報酬総額を増やしながら、一国経済も日本をはるかに超えるかたちで成長しています。ここに日本の大企業の経営行動や政府の政策の問題点が集約されています。

しかも、戦後日本の高度経済成長期の経済成長のあり方が、「賃金を引き上げると成長できなくなる」という議論の反証となっています。高度経済成長の要因については、多くの高校の教科書で、今も誤った叙述がなされています。すなわち、「大企業が重化学工業化を進め、輸出主導で成長した」という説明です。これは一種の「神話」であり、事実と異なります。

というのも、『経済白書』1972年度版にある表4からもわかるように、たとえば戦後最大の高度経済成長期であった1960年代後半の「いざなぎ景気」の時代において、全体

表4　高度成長期の需要項目別増加寄与率　(%)

項目	1961〜65年	1966〜70年
個人消費支出	51.4	40.7
政府の財貨サービス経常購入	7.0	4.0
個人住宅投資	6.8	6.1
民間企業設備投資	19.7	32.1
政府固定資本形成	13.3	7.5
民間在庫品増加	2.4	8.7
政府在庫品増加	−0.4	0.4
輸出等	11.7	14.3
(控除) 輸入等	−12.1	−14.0
国民総支出	100.0	100.0
同　実額 (兆円)	37.2	71.7

注) 増加寄与率は、各期間の増加累積額に占める構成比を示す。
出所) 経済企画庁『経済白書』1972年度版。

の成長を押し上げたのは、個人消費支出と個人住宅投資の合計寄与率46・8％であり、それらの商品を主として製造する民間企業の設備投資の32・1％が続きます。公共投資を意味する政府固定資本形成は7・5％にとどまっています。これに対して、輸出の寄与率は14・3％ですが、輸入は逆にマイナス14・0％の寄与率であり、差し引き0・3％の増加寄与率にすぎません。貿易が経済成長を牽引したわけではないことがわかります。

むしろ、工業化と都市化にともなう労働者の増加、集団就職等による大都市への移動による個人消費市場の形成、そして春闘による賃金引き上げ、さらに農家が受け取る生産者米価の引き上げによる内需の拡大がこの経済成長を主導したのです。この時期、中小企業の数も従業者数も大きく増加しました。ただし、このような短期間の高度経済成長の結果、公害問題が発生するとともに、大企業と中小企業・農家の「二重構造」問題が激化したことも忘れてはならないことです。

以上のような問題を生み出しながらも、都道府県別に見ると、表5のような高度経済成長メ

表5　県民所得の要素別増加寄与率

（％）

		雇用者所得	財産所得	企業所得	民間法人企業（配当受払後）	個人企業	農林水産業	県民所得合計
全　国	1960〜65年	63	9	28	6	21	5	100
	1965〜70年	57	7	36	16	18	3	100
宮城県	1960〜65年	60	8	32	7	26	12	100
	1965〜70年	57	6	37	13	22	6	100
東京都	1960〜65年	64	10	26	7	16	0	100
	1965〜70年	54	8	38	21	15	0	100
岐阜県	1960〜65年	58	10	33	4	26	7	100
	1965〜70年	52	8	40	15	26	3	100
大阪府	1960〜65年	62	12	26	5	18	1	100
	1965〜70年	53	9	37	21	14	0	100
島根県	1960〜65年	61	6	33	4	30	12	100
	1965〜70年	63	7	30	11	21	9	100
宮崎県	1960〜65年	52	6	42	4	35	13	100
	1965〜70年	53	6	41	7	34	10	100

出所）内閣府「県民経済計算年報」。

カニズムがありました。日本経済をつくる構成要素は各都道府県単位の地域経済です。１９６０年代の高度経済成長期において、所得を押し上げる増加寄与率が最も高かったものは、やはり雇用者報酬です。また、企業所得を、法人企業と個人企業（自営業と農家）に分けてみると、全国的には１９６０年代前半、後半とも、大企業が主要部分を占める法人企業を上回る寄与率を個人企業が記録していることがわかります。１９６０年代後半に入って、東京都と大阪府だけで法人企業所得の寄与率が個人企業のそれを上回っていきます。それは、大企業が成長し、その本社所在地としての所得受け取り分が増えたからです。けれども、他の県は、１９６０年代後半に入っても、個人企業の寄与率のほうが上回っているのです。つまり、高度経済成長を、地域経済のなかで生み出し、実現した主力は、経済的価値を生み出す労働者や個人企業経営者であり、決して大企業ではなかったということです。

（2） 地域経済の持続可能性と地域内再投資力

◎地域の持続的発展と地域内再投資力

私たちは、日々のテレビや新聞の報道によって、一国経済や世界経済をつくっているのは大企業であると思い込んでいます。けれども、そもそも一国経済をつくりあげているのは、大企業や中小企業で働く労働者や中小企業経営者、農家であり、それぞれが生きるために、生活領域としての地域で営々と生産と生活を繰り返してきました。それらの営みは地味なものであり、マスコミで報道されることはほとんどありません。客観的には、そのような比較的狭い領域での地域経済の積み重ねによって、たとえば日本経済という一国経済が形成され、さらに世界経済ができているのです。

一般に、ある地域の経済や社会が持続的に存続し発展するということは、そこで繰り返し、ある一定量の再投資が行われ、地域内での雇用や所得、そして生活が再生産されていることを意味します。これを地域内再投資と呼びます。再投資主体には、企業や協同組合、NPOなどの民間事業所に加えて、農家や地方自治体も含まれます。この経済主体の地域内再投資力が質量ともに維持・拡大すれば、その地域社会の持続的発展が可能になるだけでなく、農林漁業が存在する地域では国土の保全効果も維持・向上することになります。けれども、逆に地域内再投資力が弱まれば、地域社会だけでなく、それがよって立つ基盤である国土の荒廃が進む危険が高まるといえます。近年の経済のグローバル化やそれに対応した市町村合併と「三位一体の改革」に象徴される地方財政の圧縮は、この地域内再投資力の弱体化をもたらしています。

たとえば、実体経済の担い手であり、地域内再投資力の一大主体でもある民営事業所数と同従業者数の動向を見ると、１９９６年以降同時に減少する傾向が続いています。事業所開業率を上回る規模での廃業が相次いでいるからです。総務省の「事業所・企業統計調査」によると、１９９６年の６５２万事業所から２００６年の５８７万事業所へと全体で65万事業所が減少、従業者数も５７５８万人から５６７８万人へと80万人の減少をみました。大きく従業者を減らした産業は製造業、卸売・小売業、建設業であり、逆に最も増えているのは医療・福祉業でした。その後、同種の調査は「経済センサス」に継承されますが、調査方法が異なるためデータの連続性はありません。参考までに、２０１４年「経済センサス」を見ると、事業所数は５７８万事業所、従業者数は５７４３万人となっています。

農村における投資主体である農家も、大きく減少しました。「農林業センサス」によれば、販売農家は１９８５年に３３２万戸存在していましたが、95年には２６５万戸、そして２０１０年には１６３万戸まで減少し、ほぼ半減しました。同センサスでは、政府の農業法人育成政策にもとづいて、２００５年調査から、農家と法人組織等を合わせた「農業経営体」を新たに調査するようになりますが、この農業経営体数も、２００５年の２０１万体から、15年には１３８万体へと大きく減少しています。

表６は、２０００年代に入ってからの都道府県別に見た県内総生産および県民所得と雇用者報酬の増減状況を比較しています。この表からは、２００１年と14年を比較すると、全国計としてはマイナスとなっており、とくに雇用者報酬の減少幅がマイナス８・３％と最も大きくなっていることがわかります。14年の県民所得に占める雇用者報酬の比率は64・４％であり、その減少が地域経済における消費購買力を縮小させ、総生産の増加の足を引っ張っていることがわかります。また、雇用者報酬以外の企業所得、

１人当たり雇用者報酬（千円）		非正規雇用比率（%）	
2001年	2014年	2012年	（2007年）
4,744	4,368	42.8	(38.2)
4,113	3,804	37.9	(34.1)
4,354	3,857	37.6	(33.5)
4,806	4,370	39.3	(35.9)
4,117	3,475	35.3	(33.9)
4,327	3,911	35.8	(32.0)
4,301	4,252	34.7	(34.0)
4,876	4,477	38.6	(35.2)
4,986	4,853	36.7	(35.0)
4,626	4,338	38.3	(35.4)
4,862	4,628	39.6	(36.4)
5,048	4,654	39.4	(37.9)
6,569	6,328	35.7	(34.7)
5,497	5,073	38.2	(35.0)
4,352	4,212	34.1	(30.9)
4,703	4,112	32.9	(29.2)
4,894	4,070	35.6	(31.8)
4,491	4,153	32.7	(29.9)
5,025	4,503	39.5	(36.4)
4,779	4,622	38.8	(35.2)
4,603	4,160	37.7	(36.3)
4,890	4,323	37.6	(35.7)
5,108	4,713	37.3	(35.2)
4,599	4,553	38.6	(36.2)
4,817	4,440	38.4	(37.7)
4,863	4,410	41.8	(40.0)
5,767	5,430	41.3	(38.6)
4,965	4,610	39.0	(36.8)
5,435	4,743	39.7	(36.9)
4,618	3,991	38.5	(35.3)
4,216	3,820	36.1	(32.4)
4,173	3,879	35.1	(32.6)
4,797	4,507	36.7	(30.7)
4,972	4,477	36.8	(35.0)
4,812	4,517	36.1	(32.9)
4,113	4,297	33.7	(29.8)
4,721	4,393	35.3	(30.5)
4,322	4,019	36.7	(32.9)
4,831	4,289	36.8	(33.3)
4,716	4,582	40.0	(36.5)
4,236	3,218	35.0	(32.4)
4,290	3,748	35.7	(33.6)
4,444	4,102	36.8	(34.6)
4,403	4,122	35.6	(33.1)
4,230	3,761	39.0	(33.1)
4,261	3,850	40.0	(34.8)
4,211	3,547	44.5	(40.7)
5,046	4,695	38.2	(35.5)

表6　都道府県別県内総生産・県民所得・雇用者報酬および非正規雇用比率の動向（2001〜14年）

	県内総生産（百万円）		県民所得（百万円）		雇用者報酬（百万円）		
	増減額 2001〜14年	増減率（%） 2001〜14年	増減額 2001〜14年	増減率（%） 2001〜14年	増減額 2001〜14年	増減率（%） 2001〜14年	県民所得比 2014年（%）
北海道	-1,728,788	-8.6	-1,345,591	-8.9	-1,877,615	-16.6	68.0
青森県	-230,472	-4.9	-300,613	-8.6	-376,569	-16.0	62.2
岩手県	-59,644	-1.3	-4,836	-0.1	-398,634	-15.8	60.7
宮城県	111,110	1.3	168,808	2.7	-694,548	-14.5	62.5
秋田県	-481,572	-12.2	-309,363	-10.8	-488,334	-25.2	56.8
山形県	-290,016	-7.2	-141,478	-4.6	-395,371	-17.8	62.2
福島県	-547,202	-6.9	-181,096	-3.2	-343,432	-9.2	61.1
茨城県	360,234	3.2	338,983	3.9	-537,435	-8.9	61.2
栃木県	178,266	2.2	238,697	3.9	-119,511	-2.7	68.0
群馬県	302,318	3.9	328,559	5.7	-357,070	-9.0	59.2
埼玉県	868,715	4.3	919,131	4.6	-363,481	-2.4	70.6
千葉県	256,127	1.3	483,679	2.7	-606,286	-4.5	69.7
東京都	-83,971	-0.1	-379,573	-0.6	-1,228,298	-3.5	56.4
神奈川県	-386,187	-1.3	-194,338	-0.7	-1,511,910	-7.0	75.1
新潟県	-690,931	-7.4	-518,328	-7.7	-266,838	-5.8	69.5
富山県	-294,360	-6.2	-221,630	-6.1	-414,183	-17.4	57.8
石川県	-390,637	-7.8	-331,764	-8.9	-380,939	-15.0	63.4
福井県	-334,466	-9.7	-29,499	-1.2	-231,492	-13.9	61.0
山梨県	-89,468	-2.8	-44,330	-1.8	-257,305	-14.3	65.7
長野県	-725,299	-8.4	-363,886	-5.8	-331,334	-7.3	70.4
岐阜県	-427,787	-5.6	-538,758	-8.9	-530,651	-12.4	67.6
静岡県	-891,978	-5.5	-188,216	-1.6	-1,079,708	-12.7	62.2
愛知県	2,481,453	7.4	2,005,944	8.3	389,294	2.3	67.2
三重県	642,468	9.2	418,526	7.9	-159,171	-4.4	60.3
滋賀県	70,312	1.2	131,049	3.1	-149,790	-5.3	60.7
京都府	387,193	4.0	535,275	7.3	-417,990	-8.2	59.3
大阪府	-2,437,351	-6.0	-1,394,570	-5.0	-3,071,024	-14.9	65.7
兵庫県	-68,934	-0.3	-705,985	-4.3	-980,571	-8.6	66.4
奈良県	-405,476	-10.3	-544,641	-13.5	-548,372	-18.0	71.9
和歌山県	-53,149	-1.5	45,282	1.7	-287,309	-16.6	53.2
鳥取県	-412,263	-18.8	-248,250	-15.7	-157,594	-14.5	69.6
島根県	-255,229	-9.7	-172,798	-9.2	-146,788	-11.1	69.0
岡山県	-406,382	-5.3	-296,157	-5.4	-285,018	-7.4	68.7
広島県	324,795	3.0	244,934	2.8	-773,235	-12.7	59.9
山口県	198,098	3.4	121,255	2.8	-494,387	-16.3	57.7
徳島県	104,182	3.6	-62,872	-2.8	-94,777	-7.3	54.2
香川県	-222,847	-5.7	-77,960	-2.7	-186,459	-9.3	64.0
愛媛県	-509,941	-9.7	-401,878	-10.3	-259,284	-10.3	64.1
高知県	-284,638	-10.8	-291,250	-13.5	-250,098	-18.4	59.5
福岡県	471,329	2.7	160,910	1.2	-83,825	-0.9	68.1
佐賀県	-141,679	-4.9	-114,349	-5.2	-351,320	-24.0	53.2
長崎県	-210,548	-4.7	-191,540	-5.5	-358,418	-14.5	65.0
熊本県	-198,196	-3.4	-126,362	-2.9	-372,705	-11.7	65.2
大分県	-292,543	-6.6	-193,962	-6.0	-151,941	-7.1	65.2
宮崎県	81,876	2.3	24,629	0.9	-260,216	-13.5	63.0
鹿児島県	-369,695	-6.5	-277,622	-6.5	-326,495	-11.4	63.6
沖縄県	380,062	10.4	277,277	10.1	56,002	2.9	64.7
全県計	-6,703,111	-1.3	-3,750,557	-1.0	-22,512,435	-8.3	64.4

注）非正規雇用比率は，「就業構造基本調査」（2012年）による。雇用者に占める派遣労働者およびパート・アルバイト労働者の比率を示す。

出所）内閣府「県民経済計算」および総務省統計局「就業構造基本調査」2012年から作成。

財産所得の減少率は、それほど大きくないことも示しています。

都道府県別に見ると、この間、北関東4県と千葉県にいたる地域、愛知県と三重県、滋賀県と京都府、中四国地域の広島・山口・徳島県、九州の福岡、宮崎県および沖縄県で総生産は増えていますが、雇用者報酬が増えているのは愛知県と沖縄県だけです。しかも、雇用者に占める派遣労働者やパート・アルバイト労働者が占める非正規雇用比率は、小泉構造改革以来増加し、愛知県で37・3％、沖縄県では全国最高の44・5％に達しています。非正規雇用は低賃金労働と密接不可分な関係にあり、同一県に居住する県民雇用者（非正規を含む）1人当たり雇用者報酬額は、いずれの県も２００１年から14年にかけて大きく減少しています。このように、日本経済の基礎をなす都道府県の地域内再投資力は、雇用者報酬の縮小によって、この間減少・弱体化しているといえます。

◎東京都心部への経済的富の集中

一方、「経済センサス」では、各都道府県や市町村の地域内における地域内再投資の主体を、本社所在地別に知ることができます。表7は、京都市内における本社所在地別事業所従業者数の構成を示しています。京都市の場合は、約8割の従業者は、京都に本社・本所をおく地元企業で働き、残り2割が府外企業で働いています。そのうち1割が東京に本社をおく企業で働いています。熊本県で見ても、ほぼ同様の構成比でした。

問題は、東京に本社をおく大企業の工場、支店、支所で生み出された経済的果実が、どの程度、本社に移転されるかという点にあります。図3は、２０１２年の第一次産業、第二次産業、第三次産業の生産額の都道府県別シェアと、民間法人企業所得の同様のシェアを比較したものです。東京都が、それぞれの産業部門の生産額をはるかに上回る、５割以上の法人企業所得を占めていることがわかります。

　これを、東京都側のデータから示したものが、図４です。東京都の２０１１年の産業連関表では、本社機能が一つの産業部門として位置づけられ、「本社サービス」を行うことによって、他地域で労働者が生み出した付加価値を21兆円も吸引していることがわかります。５兆円余りを逆に支払っていますが、それを差し引いても部門別トップの15兆円余りを「稼いで」いることがわかります。工場や支店、支所で低賃金労働者や非正規労働者を多用したり、原材料費を引き下げるだけでなく、そこで支払うべき税金や社会保険料も節約して、本社に所得を集中している構造です。本来であれば、このようなかたちで東京都に集中する所得を吸収し、地方に再分配する地方交付税交付金制度によって財源の再分配をすべきなのですが、これも小泉内閣のもとでの「三位一体改革」によって地方再分配額を大きく削減してきています。このことが、とりわけ地方における地域経済の持続可能性を失わせてきているといえます。

　もっとも、全国から富が集中する東京都内でもずいぶん格差があります。年平均の課税所得指数を23区別にとると、全国平均を１００として、港区が大体３００くらいです。これに対して、足立区や台東区はほぼ１００となっており、ほぼ3倍の格差があります。生活保護世帯比率も、高いところでは70パーミルを超えています。東京都内というのは、その内部に貧困と格差を含みこんだ、複雑な都市構造をもっているといえます。ただし、他の政令都市とは異なり、それぞれの区

表7　京都市内企業の本所所在地別従業者数（2012年）

本所所在地	従業者数（人）	構成比（%）
東京都区部	67,473	9.3
大阪市	32,863	4.5
名古屋市	2,985	0.4
その他	40,293	5.5
京都市　本所	147,255	20.3
支所	86,826	11.9
京都市単独事業所	349,140	48.0
京都市内従業者計	726,835	100.0

出所）総務省統計局「経済センサス」。

図3　法人企業所得の東京一極集中

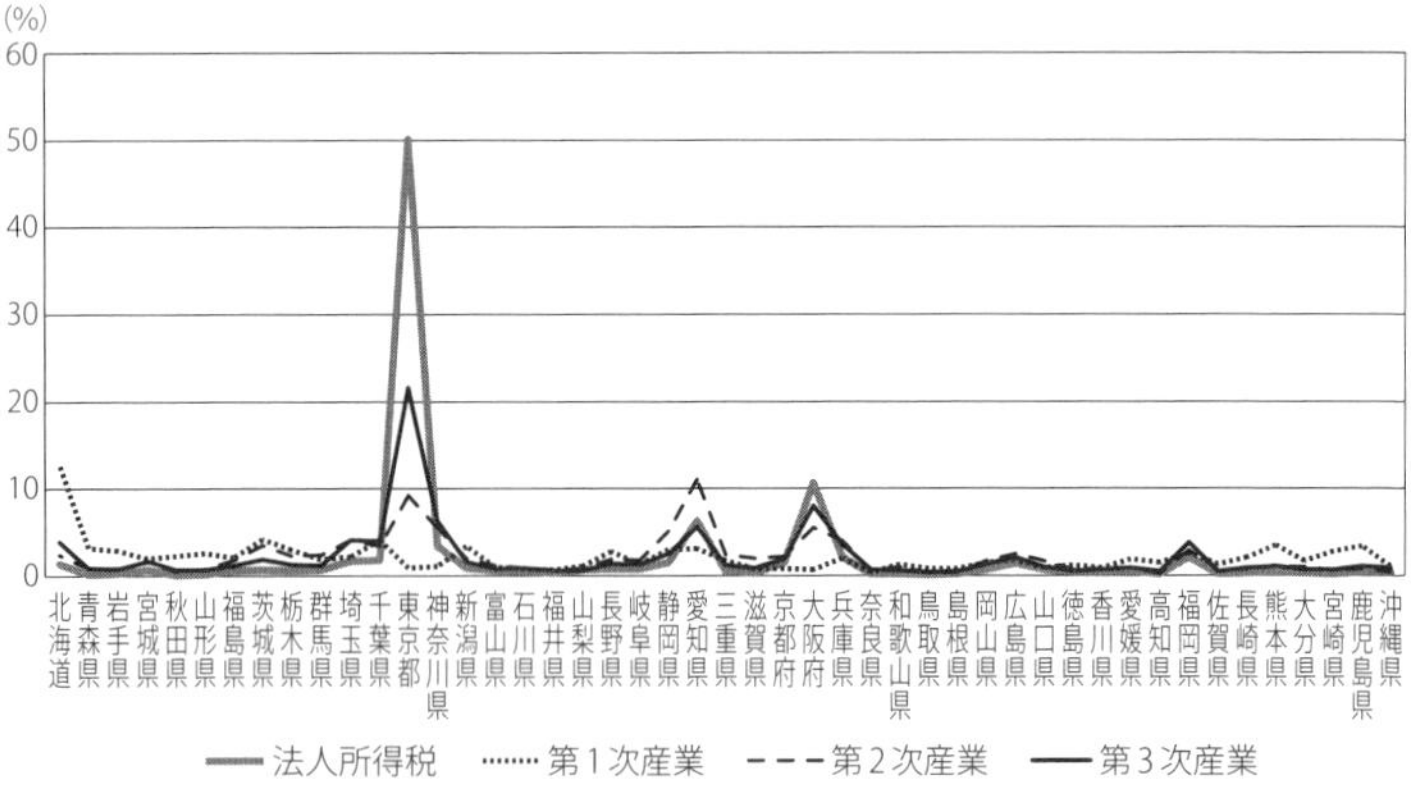

出所）内閣府「県民経済計算年報」2012年版，国税庁「法人税統計」2012年版。

図4　東京都の移出・移入構造

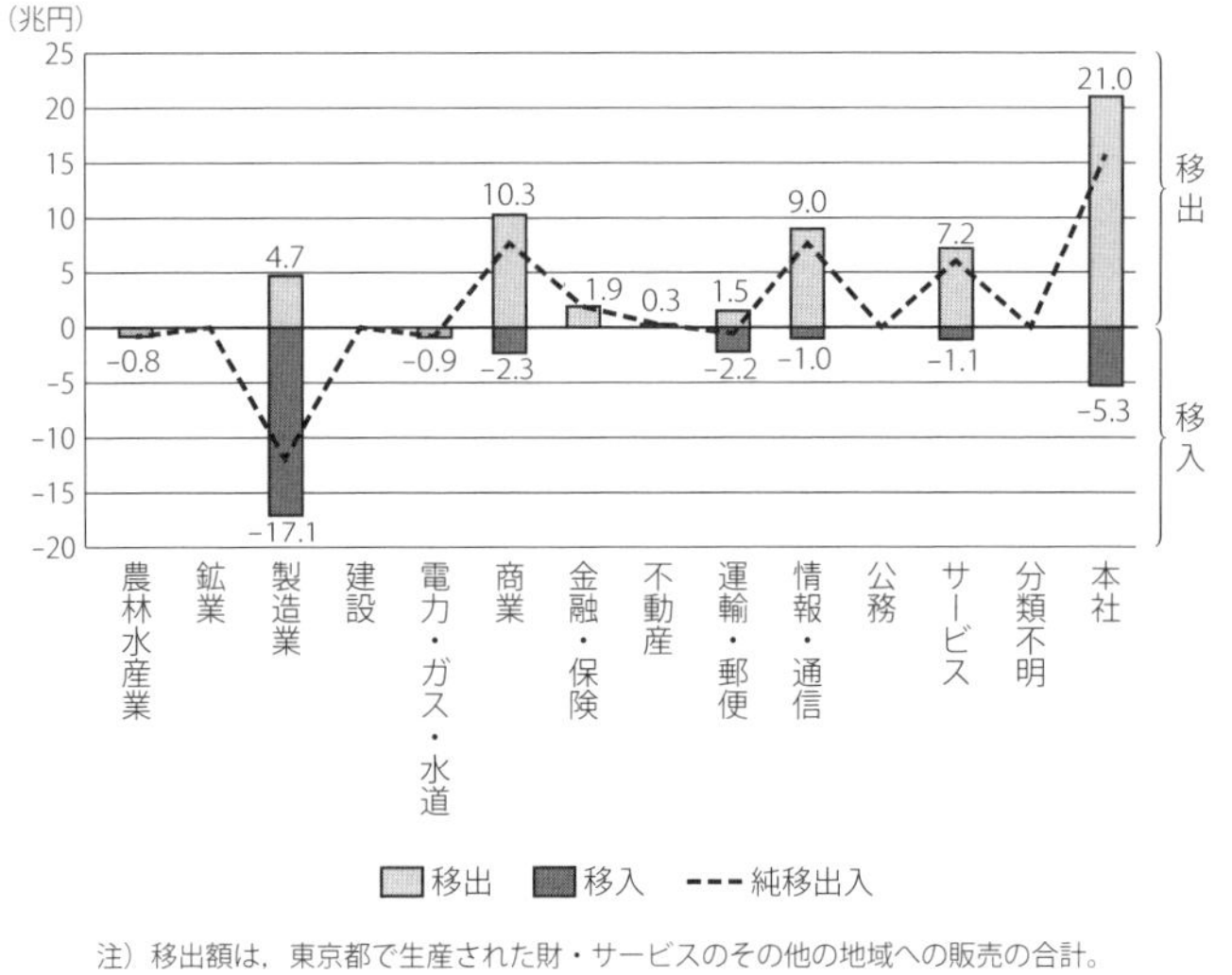

注）移出額は，東京都で生産された財・サービスのその他の地域への販売の合計。
　移入額は，その他地域で生産された財・サービスの都内での購入の合計。
出所）東京都「平成23年（2011年）東京都産業連関表」による。

ごとに、不十分ながらも区財源をもち、区の産業政策をつくることができます。これをどう生かして、このような格差を縮めていくのか、誰もが生活できるようなまちをつくっていくのかということが、問われているといえます。

（3）最低賃金引き上げが地域内再投資力を高めて人々の生活を底上げする

最低賃金1500円という要求は、エキタスが提唱している水準ですが、全労連、労働運動総合研究所（労働総研）がこの間調査している全国の都市における最低生計費調査と突き合わせると、第1章1・2で示したとおり「根拠のある金額」になっているといえます。というのも、後者の調査によると、東京都内だけでなく、どの地方都市においても、月額23万円程度が、男性25歳単身者が生活するために最低必要な生活費となっています。これは、年間労働時間1800時間を加味して時給に換算すれば、ほぼ1500円となるからです。この金額は、年収にすると276万円となります。

さらに、最賃引き上げ、非正規雇用の正規雇用化、最低2万円の賃上げは、地域経済や一国経済の再投資力に対して、大きな経済・社会効果を生み出します。というのも、賃金水準が上がり、労働時間が減ると、家計消費支出が増えます。そうなると商品やサービスを供給するための国内生産が誘発され、雇用や所得が増え、税収の増加をもたらすことになります。

労働総研の産業連関表を用いた推計によれば、表8のような効果が予想されます（労働運動総合研究所「2018春闘提言〝アベノミクス〟と対決し、大幅賃上げで経済改革を」2018年1月18日）。とくに、最賃

表8　賃上げおよび労働条件改善の経済効果

	家計消費支出の増加（兆円）	国内生産額の増加（兆円）	付加価値額の増加（兆円）	雇用増（万人）	税収増（国＋地方）	必要な財源（兆円）
春闘要求（2万円）の実現	8.36	15.08	7.11	93.0	1.32	12.34
最低賃金の引き上げ（時給1500円）	11.96	23.08	10.07	137.8	1.87	13.78
非正規の正規化	6.82	13.26	5.79	79.2	1.08	7.86

注）雇用増には，各項目の実施によって不足となる人員を補充するための雇用増（直接雇用増）と，増加する生産に対応するための雇用増（間接雇用増）がある。直接雇用増は，「不払い労働の根絶」529万人，「年休の完全取得」11万人，「週休2日制完全実施」2.3万人である。いずれの場合も，残業や休日出勤等でカバーされてしまえば，雇用者は増えない。
原資料）総務省「平成23年産業連関表」および厚生労働省の各種労働統計を使用して労働総研が試算。
出所）労働総合研究所「2018春闘提言・“アベノミクス”と対決し，大幅賃上げで経済改革を」（2018年1月18日）。

を１５００円に引き上げたならば、家計消費支出が約12兆円増え、国内生産額も23兆円に増加し、付加価値額は10兆円も増加します。これにともない生産に必要な直接・間接の雇用は１３８万人相当増え、国と地方の税収も１・87兆円増える計算になります。これらは、非正規雇用の正規雇用化や月額２万円の賃上げをするよりも大きな効果を生み出すことになります。

労働総研では２０１６年に同じく産業連関表を活用し、最賃を１５００円に上げた場合の都道府県別経済効果も試算しています。表９によると、たとえば表６で雇用者報酬額が２割以上減少した秋田県や佐賀県でも、年間支払い賃金が１６３８億円と１３６２億円、そして消費需要が１１２２億円と８０２億円喚起されると予測されます。それぞれの地域で、これらの消費需要を取り込む地元企業が増え、付加価値の地域内経済循環がなされれば、それだけ地域内再投資力が高まり、雇用も増えていくことになるわけです。

あわせて、賃金が上昇することにより、長時間労働を減らし、労災・過労死を減らし、結婚して子どもを産み育てることができる若者たちも増える条件が整うという社会的効果も期待できます。つまり、今までのように少数の多国籍企業と資産家のみが豊かになり、

表9　最低賃金を時給1500円に引き上げた場合の経済効果

	時給1500円未満の人（万人）	年間増加額（雇用者賃金）（億円）	消費支出／勤め先収入（％）	消費需要増加額（億円）
北海道	94.5	8,178	62.23	5,089
青森	21.5	2,112	61.71	1,304
岩手	24.8	2,360	67.81	1,600
宮城	35.2	2,922	67.36	1,968
秋田	17.4	1,638	68.51	1,122
山形	19.0	1,699	68.78	1,169
福島	28.9	2,515	60.88	1,531
茨城	37.8	3,072	61.75	1,897
栃木	28.1	2,314	57.76	1,337
群馬	28.7	2,290	66.57	1,524
埼玉	88.4	6,586	62.68	4,128
千葉	75.4	5,421	53.16	2,882
東京	159.3	9,817	67.31	6,607
神奈川	88.0	5,965	64.57	3,851
新潟	41.8	3,438	66.73	2,294
富山	18.8	1,442	56.71	818
石川	18.7	1,459	64.19	936
福井	12.8	1,058	57.92	613
山梨	11.6	909	64.47	586
長野	29.7	2,327	62.60	1,456
岐阜	31.1	2,514	64.68	1,626
静岡	55.3	4,162	67.73	2,819
愛知	118.3	8,598	50.44	4,337
三重	27.8	2,190	67.72	1,483
滋賀	20.9	1,630	58.71	957
京都	32.5	2,392	65.92	1,577
大阪	113.8	8,051	51.00	4,106
兵庫	69.5	5,081	73.70	3,745
奈良	14.4	1,139	65.29	744
和歌山	11.8	967	62.57	605
鳥取	7.9	674	65.29	440
島根	11.9	1,021	55.01	562
岡山	27.3	2,197	70.60	1,551
広島	45.0	3,468	55.35	1,920
山口	24.9	2,077	61.21	1,272
徳島	8.8	721	77.04	555
香川	15.0	1,201	66.00	793
愛媛	22.7	1,926	65.74	1,266
高知	9.8	866	67.27	583
福岡	92.6	7,867	63.55	4,999
佐賀	14.5	1,362	58.92	802
長崎	23.4	2,161	65.28	1,411
熊本	29.7	2,751	70.86	1,949
大分	17.1	1,522	63.47	966
宮崎	16.3	1,540	63.24	974
鹿児島	25.2	2,344	60.47	1,418
沖縄	21.8	2,183	66.56	1,453
全国計	1,789.6	140,127	63.35	87,625

注）1　「賃金構造基本統計調査」2014年特別集計の，都道府県別，時給別，雇用者数のデータに基づき試算している。
2　年間労働時間数は，2013年の事業所規模5人以上，一般・パートの平均総実労働時間数である。
3　消費支出/勤め先収入は，2015年における都道府県庁所在都市の，全労働者平均値である。
原資料）厚生労働省「賃金構造基本統計調査」特別集計および「毎月勤労統計調査」，総務省「家計調査」。
出所）労働総研「［試算］最低賃金引き上げと地域経済──都道府県別経済効果」2016年7月20日。

格差と貧困を拡大させるのではなく、労働者と小規模事業者の生活と経営の再生産を可能にし、しかも圧倒的多数の住民や国民のために多様な社会・経済効果を生み出すことができるのです。

では、そのためにどのようにすればいいのか。表8によると、たとえば最賃を1500円にするには14兆円弱の財源が必要です。また、非正規雇用の正規雇用化や2万円賃上げに必要な原資を単純に積み上げると（実際には、それらは融合して進むと考えられるので、単純合計額よりも少なくなると考えられますが）、34兆円弱の原資が必要となります。問題は、中小企業を含めてこれらを負担することが可能かどうかという点にあります。この問題の解決方向については、節を改めて述べたいと思います。

最低賃金引き上げは地域共通の課題

出口 憲次

最低賃金の大幅な引き上げは、まさに地域経済を活性化するうえで切実な課題となっています。低賃金・不安定雇用が増大し、若者たちが地元に残って「働きつづけられない」「暮らしていけない」状況を抜本的に改善していくことが、北海道の未来のために欠かせません。同時に、最低賃金を引き上げる運動のなかで、労働組合は「誰のため」「何のため」に存在するのか、その意義と役割を「見せる」ことができれば、労働組合への社会的な信頼を得ることができ組織拡大が大きく進みます。

非正規・低賃金化により地域が疲弊

北海道は1998年をピークに人口が減少し、19年連続で減りつづけ、減少数は5年連続で全国最大です。道内の人口が集中する札幌市も、非正規・低賃金問題は深刻です。同市が行った結婚や出産に関するアンケートでは、20代、30代の男性のうち正規雇用の人は68%が既婚であるのに対し、非正規雇用では25%と大きな開きがあり、札幌市は「雇用形態による収入の差が影響している」と述べています。当然、結婚や出産は個人の選択の自由ですが、この調査結果は「結婚・出産したくても、お金がないからできない」という実態を浮き彫りにしています。非正規・低賃金問題は、もはや社会の持続性が危ぶまれるところまできています。行政、経営者、労働者、立場の違いを超えて、「若者が働き、住みつづけられる」地域の実現は切実かつ広範な人たちと一致できる要求です。「最低生計費試算調査」は、対話・懇談を進めるうえで大きな役割を発揮しています。

最賃を引き上げて官製ワーキングプア解消へ

地域経済が疲弊するなか、本来は規範となるべき自治体でも非正規雇用化が進み、4年間で3000人も増大し、札幌市以外の市町村では非正規雇用比率が3

割を超えています。道労連は自治労連と一緒に「自治体の臨時・非常勤職員等の賃金・労働条件アンケート調査」に取り組んでいます。2016年のアンケート結果によると、臨時・非常勤職員の賃金改定について同年の最低賃金の改定額を下回っていた自治体が46・3％（82自治体）、1円も改定しなかった自治体が22％（39自治体）にものぼるなど、自治体の臨時・非常勤職員の賃金水準が地域最賃額にどんどん接近しています。自治体要請では、「公務労働者の賃金は地場賃金相場に大きな影響を与える」ことを強く訴えるなかで、賛同してくれた湧別町では翌年142円もの大幅な引き上げが行われました。2020年4月からは会計年度任用職員制度がスタートしますが、正規雇用から非正規への置き換えに悪用させないことはもとより、非正規公務労働者の賃金水準を引き上げ、官製ワーキングプア解消につなげていくためにも最低賃金の引き上げが重要です。

春闘をはるかにしのぐ最賃の波及力

2017年8月に北海道商工会議所連合会が行ったアンケートでは、最低賃金の改定を受けて45・3％の企業が「賃金を引き上げた」と回答し、そのうち、10・1％の企業が「現時点で最低賃金を上回っているが、さらに引き上げる」としています。最賃の改定にともない4割を超える企業が賃上げするという実態は、「相場形成」や「波及力」という観点から、すでに春闘をしのぐ状況にあります。企業別組合という形態が主流のなか、多くは企業内だけで完結している現在の春闘・労働組合運動から、産業横断的、地域包括的なルールづくりを見据えたダイナミックな運動が、労働組合の求心力を高めていくためにも必要です。アメリカや韓国などではコミュニティ・オーガナイジングを活用したキャンペーンで最賃の大幅引き上げを実現しています。日本・北海道でも最低賃金1500円・全国一律制をめざす運動にコミュニティ・オーガナイジングを活用し、社会的に「労組を見せる」ことを通じて、地域経済の活性化を実現させていきたいと思います。

自治体首長も賛同する「北海道・東北最賃引き上げキャラバン」――中村　健

「最低賃金は全国一律がよい」

「人材不足が課題だ。首都圏一極集中に歯止めをかけて格差を是正するためにも、最賃の底上げが必要」、「最低賃金は格差をなくすために全国一律がよい」。山形県労連が山形県に雇用改善を要請した際の吉村美枝子・山形県知事の発言です。貧困と格差が広がり、人口流失と人手不足が北海道・東北の自治体の共通課題になっています。

今、「行き過ぎた一極集中の是正が必要」として、最低賃金の「格差是正」「全国一律制度確立」を求める声が北海道・東北地方の自治体からあがっています。こうした世論を形成するために、北海道・東北の労働組合は力を合わせてきました。

「最低生計費に格差はない」の世論を広げて

全労連東北地方協議会（東北ブロック）は、最低賃金の大幅な引き上げを求める6県の統一行動として「最賃キャラバン」に継続して取り組んでいます。きっかけは、2007年に東北地方のなかでもとりわけ低額の北3県、青森、秋田、岩手が要請行動を統一して行ったことでした。翌年から東北6県共同での「最賃キャラバン」に発展しました。2015年からは北海道ブロックも加わり、現在では北海道・東北ブロックの行動として定着しています。

同じ時期に、東北ブロックとして最低生計費試算調査にも取り組みました。2010年に東北地方版の試算結果を発表し、2016年には東北各県ごとの試算結果をまとめました。いずれも最低限度の生活を営むには月額約22万～23万円、時給換算で約1500円が必要という結果でした。重要なのは、関東地方や東海地方など都市部で調査しても、必要額がほとんど変わらないことです。この成果を力に、各道県の労働局や県への要請を繰り返してきました。

「イイとこ取り」で力を合わせて

最賃キャラバンを通じて、各道県の運動が質的に向上していきます。各道県の取り組みの進んだ部分の「イイとこ取り」で運動が進みました。

当初、北海道・東北の地方最低賃金審議会で労働者の意見陳述をしていたのは宮城だけでしたが、今では東北すべての県で実施されています。道労連では最賃キャラバンに加わった翌年から意見陳述を実現しています。審議会傍聴者への資料配付や審議の公開など、透明性・公開性も高められてきました。

東日本大震災で岩手、宮城、福島の主な被災3県は困難を抱えましたが、北海道・東北の力を合わせて運動をつなぎました。２０１６年度の福島地方審議会の答申書では、私たちが求めている「中小企業支援策の拡充」という国への要望が添えられるという特徴があり、これが秋田など他県にも広がりました。答申書をキャラバンで資料にして他県に紹介すると、「(隣県の答申書を)初めて見ました」という賃金室長もありました。

全国一律制度実現へ、世論を広げて

各自治体が毎年まとめる国への要望書で、秋田県では「最低賃金の水準引上げ」「都市部と地方の格差是正」という内容が２００９年度から定着しています。山形県の２０１８年度の要望は「全国一律制度の確立」にまで踏み込んだ内容に前進しました。山形のある町長は「(最賃の)全国一律の要望、こういうふうに県がやってくれるとよい」と述べています。さらに山形県は国の最賃引き上げのための中小企業支援策に、県独自で上乗せ制度をつくるところまで前進しています。

運動の積み重ねで、自治体の議会請願も進んできました。秋田では8割の市町村が意見書を採択しています。岩手でも毎年県議会請願が採択されています。北海道、青森、宮城も自治体請願が広がりつつあります。

今、「格差是正」、「最賃大幅引き上げ」、「全国一律制確立」へと、世論を大きく広げるときです。

2　中小企業も地域経済も元気にする道

岡田知弘

はじめに

最賃を引き上げるために、厚生労働省は中小企業の業務改善助成金制度をつくりましたが、同制度は申請が面倒であるうえ、予算の制約で2017年度の助成件数はわずか700社にとどまっています。380万社の中小企業の存在を考えるならば、焼石に水です。しかも日本の最賃制度は社会保障制度と切断されており、境界線にある低賃金労働者の賃金は、憲法で定められた健康で文化的な最低限の生活を営む水準にはなっていません。雇用の7割を占める中小企業・小規模企業の賃金支払い能力を高め、そこで働く労働者の生活を全体として底上げすることこそ、求められています。

本章1節では、最賃を1500円に上げることにより、労働者の生活が保障されるだけでなく、地域経済に経済効果が波及し、消費財・サービス部門を中心に生産が誘発され、地域内再投資力が高まり、地域経済の持続的発展が拡大する可能性が大きいことを示しました。

本節では、最賃引き上げによって労働者の生活向上をはかるとともに、中小企業も地域経済も元気にする方策について、考えてみたいと思います。

（1）税と社会保障の一体改悪が、労働者の生活と中小企業経営を圧迫している

◎「所得の再分配」機能に劣る日本の社会保障財政

1節では、経済的価値の源泉や所得の形成について説明し、その視点から安倍政権下の経済運営の異常さと政策論の誤りを指摘してきました。以下では、財政の「所得の再分配」機能の視点を入れることによって、より具体的な政策レベルでの問題を見ていくことにします。

労働の果実として形成された付加価値は、すべて労働者や企業経営者の所得になるわけではありません。税や社会保険料、公共料金というかたちで国や地方自治体が吸収する一方、補助金や交付金、生活保護費、失業保険、各種社会保障給付金というかたちで再分配します。もちろん、国や地方自治体は、それ以外に、道路・鉄道・港湾・水道などのインフラ整備、医療福祉、公教育、環境・国土保全、警察、軍事費にも支出しています。これらを国と地方自治体による「所得の再分配」機能といいます。

表1は、2013年度における各国の国内総生産および国民所得に対する政府による社会支出額の比率を比較したものです。社会支出の対象は、高齢、遺族、障害・業務災害・傷病、保健、家族、積極的労働市場政策、失業、住宅、その他の政策分野という広い社会保障分野にわたります。同表によれば、日本は対GDP比23％であり、アメリカよりやや高く、イギリスと並ぶ水準です。けれども、スウェーデンの28％、フランスの32％にははるかに及びません。

さらに、政府支出に社会保険料を加えた社会保障財源の負担者別対GDP比率を見ると、図1のよう

表1　各国の社会支出の対国内総生産・国民所得比（2013年度）

（%）

	日本（2015年度）	日本	アメリカ	イギリス	ドイツ	スウェーデン	フランス
社会支出　対国内総生産比	22.40	22.69	19.10	22.76	26.11	27.81	31.75
同　対国民所得比	30.69	30.79	24.13	31.43	35.70	43.55	45.46

原資料）諸外国の社会支出は，OECD Social Expenditure Database による（http://www.oecd.org/els/social/expenditure）。

国内総生産・国民所得については，日本は内閣府「平成27年度国民経済計算年報」，諸外国はOECD National Accounts 2016による。

出所）国立社会保障・人口問題研究所「社会保障費用統計（平成27年度）」，http://www.ipss.go.jp/ss-cost/j/fsss-h27/fsss_h27.asp，2017年8月15日アクセス。

図1　社会保障財源の対GDP比の国際比較

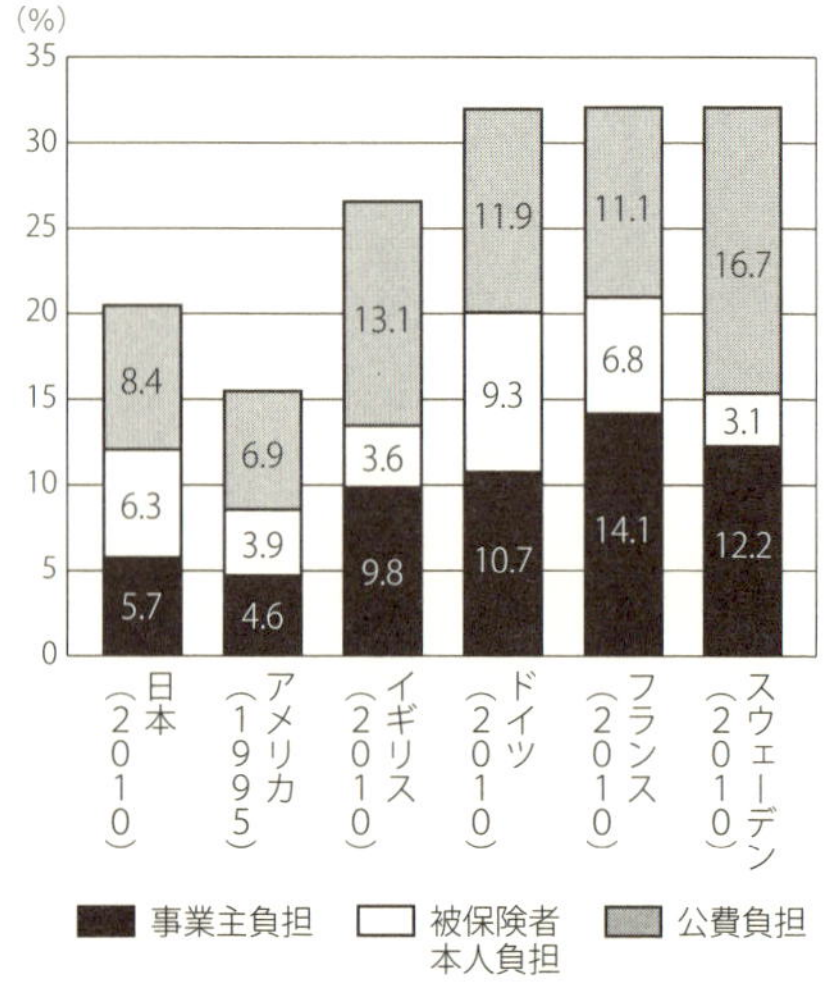

注）厚生年金等における積立金の運用収入は時価ベースで評価していること等に留意する必要がある。
資料）社会保障・人口問題研究所「社会保障費用統計」（日本），「社会保障費国際比較基礎データ」（アメリカ），Eurostat “European Social Statistics”（イギリス，ドイツ，フランス，スウェーデン）。
出所）第6回　社会保障制度改革国民会議「参考資料」（2103年3月13日）http://www.kantei.go.jp/jp/singi/kokuminkaigi/dai6/gijisidai.html

になります。これは、2010年時点の政府作成データですが、日本の場合、「公費負担」の比率がアメリカを上回っているものの、ヨーロッパ諸国の11～17％に比べて一桁の8・4％にとどまっています。また、社会保険料の事業主と本人負担の比率が、日本のみが本人負担の比率のほうが高くなっており、しかもその比率はフランスに次ぐ6・3％に達しています。事業主負担のウェイトも、ヨーロッパ諸国のほぼ半分にあたる5・7％となっています。

国による社会保障支出の抑制、本人負担の強化は、経団連が１９９０年代後半の橋本行革時代以来、「グローバル国家」を具体化するために一貫して要求してきたものであり、これが小泉構造改革、第一次安倍政権、民主党政権でも追求されてきました。その結果、小泉構造改革によって拡大した「格差と貧困」に対する国による「所得の再分配」機能は、他国と比べて大きく見劣りするものとなっています。

表2　相対的貧困率（等価可処分所得の中央値の50%に満たない世帯員比率）の推移

（%）

	2006年		2009年		2012年	
	再分配前	再分配後	再分配前	再分配後	再分配前	再分配後
日本	28.7	15.7	32.0	16.0	32.8	16.1
アメリカ		16.8	27.4	16.5	28.3	17.4
イギリス	30.6	11.2	30.5	11.2	30.7	10.5
ドイツ		8.3	32.1	9.5	31.9	8.4
フランス		7.2	34.0	7.5	35.9	8.5
スウェーデン			28.0	8.7		
フィンランド	30.8	5.6	31.7	7.4	32.3	6.5

注）空白は，データ未公表を意味する。
また，「等価可処分所得」は，世帯可処分所得を，家族員数の平方根で除した数値である。１人当たりの可処分所得がより実感に近いものとして表現するための指標である。
出所）OECD Income Distribution Databaseから作成。http://www.oecd.org/social/income-distribution-database.htmに2017年8月15日アクセス。

　表２は、所得の再分配前と後に分けて、日本と欧米諸国の相対的貧困率（中央値の所得の半分に満たない世帯員比率）の変化を比較したものです。日本は、２００６年から09年、12年にかけて再分配前の相対的貧困率は、28・7％から、32・0％、そして32・8％へと増大していきました。ところが、所得税や固定資産税の支払い（消費税は入らない）と社会保険等の給付金を加味した再分配後のそれは、15・7％、16・0％、16・1％へと推移し、財政調整機能がもともと弱いアメリカよりも若干低い水準にとどまっています。これに対して、再分配前は日本と変わらぬ相対的貧困率であったドイツ、フランス、フィンランドでは、２０１２年において8～6％の一桁台に低下し、大きな効果を生み出していることがわかります。

だとすれば、社会保険負担における国や地方自治体、大企業の負担率を引き上げ、所得再分配機能を高める社会保障給付にすれば、ヨーロッパ諸国並みの福祉水準を実現できる可能性があります。

◎第二次安倍政権のもとでの可処分所得＝消費購買力の低迷

以上で見てきた国際比較統計は、最新データでも2012年度で終わっています。したがって、この年度途中から発足した第二次安倍政権下での数値を確認することは、今のところできません。そこで、いくつかの資料にもとづいて、問題の所在を明らかにしてみたいと思います。

第一に、「アベノミクス」下で景気浮揚策がとられるなかで、非正規雇用主体ではあるものの雇用者報酬の微増傾向が見られます。ただし、それ以上に、労働者や個人事業主の雇用者報酬や企業所得から税や社会保険料負担分を控除した金額である「可処分所得」の低迷が目立っています。これを示しているのが、図2です。

同図は、1994年度を基準年として、直近の2015年度までの雇用者報酬と可処分所得（家計＋個人企業）の推移を指数で示しています。この期間のピークは、消費税増税がなされた1997年度であり、以後、2003年度とリーマンショック直後の2009年度の落ち込みを記録しながら、「アベノミクス」が本格的に開始される2013年度以降、雇用者報酬が徐々に回復し、2015年度にはリーマンショック前の水準に戻っています。ところが、可処分所得のほうは、回復は緩慢であり、雇用者報酬の水準との開差（二つの値の間の差）が広がってきていることがわかります。

第二に、この開差の拡大の要因は、日本総研のレポート（村瀬拓人「増加する雇用者報酬と伸び悩む可処分所得」『Research Focus』2016年4月1日）も指摘しているように、年金保険料などの社会負担と所得

図2　雇用者報酬と可処分所得（家計＋個人企業）の推移（1994年度＝100））

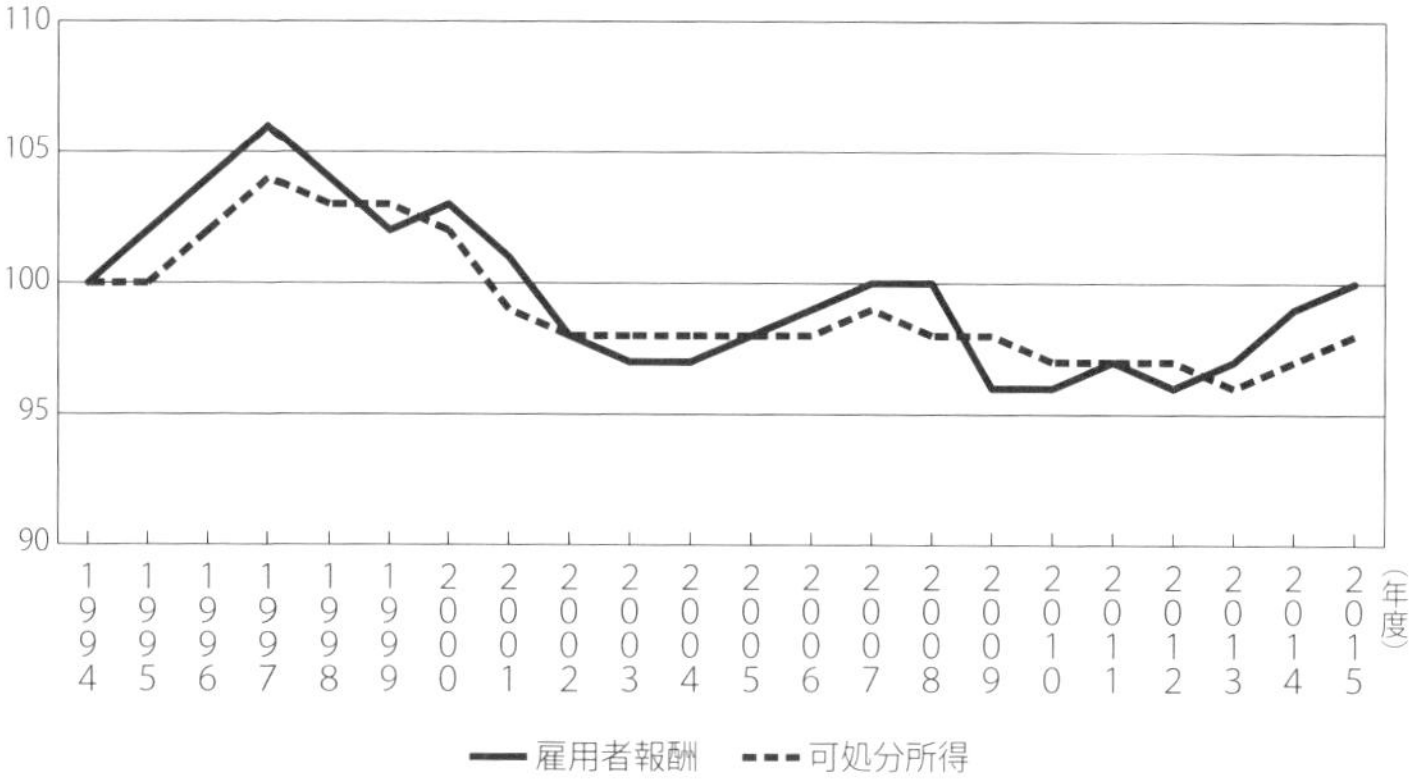

出所）内閣府「国民経済計算」から作成。

税などの税負担の増大にあります。実際、第二次安倍政権下では、住民税をはじめとする税負担の強化、教育費・医療費・社会保障費負担の増大により、労働者も中小企業経営者も農家も可処分所得を減らし、最低生活費を割り込む人々が増加しました。最後の頼みである生活保護費、失業保険給付額も、給付条件が制約されたうえ減額されることにより、生活困難者が続出したのです。

　第三に、これも上述のレポートが指摘しているように、「個人消費の低迷」をもたらすことになりました。つまり、消費購買力の低下が起こり、国民経済もその基礎となる地域経済も縮小再生産におちいり、さらに税や社会保険料の負担が増大するという悪循環におちいっているのです。もっとも、同レポートでは、税・社会負担の引き上げは不可避であるという認識から、家計負担の引き上げ幅を抑制しながら、社会保障給付の効率化など歳出側の改革をすべきだとしています。

　けれども、このような従来の政策の枠組みを踏襲した弥縫策で、国民経済も社会保障も、そして地域経済も持続していくことは不可能です。そこで次に大企業と中小企業、高所得者と低所得者という階層性、さらに東京と地方という地域の視点を入れて分析してみます。

◎税と社会保障の一体改悪による国民負担増と社会保障給付の削減

第二次安倍政権は、法人税の減税・富裕者の減税を行う一方で、消費税増税を行ってきました。とくに問題なのは、大企業の法人税引き下げのかわりに、大衆課税でもあり中小企業経営の負担が大きい消費税増税を2014年4月に強行したことです。これにより消費税額は、2011年度の9兆5000億円から2017年度には21兆7000億円へと増加します。

消費税は消費者サイドから見れば、所得が低いほど負担が大きくなる逆進的な課税であるうえ、所得税や住民税を支払ったあとの可処分所得を課税対象にしているという意味で「二重課税」でもあります。他方、生産者・販売者サイドから見れば、小規模企業ほど価格に転嫁することが困難であるという特徴があります。2015年8月の中小企業庁「消費税の転嫁状況に関する月次モニタリング調査」によると、従業員規模101～300人の企業では、「全くできていない」比率は3・8%でしたが、5人以下の小規模企業では6・1%でした。また、全国商工団体連合会の『経営・暮らし・健康の向上調査』(2015年1～3月期)によると、転嫁が「できていない」とした業者比率は、課税業者で24・4%、非課税業者で59・4%にのぼっています。

大企業のほうは、輸出企業であれば「輸出戻し税」とも称される還付金を入手できる仕組みがあります。湖東京至氏の推計によると、消費税が8%に増税されたことにより、19兆円の消費税のうち6兆円が輸出企業に還付されるといいます。輸出大企業12社だけで1兆円を超え、なかでもトヨタ一社で36

36億円と推定されます（『全国商工新聞』2016年10月10日付）。

大企業が税制度から受け取る利益は、これだけではありません。不公平な税制をただす会の推計によると、2014年度の政策減税のうち約5兆8000億円が資本金10億円以上の大企業と連結納税をしている会社を対象としており、うちトヨタは3349億円に達しています（同会『消費税を上げずに社会保障財源38兆円を生む税制』大月書店、2018年）。このような減税措置もあり、2014年度の法人税の実質負担率は、大企業で12・0％（うち連結納税法人は6・3％）、資本金1億円未満の小規模企業で19・3％となっており（実質負担率＝税額控除後の法人税額／本来法人所得）、大企業と中小企業、小規模企業の税制上の不公平は、きわめて大きいといえます。法人税を応能税化し、累進課税方式を導入すべきでしょう。

しかも、日本の一般会計の歳出を見ると中小企業予算は1800億円止まりとなっています。先ほどのトヨタの消費税の還付金を下回るだけでなく、米軍の基地負担費（3600億円）の半分程度にすぎません。にもかかわらず、安倍政権は中小企業、小規模企業に対して、さらなる消費税増税と外形標準課税圧力をかけてきているのです。

では、実際のところ大企業は、どれだけ財政上の貢献をしているのでしょうか。図3は、国税収入に占める資本金10億円以上の大企業の法人税と消費税の比率を対比したものです。1989年度の消費税導入後、両者の比率は1992年度に逆転し、3％から5％への消費税増税がなされた1997年度以降その差は大きく開いていきます。さらに第二次安倍政権下の2014年度からの8％への消費税増税後、消費税の比重が25％近くに達する一方で、過去最大の利益を記録している大企業の法人税のほうは

図3　国税徴収額に占める大企業法人税と消費税の比率

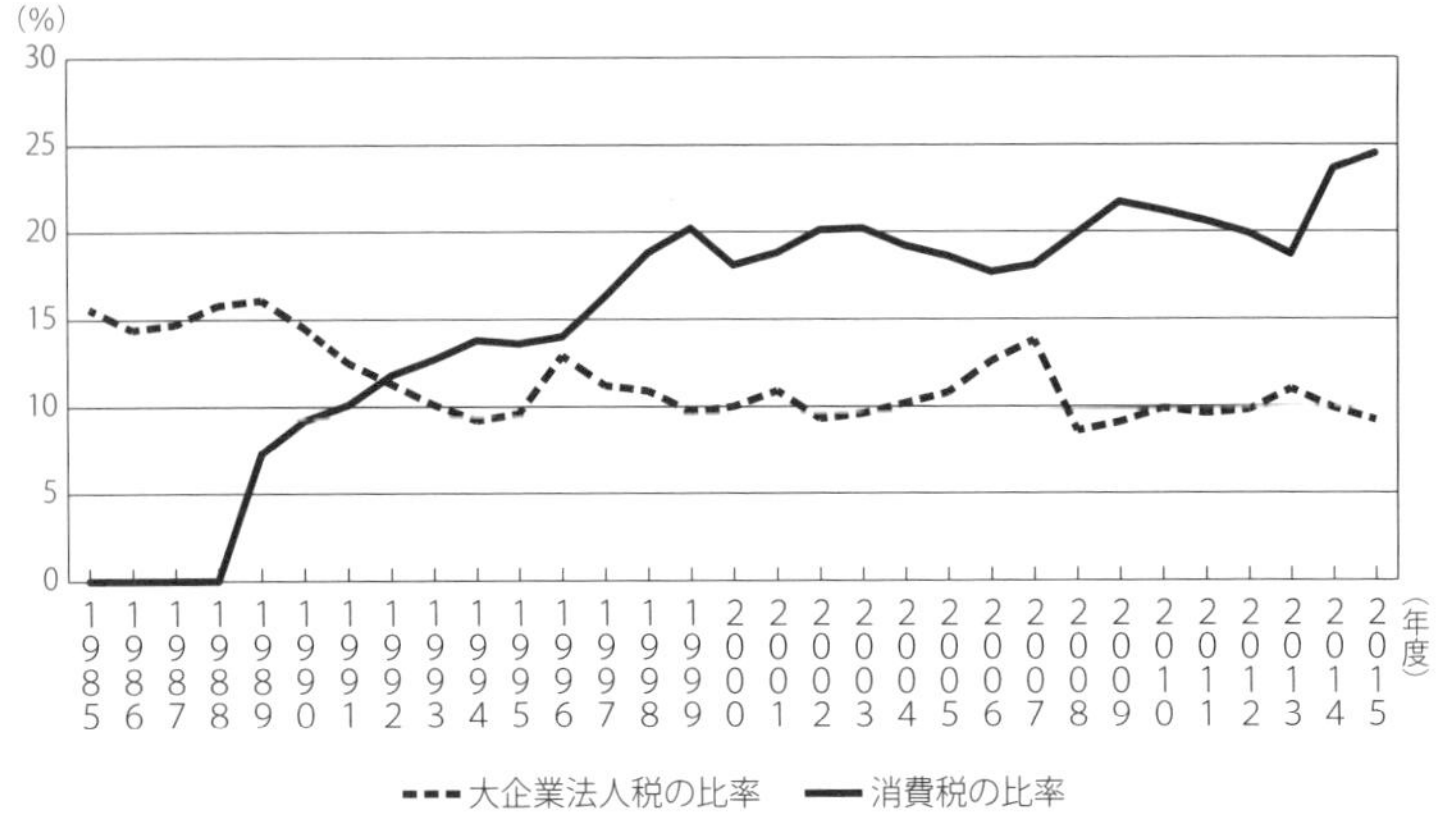

出所）国税庁「国税庁統計」。

9％へと大きく低下していることがわかります。

さらに、雇用者報酬が全体として微増傾向にあるものの、役員を含む高所得者と低所得者を区分すると大きな差異があります。前述の日本総研レポートでは、国税庁「民間給与実態統計調査」をもとに2012年比での2014年の平均給与増加率を比較し、年間2500万円超の高額給与所得者数と平均給与の伸びが、給与所得者全体の伸びを大きく上回っていることを明らかにしています。逆に、同調査によると年間給与所得200万円以下層の比率は増加傾向をたどり、今や4分の1を占めるようになっているのです。

小規模企業が圧倒的多数を占める民商会員の経営も厳しくなっています。全商連が2015年に実施した『経営・暮らし・健康の向上調査』（2016年、回答数7万6806件）の結果を見ると、所得額が300万円未満の事業者の構成比は63・4％に達しています。また、全体の事業者の54・0％が対前年比の売上、56・0％が対前年比の利益を減らしたと回答しています。また同年に実施された全商連婦人部協議会『２０１５　全国業者婦人の実態調査』（２０１６年、回答数７８８０）では、「営業を続けていく上でもっとも大きな障害は？（３つまで選択）」という質問に対して、トップになったのは「消費税」の４４・７％であり、これに「不況」の４０・９％、「自分の健康」の３１・０％が続きます。さらに注目したいのは、表３です。同表では、「家計を圧迫しているもの（３つまで選択）」のトップが「各種税金」の５４・８％であり、第２位が「国保料・年金」の４６・９％であり、第３位の「借金」２０・５％を大きく引き離しています。明らかに、税および社会保険料負担の重課に加え、社会保障費の給付減が、勤労者、中小企業・業者の生活と営業を圧迫しているといえます。

　とりわけ、この間、国は徴税強化政策を推進し、自治体にも納税率引き上げの圧力をかけています。他自治体との共同徴税機関の立ち上げなど外部化が広がるなかで、経営や生活の実態を見ない徴税強化がなされています。また、社会保険庁は、独立行政法人化されることによって機械的な徴収強化を行うようになってきています。単年度独立会計に移行したことにより、これまで認めてきた年度を越えた支払い猶予等の措置を認めなくなっており、「社会保険倒産」が広がる事態になっています。

　中小企業や小規模企業の経営にとって、この社会保険料負担は、事業継続の大きな障害となっているのです。と同時に、従業員の賃金を引き上げることを困難にしている最大の障壁になっているといえま

表3　家計を圧迫しているもの（3つまで選択）

項目	構成比
各種税金	54.8
国保料・年金	46.9
借金返済	20.5
医療費	14.9
水光熱費	14.6
住宅費	13.7
生命保険料	13.3
教育費	9.0
食費	8.9
医療費	0.8
その他	7.6
無回答	14.9
合計	100.0
（総回答数）	7,880

出所）全商連婦人部協議会『2015　全国業者婦人の実態調査』2016年。

す。このために、建設業などでは、社会保険料負担に耐えかねて、従業員を一人親方として「独立」させることが常態化している状況にあります。

ちなみに、京都の実在企業（従業員は正規17名）の２０１５年度データによると、人件費に占める所得税と社会保険料の比率は、左記のとおりです。この社会保険料のなかには、厚生年金、健康保険、介護保険、子ども・子育て拠出金、雇用保険、労災保険が入っています。同社の従業員１人当たり１月の保険料は、10万９３７６円（本人48％、会社52％負担）であり、同社の社長は、「社会保険料の高負担が賃上げを困難にしている」と断言しています。

給与年額（総額７２８９万円）に占める所得税額比率　１・95％

同上に占める社会保険料総額の比率　会社負担＋本人負担で30・６％

この事例が示していることは、税や社会保険料の高負担が従業員の賃上げを困難にしているという点です。つまり、財政や社会保障のあり方に問題があるのです。『中小企業白書』などでは、中小企業の生産性や収益性の低さに原因を求めていますが、これとて、消費税を含む重税、社会保険料の負担の大きさに加え、不当な下請け代金の切り下げなどによるものである場合が多いといえます。下請企業以外の企業も含めて、たとえば、１人当たり月２万円相当の国による社会保障費支出があれば、その分だけ企業にとっては賃上げや利益増の原資ができるということです。だとすれば、次の課題はそのような財源確保の見通しがつくかという点にあります。

(2) 税と社会保障の改革方向を労働者と中小企業本位に転換する

◎経済政策の意思決定方法を変える

では、財政と社会保障のあり方を改革し、経済的価値を生み出している労働者や中小企業、小規模事業者の生活と経営を維持発展させ、一人ひとりが豊かさを実感できるようにするためには、何が必要なのでしょうか。

まず、これまでの財界の「グローバル国家」論にもとづく新自由主義的改革を決定、執行してきた政財官の癒着構造を改革することです。加計学園事件に象徴される国家戦略特区の手法は、首相の「お友達」である学校法人や企業のみに恩恵を与える「行政の私物化」の典型です。このような一部の企業の利益ではなく、国民経済、地域経済の圧倒的部分を占める中小企業、小規模企業およびそこで働く労働者の全体としての利益を最優先する政策が必要です。

そのためには、第一に、企業、団体による政治献金を禁止すること、第二に経団連をはじめとする財界代表が一般の大臣や国会議員よりも権限を与えられた経済財政諮問会議を廃止すること、第三に官民人事交流法の廃止により、大企業への天下り、大企業からの天上がり（2017年度で1416人）を止めること、そして最後に官邸が幹部職員の人事権を握る内閣人事局制度を廃止し、公務員を憲法で定められたように「全体の奉仕者」にすること、が必要です。

◎経済・財政政策の基本を変える

次に、国の経済・財政政策の基本を変革することです。安倍政権が推進するような多国籍企業の「収益力」優先の政策ではなく、国民の生活向上を第一にした政策への転換が必要です。

そのためには、タックス・ヘイブン対策を強化し、多国籍企業・富裕者への課税を強化することが求められます。また、下請企業いじめをなくし、公正取引を徹底させることも必要です。さらに、消費税減税・住民税減税・社会保障費負担の軽減、最低賃金の引き上げと給付型奨学金を含む社会保障給付金の増額をはかることも重要です。そうなれば、可処分所得が増え、消費購買力を増やし、中小企業・業者の収益力を高め、税収も増える「新福祉国家」への転換も展望できます。

では、財源的に可能なのでしょうか。財源論を議論する場合、現状の税制や歳出構造（とりわけ公共投資、軍事費、国債費等）を前提にするかどうかで、大きく異なってきます。現状の肯定から出発すると、増大する社会保障費に対応するために消費税増税をしなければならないという議論になるのは必然的な帰結です。けれども、現在の財政の「所得分配機能」に問題があるとすれば、それにメスを入れることをしなければ、問題解決にはなりません。そのためには、前述したような意思決定システムや政策内容の根本的変革を実行しうる国政への転換が必要不可欠であることはいうまでもありません。

そのような前提をおいたうえで、以下では、全体の財政構造の組み換えについて詳細な検討をする余裕はありませんので、最賃1500円実現、非正規雇用の正規化、月額2万円の賃金引き上げを実現する際に必要な財源を、第二次安倍政権のもとでの大企業や資産家を対象とした税の優遇措置等で肥大化した大企業の内部留保増加額にひとまず絞り込んで、検討してみます。

本章1節の表8にあるように、最賃1500円実現のための原資は13・8兆円、同じく非正規雇用の正規化のためには7・9兆円、月額2万円賃上げするためには12・9兆円が必要です。そのための有力財源の一つとして考えられるのが、企業の内部留保です。とくに第二次安倍政権後の税の優遇措置等によって、内部留保額（全企業規模合計）は2011年度の450兆円から15年度の579兆円へと129兆円も純増しました。1年平均で32・3兆円の純増となります。さて、これに対して、最賃1500円への引き上げに必要な原資は13・8兆円にすぎません。非正規雇用の正規化、月額2万円の賃上げに必要な財源を単純に積み上げたとしても、労働総研の推計によると34・6兆円であり、内部留保の毎年の積み上げ額にほぼ相当する水準であり、待遇改善の相殺分や過年度の内部留保積み立て分を考えると、十分負担可能な金額となります。

これらを実現するためには、大企業においては、支払い原資が現にあるので、租税特別措置関係法や最賃法等の法令の改正や厳正な運用と、それを求める労働組合運動と社会運動の連携が必要となります。また、中小企業、小規模企業については、内部留保に対する資産税の新設、法人税および消費税等の税制度の改正によって大企業から吸収した財源を、減税や各種社会保険会計への国庫支出の増額、社会保障給付金の増額というかたちで再分配することが必要です。また、国家公務員・地方公務員については、政府や地方自治体が決定・実行することができます（現に、韓国では文在寅大統領が就任後、公約通り公務員の増員や正規雇用化を決定しています）。さらに、雇用されていない低所得者、個人経営主については、非課税対象の拡大を含む税の軽減、国保・年金の国庫負担の拡充、社会保障給付金の増額によって手当てすることが必要となります。そうすれば、労働者も中小企業・小規模事業主も、これらの所得分配の利益を享受できるようになります。

さらに、大企業や資産家、投機的取引、国際的な税回避に対する課税を強化し、不要不急な公共投資、軍事費、国債費を圧縮することにより、社会保障や中小企業・小規模企業向け支援の拡充や消費税を含む税の軽減も可能になります。その一つの試算として、前述の不公平な税制をただす会の提言は検討に値するものです。

以上に加えて、1節で指摘した地域間の法人所得の所得移転問題を是正するために、まず、アメリカで制度化されている地域再投資法、ローカルコンテンツ法、工場閉鎖規制法などを国レベルで制定したり、進出してきている域外企業による雇用、調達面での地域貢献を求める立地条例・協定を結ぶことです。さらに、地方交付税交付金を少なくとも「三位一体の改革」前の水準に戻すことが求められます。そうすれば、5兆円近くの追加財源が地方自治体に再分配され、これを原資に公務員を増やし、行政サービスを住民、国民主体に変えることも可能となりますし、地域企業への公共発注も増やせます。さらに、公務員数が増えれば、定住人口の増加をはかり、災害列島化している国土の保全能力を高めることができるでしょう。

(3) 国および地方自治体の行財政権限を生かして中小企業と労働者に光をあてる

中小企業・小規模企業の市場を拡大し、これらの経営の維持、再生産を可能にするとともに、その従業員の賃金も引き上げることは、これまで述べてきたような税制、社会保障改革だけでなく、国や地方自治体の行財政権限を活用することによって可能となります。

その最大の根拠は、憲法が定める国民の幸福追求権（13条）と生存権（25条）および地方自治法が定める地方自治体の責務である「住民の福利の向上」にあります。

中小企業の比率は、全国平均では、企業数で99・7％、従業者数の70％であり、従業者の圧倒的部分を占めています。けれども、この比率は東京都のデータが入っているために地方の地域経済の実態よりも、従業者比率が低くなっています。たとえば、政令市の京都市の場合をとってみても、２０１４年時点で、従業者規模３００人未満の中小企業の比率は事業所数の99・7％、従業者数の82・8％に達しています。このうち、従業者数４人以下の小規模企業の比率は事業所数の60・5％、従業者数の13・4％です。しかも、その経営者や従業員の家族が、地域の町内会や消防団をはじめとする各種地域団体を担い、伝統芸能や祭りなどの地域文化を担っているのです。まさに、２０１０年の閣議決定「中小企業憲章」の前文がうたっているように、「中小企業は、経済を牽引する力であり、社会の主役」です。

この憲章の理念を具体化するためには、国レベルで、中小企業の公共調達を促進するための法律である官公需法の運用充実をはかる必要があります。ＷＴＯ体制に移行したのち、政府機関レベルおよび都道府県、政令市レベルでの「政府調達」は、一般競争入札が前提となっており、中小企業が事業協同組合をつくり指名競争入札や随意契約で公共調達することが困難になっています。これを転換する必要があります。

また、親企業による下請企業の収奪を防ぐための下請法や公正取引法等を厳格に運用し、中小企業の適正な収益を確保することも求められています。

さらに、公契約法を制定し、政府が行っている建設工事、商品、サービスの調達にあたって最低賃金を厳格に守り、事業者の再生産費を保障することをしなければ、公共調達に参加できない法制度をつくることも必要です。

そして、地方自治体においては、中小企業振興基本条例と公契約条例を制定し、その実効性を高めることが重要です。たとえば、横浜市では中小企業振興基本条例にもとづき、毎年契約部署別、区役所別に横浜市内中小企業への発注件数と金額を発表しています。これによって、市役所職員の公共調達に際しての意識変化が起きており、自治体の財源である住民の税の地域内経済循環を高める取り組みになっています。また、自治体が大企業や金融機関の地域貢献を求めることにより、大企業の進出工場や大型店の地元中小企業、農家からの調達をはかり、さらに正規雇用の拡充などの誘導策により地元中小企業・農家の地域内再投資力を強化することも可能になります。同条例は、現在304自治体に達しています。都道府県数で見ると44道府県となっており、急速に増加しつつあります。ただし、その具体的活用、実質化という側面では、棚ざらしになった自治体も少なくなく、その改善が求められています。

また、公契約条例や要綱類の制定は、50余りの自治体に広がっています。同条例は、自治体が地域内の賃金、労働条件の改善をはかり、地域経済の振興をはかるために、自治体が定める最低の賃金等を支払わなければ公共調達の入札に参加できないという趣旨のものです（トピック⑪参照）。2010年の千葉県野田市の条例制定開始後、これも急速に増加しています。世田谷区では、その対象を、印刷等にも拡大しており、公共調達と関係する民間企業の利益にとどまらず、地域の賃金や労働条件の改善、地域貢献型企業の涵養といった直接効果だけでなく、地域内取引の拡大による経済波及効果、公共施設や行政サービスの安全や質の向上に結びついています。

これに対して、第二次安倍政権が強引に推進したＴＰＰ11や日欧ＥＰＡ（経済連携協定）では、右記の地域貢献規制や公契約法・条例を排除する条項が盛り込まれています。それは、多国籍企業が自社の儲け本位に、国や地方自治体による経済的社会的規制をできるだけなくしたり、削減することを、通商協定の枠組みのなかに入れ込もうとしているからです。日本国憲法では、条約は法律、条例の上位にあり、協定を条約として国会批准し、それが発効してしまったあとは、これに反する法律も、条例も制定することができなくなります。だからこそ、このような協定を締結させてはならないし、たとえ国会批准されたとしても、これらの協定を発効させてはならないのです。そのためにも、できるだけ早く、できるだけ多くの自治体で実効性のある条例を制定し、具体的施策を展開することが急がれます。

それは、これらの条例が憲法で定められた幸福追求権（13条）、生存権（25条）、財産権（29条）を守るバリアとなるからです。だからこそ、当事者であり主権者である労働者、中小企業・小規模経営事業者、農家の運動の連携と政治変革が必要不可欠であるといえます。

先のアメリカ大統領選挙でサンダース候補が躍進した要因の一つに、社会運動の新しい波があるといわれています。エイミー・ディーン／デイビット・レイノルズ『地域力をつける労働運動』（かもがわ出版、２０１７年）は、地域の市民団体と連携して最賃引き上げや健康保険問題に加え、住宅、都市開発にもコミットしているアメリカの労働運動を紹介しています。そこで注目されているのがコアリッション（Coalition）です（トピック⑦参照）。地域単位での政治的連携です。日本でも多数者の生活の向上を掲げた市民連合の運動が各地で前進し、未来を切り拓きつつあります。

公契約条例と最低賃金

川村雅則

進む公務労働の非正規化・劣化

公務労働の担い手が非正規化しています。臨時・非常勤職員などへの置き換え、直営部門業務のアウトソーシング化による民間労働者の活用が進んでいます。背景には、公務部門の削減と営利化、地方への所得再分配の縮減など強力に進められる新自由主義改革・構造改革が自治体財政を逼迫させる一方で、福祉や教育など行政ニーズはむしろ増大・多様化していることがあげられます。

改革は、公務労働の担い手の労働条件を掘り崩して進められています（官製ワーキングプア）。公共民間の領域は、入札制度で最も安い価格を提示した事業者に仕事を発注する仕組みが設けられており、「最少の経費で最大の効果」をうたう地方自治法の規定も、低価格での受発注を正当化しました。

この結末は想像に難くありません。受託者の経営や労働条件の悪化を通じて、労働者の職場への定着や技術・技能の伝承は困難となり、地域の産業や経済全体が疲弊します。行政サービスの受益者である市民も、契約途中での事業の撤退、手抜き工事や安かろう悪かろうのサービスなどによって、生活・安全上の犠牲を被ることになります。短期的にはコスト削減を享受した自治体も、長期的には、暮らし働きつづける条件の喪失により人口流出や住民の担税力の低下に直面します。そのことに気づき、弊害を克服しようと注目を集めているのが、国や自治体を一方の契約当事者とする「公契約」の適正化をめざす、公契約法・条例なのです。

全国で初めて制定された千葉県野田市の公契約条例の前文は、「先導的にこの問題に取り組んでいくことで、地方公共団体の締結する契約が豊かで安心して暮らすことのできる地域社会の実現に寄与することができるよう貢献したいと思う」と高らかにうたっています。自治体による反貧困宣言ともいえるでしょう。

なお、日本は未批准ですが、ＩＬＯではこうした問題意識に従い戦後復興の早い時期（１９４９年）に、公契約における労働条項に関する条約を採択しています。

公契約条例で定められる最低賃金（作業報酬下限額、労働報酬下限額）

公契約の適正化と書きましたが、公契約条例には、受託者に、労働者に支払う最低賃金額（以下、条例賃金）を契約で義務づける賃金条項型と、適切な労働条件の確保などを目標に掲げつつもそれを実現する具体的な方策を設けてはいない理念型とに大きくは分かれます。労働組合関係者によれば、２０１８年夏時点でおよそ50の自治体で条例が制定されているそうです。なお、条例にこそなっていないけれども、「指針」などのかたちで公契約のあり方が定められたものを加えると、その数はさらに増えます。

公契約条例は、労働者に対する賃金の支払いを公権力で強制する最低賃金制度とは異なり、あくまでも、自治体と事業者との間の契約で賃金を「規整」していく点に特徴があります。もちろん、賃金の適正化の前に、発注価格（公契約）そのものの適正化が前提であり、いわば公契約条例は、自らの契約行政の見直し・反省のうえに立つものといえるでしょう。

賃金条項型条例の制定に際しては、（ａ）条例を適用する事業・労働者の範囲の設定、（ｂ）下限報酬額の算出根拠と具体的な金額およびその決め方、（ｃ）政策効果・実効性を高めるための仕組みづくりなどがポイントとなります。（ａ）では、対象とする工事・委託業務の金額をいくらまでとするのか、指定管理者制度は対象に含めるのか、雇用者だけではなく一人親方まで含めるのか、などが具体的な論点となります。固定的に考える必要はありません。民間に発注するすべての仕事を対象としたいところですが、予算や執行体制の制約を考えると、小さく産んで大きく育てるのも現実的な選択肢でしょう。野田市でも、当初１億円以上だった工事の範囲を５０００万円以上、４０００万円以上と広げています（業務委託も同様に拡大）。

（ｂ）条例賃金の設定は、不熟練労働者であっても単純労働に従事する者であっても、最低生計費を満たすことが期待される最低賃金制度とは異なり、公契約賃金には仕事内容や技能を反映することが期待されています。たとえば工事では、賃金実態調査結果にもとづいて国が定めた公共工事設計労務単価（51職種）が賃金算出根拠・基準に使われており（同労務単価の80～90％台が中心）、委託業務では、建築保全業務労務単価や自治体職員の賃金（初任給）、あるいは、最低賃金が使われています（同額ではなく最賃プラスα）。自治体によっては生活保護基準や自治体臨時職員の賃金単価が用いられるなど、全般的に見ても、条例賃金の決定基準は、なお試行錯誤段階にあるといえるでしょう。

補足すると、条例賃金はどの自治体でも最低賃金を上回っており、最賃の底上げは条例賃金の引き上げにつながります。また、自治体職員の賃金が条例賃金に使われていることは、官と民の賃金水準が一蓮托生の関係にあることを意味します。最賃と条例賃金、公務員賃金と民間賃金、それぞれの引き上げ・好循環サイクルをつくることができるのです。

問題提起したいのは、条例が未制定のそれぞれの自治体では、自治体発注の業務にどのような根拠が使われているか、ということです。官製ワーキングプアをなくすためには、現場でいくらの賃金が支払われているかの把握も必要ですが、そもそも、いかなる根拠でいくらの賃金の支払いが予定されているのかを明らかにする作業、またそれは妥当であるのかの検証作業が必要です。

ところで、職種別の条例賃金額の検討のために設けられた審議会に地域の労使（団体）が参加していることは、ゆるやかではあるものの、地域における賃金決定機構の設置を通じた、横断的賃率の形成を展望させます。

（c）実効性の確保は（とりわけ重層の請負制が採用される工事では）、元請け責任を明確にし、かつ、現場労働者に条例・条例賃金の存在を伝えきること、支払い賃金についての事業者からの報告に虚偽が含まれないようすること、契約不履行時における解約処分規程などがあげられるでしょう。

公契約条例を通じたまちづくり・自治体機構づくり

国主導の行財政改革がひどい状況をもたらしています。しかも、いわゆる骨太方針は、公的サービスの産

図1　公契約条例が生み出す好循環

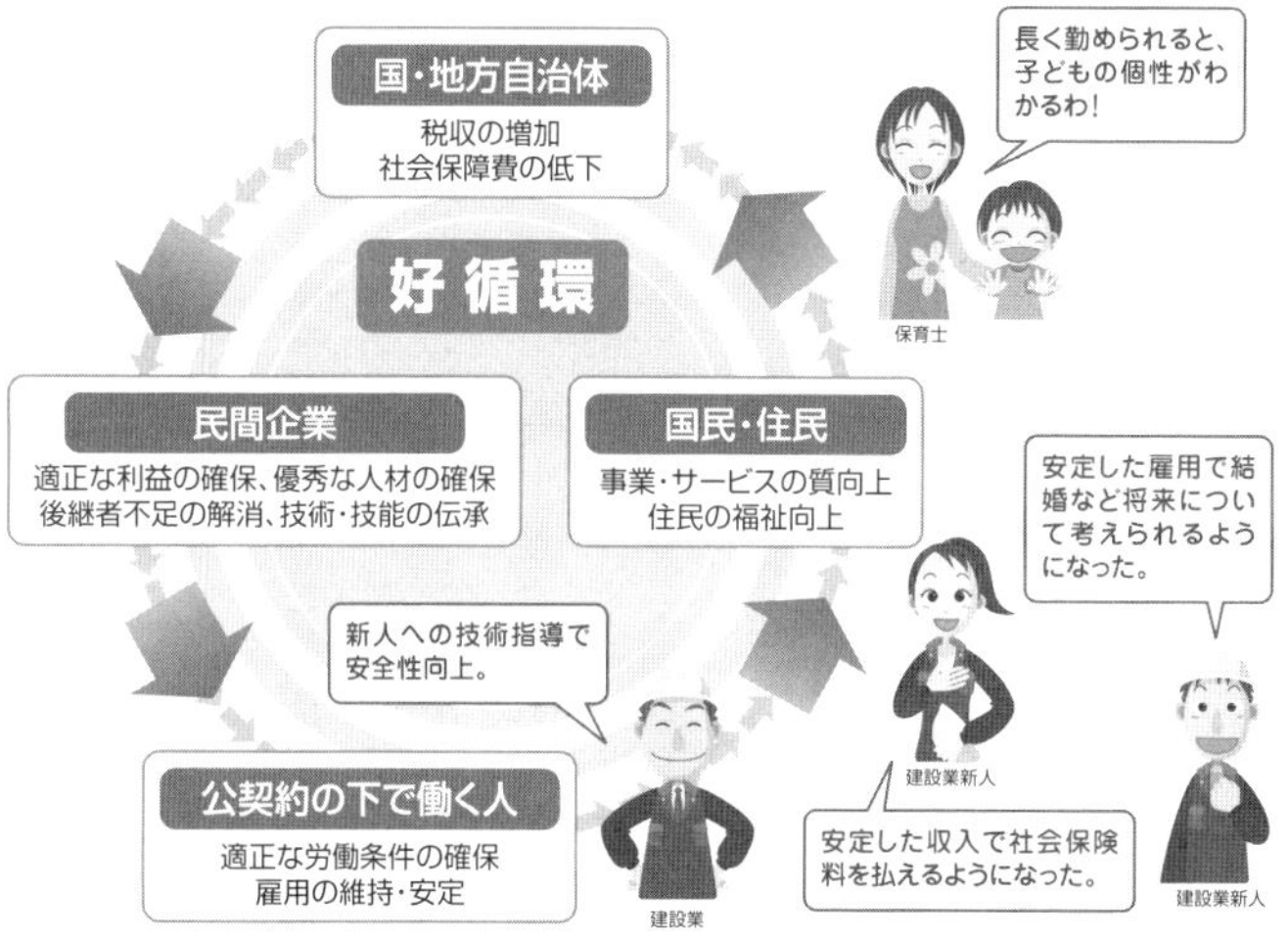

出所）連合「公契約条例をつくろうパンフレット」2012年。

業化、インセンティブ改革、公的サービスのイノベーションなど、よりいっそうの改革を自治体に競わせることを企図しています。改革の進捗を競わされている自治体もそのチェック役の議会も有効な歯止めに残念ながらなりえておらず、放置すれば状況はさらに悪化するでしょう。そう考えると公契約運動とは、労働者の賃金の適正化はもちろんのこと、政府による新自由主義改革を自治体レベルでくい止め、住民福祉の体現者としての自治体・議会機構づくり、暮らし働きつづけられる地域づくりの契機となるものといえるのではないでしょうか。

日本国憲法（94条）は、法律に抵触しない限り、条例制定という自治体の立法権を認めています。ともすれば私たちは、労働・福祉や経済・産業に関する施策を国レベルだけで考えがちで、かつ、地方自治という身近な政治参加ルートを忘れがちです。公契約運動はそのことにも気づかせてくれるでしょう。

こうした奥行きの深い公契約運動を多くの仲間とともに全国でいっせいに始めましょう。

3　全国チェーン店に〝おいしい〟最賃格差

中澤秀一

現在の最低賃金制度には47都道府県別の格差があることは第1章で述べました。最低賃金制度は、現在ＡＢＣＤのランクに分けられているのですが、毎年の改定額がＡランクでは引き上げ額が高いのに対して、ＣランクやＤランクでは引き上げ額が抑制されています。このような最賃の格差は、誰もが知っている全国チェーン店にとっては、とても〝おいしい〟仕組みとなっています。また、パートやアルバイトなどの非正規労働者だけではなく、地域の賃金相場にも影響をおよぼしているのです。

(1) 全国チェーン店の時給は、地域別最低賃金にピッタリ張りついている

２０１６年12月～２０１７年5月にかけて、コンビニ・ファストフード・ファミレス・牛丼店・居酒屋・カフェ・衣料・レンタルビデオ・学習塾などの9業種、14チェーン店を対象に、求人誌やインターネットの広告、店頭の掲示などを参考にしてアルバイト・パートの募集時給を47都道府県で調査しました（１３２０件分のデータを収集）。ここで明らかになったのは、全国チェーン店で働くアルバイト・パートの時給は、地域別最賃に張りついているという事実です。

最低賃金のランクに関係なく、多くの募集時給は最低賃金に対して１２０％未満で、最賃に１～２円

上乗せされた程度の〝露骨〟に最賃に張りついているチェーン店もめずらしくありませんでした（図1）。なお、ターミナル駅構内やショッピングモールなど混雑する店舗については、比較的高めの時給だったり、居酒屋や牛丼店のように業務に「調理」のスキルが含まれている場合には時給が高くなったりしていました。

図2は、調査対象となった全国チェーン店からコンビニA店の募集時給額をピックアップして、A〜Dの最賃ランクごとの分布を示したものです。ランクが下がるほどにきれいに募集時給額も下がっていくのです。同じチェーン店でも都道府県によって労働者の賃金に大きな差があることは、何を意味しているのでしょうか。都道府県によりチェーン店の業務内容に大きな違いがあるのでしょうか？ マニュアル化された業務はほぼ同じです。また、都道府県によりチェーン店で販売している商品、提供されるサービスの価格が異なっているのでしょうか？ コンビニで販売しているペットボトルの値段は、どこでもほぼ同じです。同じ業務、同じ商品・サービスの価格なのに、働いている労働者の賃金だけが異なるのです。この不条理の主な要因は、最賃の47都道府県別の格差にあるといわざるをえません。この賃金格差は全国チェーン店にとって、とても〝おいしい〟のです。なぜなら、賃金の高いAランクで利益を上げられるのであれば、より賃金の低いC〜Dランクではさらに増益となるからです（フランチャイズ店舗を除く）。全国チェーン店にとって、現在の地域別最低賃金は温存させたいものなのです。ところが、生計費自体は全国どこでもそれほど変わらないのですから、最賃ランクの低い道県ほど生計費とのギャップが大きく、その地域で暮らしていくことが困難になります。地域経済が衰退し、人口が最賃の高い都府県に流出していくことは当然でしょう。

図1　全国チェーン店９業種の募集時給事例（AランクとDランクとの比較）

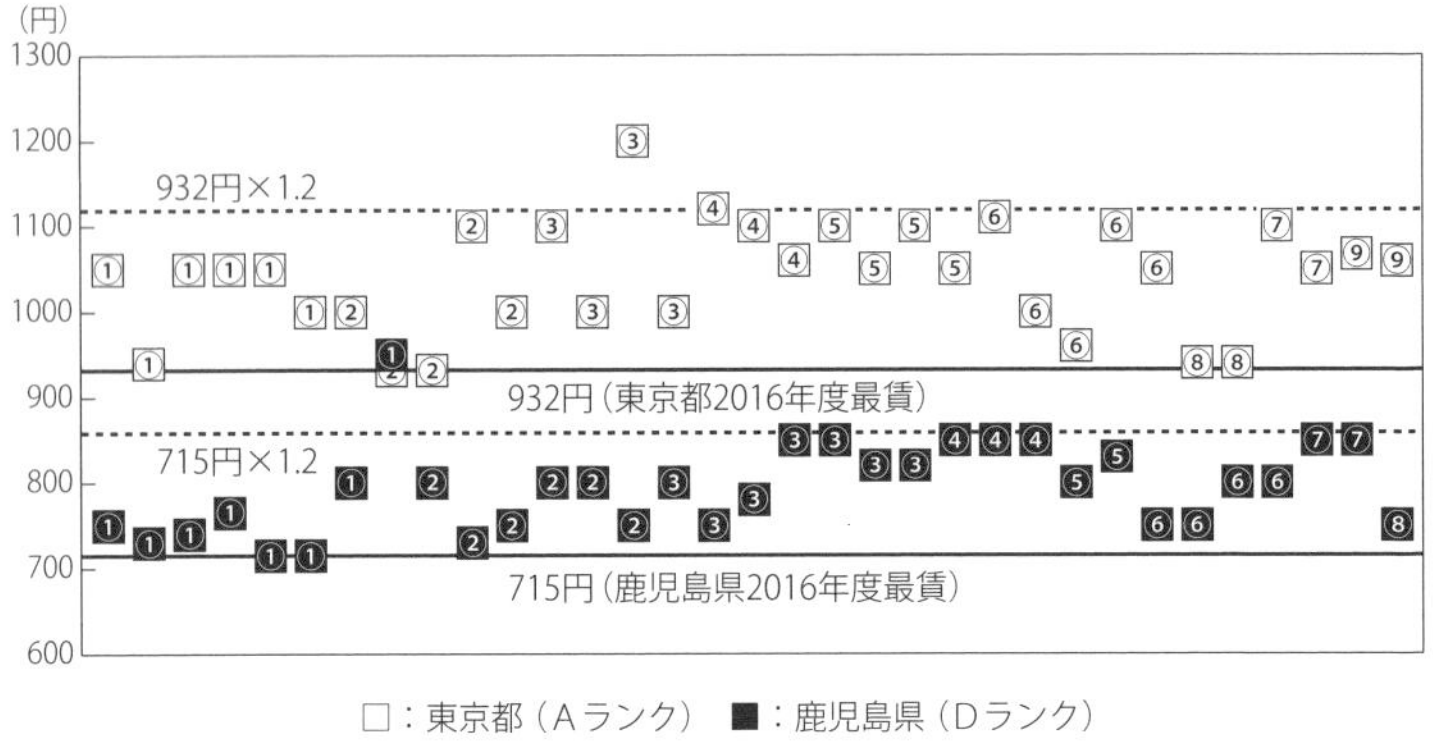

注）なお，□内の①～⑨の番号は①コンビニ，②ファストフード，③ファミレス，④牛丼，⑤居酒屋，⑥カフェ，⑦衣料，⑧レンタルビデオ，⑨学習塾。

図2　全国チェーン店（コンビニA）のアルバイト募集時給の最賃ランクごとの分布

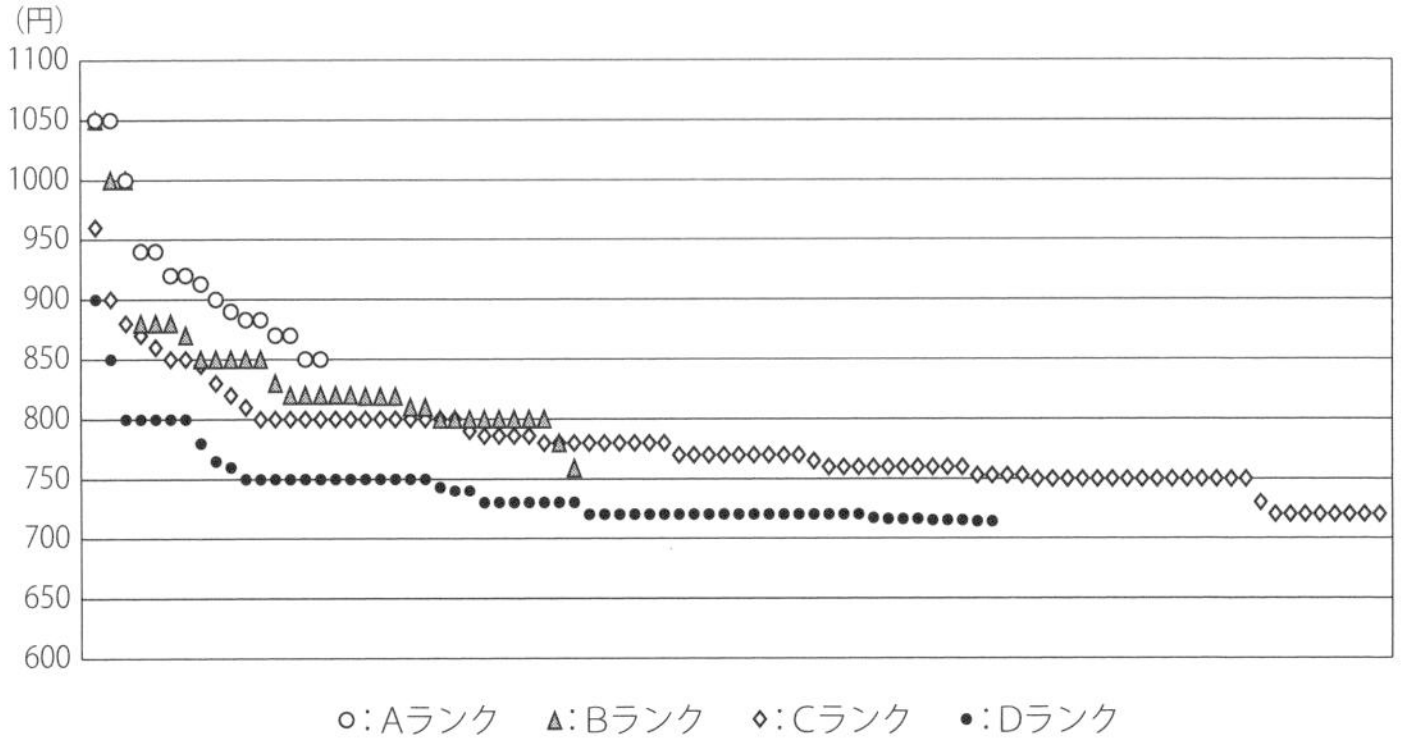

（2）わりを食っている？　地元企業

では、非全国チェーン店つまり、地元の中小企業で働く労働者の時給はどうなっているのでしょうか。これについては埼玉県労働組合連合会（埼労連）が２０１７年４月に調査を行っています（サンプル数＝５４９７件）。図３のように、全国チェーン店の募集が多い３業種（卸売・小売業、宿泊・飲食サービス業、生活関連・娯楽）で比較したところ、すべての業種で全国チェーン店の平均時給が低くなる結果でした。

これは、ネームバリューの低い地元の企業は、どうしても全国チェーン店よりも高く時給を設定しなければ人材を確保できないがために生じている差なのでしょう。相対的に賃金の低い全国チェーン店が地域の賃金相場を押し下げているのです。

図3　全国チェーン店と非全国チェーン店との平均時給の比較

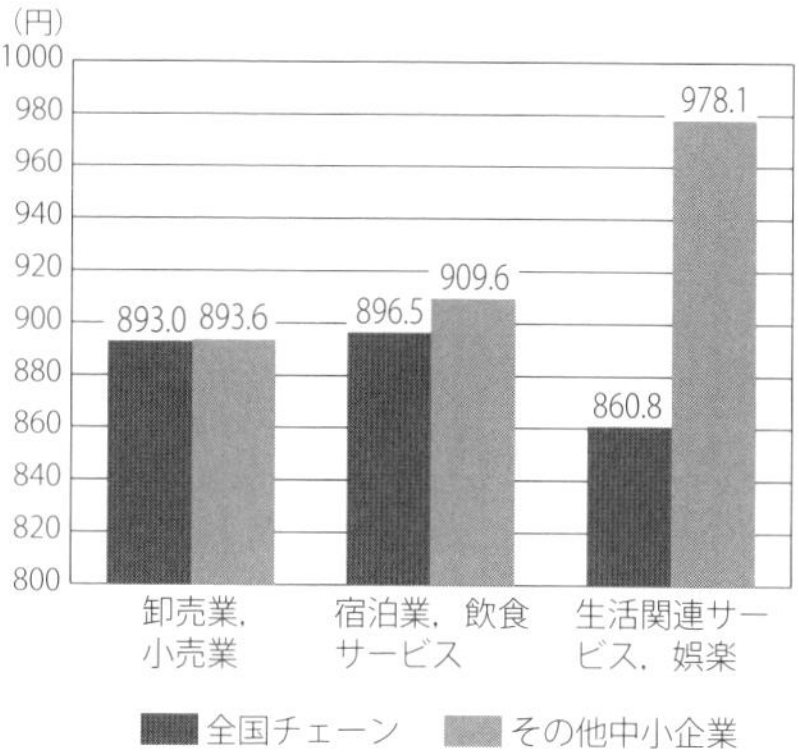

出所）埼労連作成。

（3）最賃は正規労働者にも影響をおよぼしている

図４は、「賃金構造基本統計調査」（２０１７年）をもとに、製造業で働く一般労働者（男女計企業規模別計）の所定内給与の平均額を都道府県別に示したものです（棒グラフは所定

図4　製造業における所定内給与額（一般労働者，男女計企業規模別計）の都道府県別比較と最賃の関係

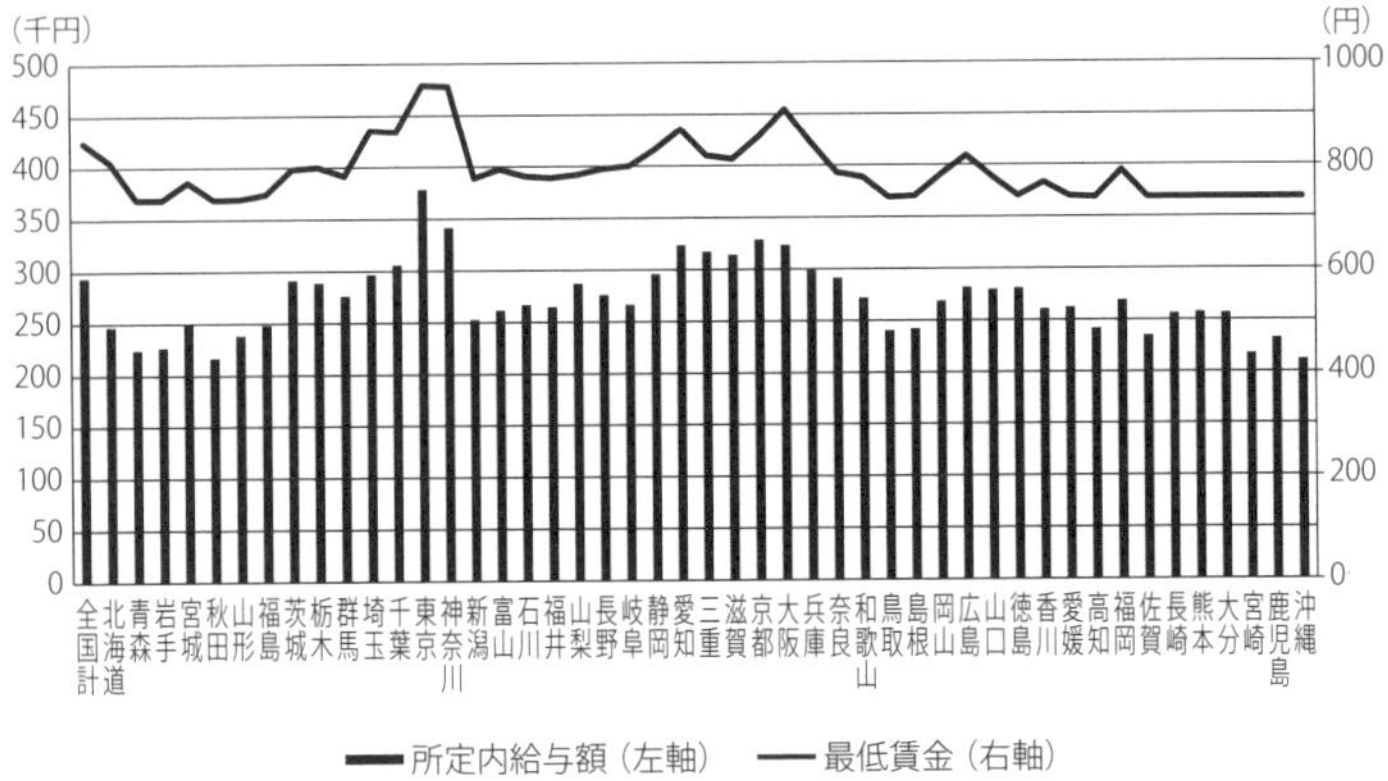

出所）「賃金構造基本統計調査」2017年より作成。

内給与額、折れ線グラフは最低賃金）。棒グラフの凸凹と、折れ線の凸凹とが、見事にリンクしているのです。同様のことが、産業により多少の差異があるものの、建設業、運輸業、卸売・小売業、医療・福祉、サービス業、どの産業でも見られました。

つまり、最賃はパート・アルバイトなど一部の非正規労働者だけではなく、正規労働者をも含めたすべての労働者の賃金に影響をおよぼしているのです。

日本では賃金を規制するものが最低賃金制度しか存在しない以上、最低賃金が非正規労働に限らず、労働者全般に影響をおよぼすことは当然のことです。地域別最賃が、全国展開する大企業にとって、地域経済にとって、どんな恩恵や弊害をもたらしているのか、今一度見直してみる必要があるでしょう。

終　章

社会的危機を救う

——最賃1500円と福祉国家型生活保障

1　座談会　最低賃金を下層社会の現実からとらえ返す

藤田孝典・今野晴貴・後藤道夫

今野　今日は、最低賃金を大きな枠でとらえ返すような話ができればいいなと思います。まず後藤さんに、日本社会における最賃の位置づけ、特殊性というところから解説していただけたらと思います。

後藤　日本の最低賃金ですが、主な労働組合は2014、15年まで時給1000円にすることを目標に運動をしていたわけです。しかし、時給1000円では都市部だと160数時間働いたとしても借家の場合には生活保護基準を下回ります。まして病気になったり失業したりして社会保険の給付を受けた場合、さらに収入が減りますので、とうてい暮らしを立てることなどできません。ひと言でいえば、非常に低い最低賃金が存在し、かつ、低い最低賃金要求が存在してきたわけです。

なぜそうであったのか、ということは大きな問題だと思っています。日本の労働運動は男性正規労働者の年功型賃金の維持・引き上げには熱心でしたが、それ以外の賃金領域には強い関心をもたなかった。代表的なのは非正規の賃金と女性の賃金です。最低賃金が対象にしてきたのは、小零細企業の、中卒女性の初任給、および、ある時期からは非正規労働者の賃金だったんですね。

男性世帯主が日本型雇用で働き、年功賃金を受け取ってきたわけですが、それに対して、非正規労働者は「主婦パート」が念頭におかれて、「家計補助労働」という位置づけをされていました。世帯主の賃金収入に対する補助部分を稼ぐのが家計補助労働だから、働き手が一人分きちんと食える額である必要はないということです。これは、ほぼ社会的合意になっていて、そのことが大きく問われる機会はほとんどなかったという気がします。

日本型雇用が壊れて、年功型賃金で家族が暮らせるから最賃は低くてもよい、というような状況そのものが大きく変わったんですが、まだ、日本社会はそれに対処できていないのだと思います。

(1) 最賃でダブルワーク・トリプルワークを強いられるシングルマザー

今野　日本の場合、最低賃金は社会的にも運動的にもほとんど焦点化してこなかったわけですね。藤田さんは、ソーシャルワークの現場で日本のある種の下層社会とかかわっていらっしゃいますけれど、最低賃金の射程が、広がってきているという実感はありますか?

藤田　そうですね、ものすごく広がってきていると思います。僕はこの15年ぐらい、NPOで生活困窮者の支援活動をしていますけれど、まず後藤さんもおっしゃっているとおり、生活に困って相談に来る方は、働いていてもこの賃金では暮らせないというワーキングプア層が非常に多くなってきています。うつ病とか病気を発症していたり、貯蓄もない人がほとんどなので、生活保護制度を利用できるよう支援します。生活保護を利用すると、生活扶助費、住宅扶助費に加えて医療扶助、子どもがいる世帯には教育扶助などが支給されますが、どれだけ働いたとしても、生活保護で保障されている最低限度の生活をするための賃金水準の仕事は得られない。このような方がたくさん相談に来ています。とくに母子家庭のお母さんなど、家計補助的なパート・アルバイト・派遣労働でやってきた人たちは、やっぱりワーキングプアから抜けられなくなる。自立・就労支援をしていても、生活保護基準をはるかに下回る低賃金の仕事しかないなかで、労働市場に押し出すことはきわめて困難という状況が今、膨大に広がっています。これは若者から母子家庭のお母さん、高齢者も含めて増えてきています。

今野　最低賃金は、パート労働者や学生のアルバイトなど家計補助的でいいという話がある一方で、たとえば中小企業などでは、妻がパートで働いて生活を支えることを前提に賃金が抑えられている構図もあったわけです。したがって、最低賃金は男性正社員の賃金と無関係ではなく、このような構図を考えるうえでも重要ではないかという議論はあったんですよね。藤田さんがかかわったケースで、家計補助的賃金という最賃のあり方のために生活が成り立たないという具体例があればお話しください。

藤田　母子家庭のお母さんは典型ですね。中小零細企業でパート・アルバイトの事務職に就いて、コンビニでアルバイトしてと、ダブルワーク、トリプルワークをしても、みんなだいたい最低賃金プラス5円・10円単位のところに張りついているので、何時間働いても子どもを育てられない。そのため生活保護の申請では、生活に足りない部分の2万〜5万円、教育扶助費とか住宅扶助費の一部を支給してもらうようにしていますが、そのような例は山のようにあります。

たとえば埼玉県戸田市に住んでいる、小学校5年生の女の子と3年生の男の子を育てている30代後半のお母さんの事例です。一つめの仕事が中小零細企業の倉庫業の事務職で9時から5時ぐらいまで働いて手取り13万〜14万円。家賃は6万5０００円ほどで、それだけでは暮らせないから、土日祝日や夜間にコンビニでバイトをして3万～6万円ぐらい稼いで、毎月手取り20万円くらいでなんとか暮らしているという方でした。悩ましいのが、手取り20万円だと生活保護基準より上なのですが、シフトの入り方によっては保護基準以下の月もあるということです。そのときは、病気がちになって土日祝日夜間の仕事ができなくなり、その収入が得られないということで困って相談に来たんです。でも、もともとすごい労働時間で、子育てもして、学校のPTA活動もやっているから、それはもうどう考えても無理なんです。ですから、ダブルワークのほうは1回辞めて一つの仕事だけをやればいいから、とりあえず足りない分については生活保護を受けましょう、ということで保護申請に付き添いました。

今野　賃金が低すぎてダブルワークで働かざるをえない状況だと、本人の意図ではないにせよ、結果的に子どもをネグレクトしてしまうケースもあるのではないのでしょうか？

藤田　その事例では、子ども2人が不登校気味になっていました。お母さんは、事務の仕事が終わると、「コンビニで弁当買って食べて」と1000円とか2000円をおいて仕事にまた行く。お姉ちゃんの負担が大きくなるし、ふつうの生活自体が成り立たない状況ですよね。

2015年に川崎市の河川敷で中学1年の少年が殺害された事件がありました。そのお母さんもずっとダブルワークで働いて、夜家にいることができない生活でしたが、僕らの領域だと、あれは特殊な事例じゃなくて、かなり一般化しているように感じています。労働時間をもう少し減らせたり、子どもと向き合う時間が増やせたりすれば、こうした事態はかなり避けられると思います。8時間働いたらふつうに育児や自分たちの生活が成り立つ、ひと言でいうとディーセントワークですが、そういう仕組みにはなっていなくて、その矛盾が一番弱い子どもたちに向かってネグレクトになったりする。子どもたちは、生活が不規則になって学力が低下したり、次第に不登校になったり、非行に走るとか社会病理といわれるような現象を起こしてしまう。僕ら福祉専門職はそうした事態が起きたあとで、その家庭に入って支援をしていきますが、本来は賃金をちゃんと支給するとか、8時間働いたらふつうに家庭を維持できるようにしておかないといけない。ボロボロになってから僕らのところに来ても、できることは限られています。

今野　2005年から自立支援プログラムが発動して、就労支援によって生活保護からの「卒業」が促されているわけですが、最賃でもいいからとりあえず労働市場に出て働いたほうがいい、それで足りなかったらダブルワークでも働け、という対応が行われているのでしょうか？　しかしそれでは、とりわけ母子家庭だと子どもを育てられない。そういうことをケースワーカーや就労支援にかかわる支援者は、どれぐらい真面目に考えているものなんですか？

藤田　長時間働けとはいわないでしょうが、なるべく労働力を高く売って自分の力で生活を維持しなさいという助言なり指導をしていきます。職業訓練も含めて、なるべく労働市場に適応するように。ソーシャルワーカー、社会福祉関係者も、困って相談に来た人を助けるために何の制度にあてはめて支援しようかとは考えますが、この人がどういう現状でそこにいたったのかというマクロのレベル、構造に対するアプローチは、福祉業界ではまだまだ一般化していないので、難しい課題だと思います。

今野　福祉業界の人こそが、最低賃金が低すぎるがゆえに引き起こされる矛盾を感じやすいはずですよね。なぜこの問題に関心をもたないのでしょうか？

藤田　問題が多岐にわたります。労働法や社会の構造を理解する内容が足りないというカリキュラム問題もありますし、福祉専門職の質・量ともに低下して状況が悪くなってきているのは間違いないと思います。支援がマネジメント化しているというか、マニュアル化、官僚化している。相談に来た人たちを、制度の枠組みにあてはめるような支援の発想しかできないのです。でも本来は、労働のあり方に介入するなどして、その人たちを生まない社会をつくらないといけません。残念ながら、そこまではまったく関心を寄せられないんですね。

今野　いきなり社会構造を変えることが無理だというのはわかるのですが、たとえばさっきの母子世帯のお母さんを労働市場に追い出していったら、どう考えても家庭にとんでもない負担がかかるのは誰が考えてもわかるじゃないですか。そういうときに現場の人たちは、つまり一番矛盾を感じる人たちは、どう対処しているのでしょうか。

藤田　まず、僕らは常に権利擁護の立場から、お母さんの側に立って福祉事務所や関係機関と調整していくわけですが、福祉事務所のケースワーカーの最優先事項は生活保護からの脱却で、その価値観が非常に強いのですね。最低生活ラインを超える収入を、とにかく何でもいいから得てほしいというわけです。２０００年代前半ぐらいまでは平気で「水商売をやれ」と指導していたし、人権侵害も横行していました。労働市場がどれだけ劣化していようと関係なく、まずは働いて自分の生活を自立させなければダメなのだと指導するのが、福祉関係者の対応だといえます。それに抵抗していくのは２０００年代以降です。派遣村もそうですが、社会保障運動をちゃんとやっていこうと、ＮＰＯやソーシャルワーカーがもの申していくことが始まって、ようやく少しずつ状況が変わってきたわけです。そういう意味では、現場の人たちと一緒に「やっぱりおかしいよね」と発信しつづけることが重要なのは、今も変わらない福祉運動の課題でしょうね。

今野　生活保護行政の実態調査によれば、保護が廃止になっているケースで必ずしも生活保護基準以上の所得を得られていない場合があるようです。実際に、生活保護から離脱した方々が、生活保護基準以上の生計費を就労などで得ているケースはどの程度なのでしょうか？

藤田　埼玉で15年間活動していますが、全体で見ても2割あるかなという感覚ですね。ノンエリートの女性が抱える問題としても指摘されていますが、とくに母子家庭のお母さんは高卒とか高校中退など、学歴が低い人が多いんです。今の労働市場では、そういう人たちが働ける、生活保護基準を超えるような求人自体がそもそも少ないです。「どうやって生活保護基準を超えるんですか」と、福祉事務所に逆に聞きたいです。「生活保護から出て行け」というんだったら「まともな仕事を紹介してくださいよ」といいたくなります。

たとえば、保護基準を超えられなくてもパート・アルバイトである程度収入を得る仕事が見つかったら、3か月ぐらい様子を見て生活保護を切ってしまうことがあります。でもこの3〜4か月で保険料や税金など、いろいろなものが降りかかってくるわけです。そもそも最低ラインの基準に満たない賃金水準で、手取りにするともっと低くなるし、さらに育児・家事をどうするかという問題ものしかかってきます。そのため、生活保護が切られてから半年後あるいは1年後にうつ病などの病気になって、またNPOに来て生活保護を受ける、という繰り返しになる。それが2回の人もいれば3回の人もいて、生活保護と労働市場を出たり入ったりという状況があります。本人の挫折感もすごいし、労働市場ではダメだということは自分自身もわかっているんです。でも「今後は生活保護で」といっても、それは許されないんです。

（2）働きつづけないと暮らしていけない高齢者

今野　藤田さんは『下流老人』という本も書かれていますが、今現場で、高齢者の状況と最賃の関連を意識されるようなことはありますか？

藤田　それは、年金が全然機能していない現実を見れば明らかです。年金だけではもう暮らせないという高齢者は本当に山になっています。この間、２０００年と比較しても、公的年金の１人当たりの支出金額は下がっていて、ピークでも高齢者世帯で約３３８万円あったのが最近では３００万円を切り、年金支給金額は激減しているのです。なおかつ介護保険料とか消費税、健康保険料、税は上がっていますので、可処分所得で見ると生活保護ラインぎりぎりの人が多いです。国民年金受給層では生活保護基準より低いのが明らかですが、厚生年金ですらそうした状況が生まれはじめています。厚生年金で月に11万～12万円程度もらっていても、医療や介護がずっと必要な人、家賃がかかっている人、税金・保険料が高い自治体に住んでいる人などは、生活保護を受けると医療扶助費や介護扶助費などが出ますから、ずっと生活が楽になる、そういう人が多いですね。

「年金が少なくて生活できないんです」と相談に来る高齢者の場合、生活保護の算定ソフトで計算してみると、だいたい要保護世帯にあてはまります。その人たちは、75歳までだったら、ほとんどみんな働いています。働かざるをえないんです。家賃と医療費、家族の介護費用、そして自分自身の未来の介護費用のために働いているんです。

たとえば、新聞配達のアルバイトをしている70代前半のおじいちゃんのケースですが、雪の日なんか転びながら配達をしても、月8万円ぐらいだそうです。自分の厚生年金が約12万円、妻の国民年金が約6万円、合わせて月26万〜27万円というところです。妻も70代前半ですが、病気がちで要介護2です。そのため介護費用に月3万〜4万円がかかる状況で、家賃約12万円と日々の食費でぎりぎり。これから先、妻が入院するとか介護施設に入所するようなことになればもっとお金がかかるし、貯蓄がほとんどない状況なので、新聞配達は辞められない。それなのにおじいちゃん自身に癌が見つかって、この8万円がなくなったら生活できないということで相談に来られたんです。

今野　その8万円ですが、やはり最低賃金に近いのでしょうか。

藤田　最低賃金に夜間手当が付くぐらい、微々たるものです。

後藤　近年、厚生年金の支給額がかなり下がっていますが、それは給付率が下がったことと、さらに90年代後半以降に賃金が大幅に下がったことが年金に影響する世代が出てきていて、影響がダブルになっていると思います。

藤田　厚生年金は現役時代の平均年収の50%ぐらいを保障しますが、そもそも働いているときの給料が低ければ、平均年収の50%では当然生活できなくなります。

後藤　1980〜90年代の高齢者の就業状態を見ると、基本的に65歳以上は働いていないんです。それが今は、6割近くが働いていますからね。

（3）ふつうに暮らせる最低賃金という切実な要求――貧困と労働運動

今野　今の話を受けて、貧困の問題と労働運動のかかわりについて、後藤さんにうかがいたいと思います。

後藤　貧困の問題を福祉の担い手が受けとめられないという話がありましたけれど、労働運動も十分に受けとめていないと思うんです。労働組合のナショナルセンターのリーダーたちだったら、ある程度、政治的な観点で貧困や最低賃金の問題を語れるのでしょうが、労働組合の末端の活動家レベルだと、自分たちの運動が貧困とかかわりがあると考えたことがない人が絶対多数派だと思います。貧困というのは福祉関係者が対処すべき仕事であって、労働組合として取り組むべきは自分たちの賃金をなんとかすることで、この二つはまったく別問題だという感覚です。労働組合が企業別に組織されているため、社会全体の賃金水準を維持・改善するのは、自分たちの役割だとは考えられないんでしょうね。

しかし、状況は変わりましたので、一人分食える、ふつうに生活できる賃金を最低賃金としてもらって当たり前だという意識が、相当に広がっていると思います。今までは、ふつうに一人分食える賃金を最低賃金でよこせという話が正面から提起されて、社会的な共感を得たことはあまりなかったのではないでしょうか。あるいは、まったくなかったのかもしれません。「ふつうに生活できる」というのがポイントであって、生活保護水準確保のために最賃を上げてほしい、というのではないんです。フルタイムで働いている人間がなぜ生活保護水準で我慢しなければいけないのか、ということですね。田舎だったら自動車をもっていて当然だと。２０１５年にエキタスが行ったデモが影響を与えて、１５００円という要求は正当だ、という感覚で多くの人が受けとめはじめたというのは、かなり画期的な転換点だったという気がします。

この10年で23％最低賃金が上がり、〈最賃＋α〉に賃金分布がかなり集中しているのも大きいですね（「はじめに」の図を参照）。非正規は別として、今までは、最低賃金からプラス3割ぐらいのところに、相当数の正規労働者がいるという事態は見られませんでした。今では、非正規で58％、正規でも18％の労働者が、東京の最賃の3割増し未満にいるわけです。多くの労働者が、自分はせいぜい最低賃金の1～3割増しだから、最低賃金ぎりぎりでもふつうの生活ができないと自分も困る、ということを切実な問題として理解する構造が、この10年間でできてきたというのが私の印象です。こうした関心を現実の力にしていくことができれば、今の社会的危機状態をなんとかする一つの転換点になるのではないでしょうか。

今野　だから逆に、正規・非正規をある種のイデオロギー操作によって、違う賃金体系なのだと偽装している構図が今あると思うんです。しかし現実には正規と非正規の違いは以前ほどはなくなってきていて、実は両者は連帯し、一つの要求に結びつきうる状況にあると思うのです。

後藤　そうだと思います。実際この10年間で、正規男性の35～39歳では、所定内給与30万円以上が6ポイント減って、それ未満が増えています。40～44歳は38万円以上が11ポイント減、45～49歳は5ポイント減です。つまり、自分一人ならいいけれど家族がいたら相当きつい、そうした賃金額が増えているんですね。そして、フルタイム非正規も16万～22万円ぐらいのところがふくらんできています（第1章1）。

つまり、年功型賃金とは違う、単身者水準の賃金が働き盛りの正規男性を含めて広がっていて、それと〈最賃＋α〉の額が重なりあうようになってきたということですので、これから最賃問題はかなり大きな位置をもつでしょう。

一人分食える賃金が当然だという話を労働運動の側が一生懸命やって、並行して、社会保障・福祉がそれだけで済まない部分を制度として保障するという話が社会運動の課題としてもはっきり出てきているのだろうと思います。

(4) 子育て世帯の矛盾を解決する手がかり

今野　今まで見えていなかった問題が顕在化しつつある客観的な構造をお話しいただいたと思うのですが、たとえば、その矛盾が最も顕著であったシングルマザーの状況を最賃でどこまで解決していけるのか、そのあたり後藤先生におうかがいしたいと思います。

後藤　とりあえず現代の日本を念頭においた場合には、まず一人分ふつうに食えるような最低賃金にして、それに子どもの生活費分の児童手当、学校教育費、医療費が社会から支給され、居住保障が別にある、という制度が一番リーズナブルだと思いますね（詳しくは終章2）。

今野　母子家庭の場合、生保が切られた瞬間に労働市場に出て働くには子どもを預ける必要があって、預けるための費用の分も加わって生計費が高くなるのでダブルワークをするという話になる。今日本では、低い最低賃金と劣悪な福祉によって、個人にとてつもない負担がのしかかるというめちゃくちゃな状況になっている。そのなかでシングルマザーは長時間労働を強いられるわけですが、子どもがいると1日8時間の労働ですら長いと思います。1日6時間ぐらいじゃないと、たぶんふつうに育てられないでしょう。そういう点ではいかがですか。

後藤　労働時間を子どものケアのために減らす分の所得補塡が、広く制度化される必要がありますね。

家事や子どものケアと労働時間との衝突という問題は、ひとり親世帯だけでなく、2人で子どもを育てている家庭でも深刻だと思います。児童虐待の最近の数字を見ると、2016年では2009年の2・8倍と、虐待相談対応件数がものすごい勢いで伸びています。とくに、父親が主な虐待者であるというケースは4・2倍になっているんですね。それに「心理的虐待」(子どもの目の前でのDVを含む)も6・1倍で、もちろん母親が心理的虐待をする場合もあるでしょうけれど、この急な伸びはおそらく父親のほうに関係している。2008〜09年ぐらいから現在まで、小さい子どもがいる世帯で何が起きているかというと、母親の就業率の大幅なアップなんです。1997〜2017年で乳幼児がいる世帯で平均28ポイント上がっていますが、とりわけ2007〜17年には、20ポイント急激に上がっています。しかし、低所得世帯の場合は、乳幼児を抱えながら夫婦で働ける環境は、まだ、およそ整っていません。

夫婦ともに大幅に上昇した最低賃金を背景に長時間労働を抑制でき、かつ、ケアのための労働時間減を所得補塡できれば、低所得子育て世帯のストレスは大幅に減ると思います。

(5) 労働運動を起点に、賃金と社会保障をつなぐ

今野　正社員にせよ非正社員にせよ、全体的に最低賃金の影響、射程はすごく広がってきていると思います。ソーシャルワークの現場から見て、今後どのような取り組みが必要だと思われますか？

藤田　貧困も労働問題もかなり可視化してきていますよね。たとえば、「あなたの月給と最低賃金と比較して時間給で計算してみてください」ということをやってみると、最低賃金の重要性が具体的にわかるはずです。労働時間と重ね合わせて、わかりやすく見える化、可視化していくことは引き続き取り組むべき課題だと思います。

それから、生活保護を、住宅部分や教育部分、医療部分に分けてそれを普遍化して支給するかたちで、賃金プラス社会保障のモデルに転化できないかなと思っています。

すでに中小零細企業の賃金は、生活保護に張りついている状況です。恒常的にその賃金で働いても標準的な生活はできないわけですから、付加的な給付が必要です。それは経営者側も熟知しているはずだと思います。ですから海外同様に経営者側が、自分たちは住宅手当まで面倒を見られないけれど税金は払うから政府や自治体でやってくれという要求を拡大していき、他方で、賃金分の仕事はちゃんとやってよ、という関係ができればいいと思います。そういう合意を形成したいと僕らは思っています。

今野　本当にそのとおりです。労働市場とリンクしている社会意識というか、労働者一人ひとりの意識が変わってくると、今の閉塞的な状況を打開していく可能性が出てくるはずです。最賃に張りついている状況が正社員のレベルで自覚されたら、社会意識が激変してしまうような話だと思います。そのための起点になるのは、やはり福祉というより、労働運動であることが重要だという気がしています。

年収270万円でも暮らせる社会へ
――時給1500円×1800時間の実現に向けて

北口明代

これから生協労連の運動の柱となる政策

「え！ おれらの賃金をそんなに下げるのか！」、「年収それだけもらえたら、一息つける！」。年収270万円政策に寄せられた、前者は正規職員、後者はパート職員の声です。同じ職場で働いているのにこんなにも違うのかと、あらためてその格差の大きさに愕然としました。

生協労連は、ディーセントワークとジェンダー平等社会の実現をめざし、7割を占める非正規労働者の待遇改善を最優先課題にしている労働組合です。均等待遇、時給（最賃）引き上げ、期間の定めのない雇用（無期雇用）を求める運動を行いながら、学習も深めています。日本では当たり前の正社員の雇用のあり方は、日本型雇用と呼ばれるように国際社会では特異なものであること。日本型雇用は日本人の社会保障の考え方にも大きな影響を与えていること。均等待遇の実現には職務の価値によって賃金を決める「同一価値労働同一賃金原則」が有効であること。総じて、欧州と日本では賃金の決め方や社会保障制度の考え方・あり方が大きく違うことなど。こうした学びを積み重ねた結果、この政策を作成するにいたりました。今後の生協労連の根幹となる政策です。

「賃金」に依存する社会から「賃金と社会保障」がセットの社会へ

これまでの社会システムは極端に「賃金」に依存していたといえます。私たちがめざす社会は、「賃金と社会保障」のセットで構築されていて、一定の収入があれば社会保障・セーフティーネットが機能し、誰もが自立して人間らしく暮らせる社会です。最低賃金1500円で年間1800時間働いて得られる賃金「年収270万円」を最低規制とし、大きな負担を強いられている住宅費や教育・子育て費用などを公的負担にして応能負担原則がつらぬかれるべきと考えました。

財源問題にも踏み込んでいます。大企業・富裕層には税金をもっと払ってもらう、軍事費・思いやり予算、大企業向けの補助金などの見直し・削減、政党助成金の廃止など税金の無駄づかいをやめ、社会保障、教育、医療、住宅など暮らし優先の使い方に変えるというものです。

●具体的な政策

1. 賃金
①全国一律，だれでもどこでも最低賃金は1500円に
②同一価値労働同一賃金原則の実現

2. 働くルール
①1日実働7時間（拘束8時間），週35時間労働
②年間所定労働時間1800時間　③不払い労働をなくす
④年間休日増，年次有給休暇100％消化　⑤失業時の保障

3. 住宅保障
①家賃の低い公営住宅を増やす
②住宅補助の拡充（低所得者層への家賃補助制度を創設）

4. 教育・子育て
①児童（子ども）手当　18歳まで月額3万円に拡充
②高校までの教育費無償化
③大学授業料の引き下げ，10年間で半額に
④奨学金制度の拡充

5. 社会保障
①最低保障年金制度の創設（65歳から月額32500円で創設し7万円をめざす）
②医療制度・介護制度の拡充（必要な人に必要なサービスを）

生計費試算調査でも政策の正当性が明らかに、世論をつくり実現へ

愛知県労働組合総連合（愛労連）が２０１５年秋に行った生計費試算調査によれば、40代夫婦、子ども２人の家族の場合、年収６５０万円が必要との結果です。ここから、少なくとも私たちの政策で提起している、住宅補助費、教育無償化、児童（子ども）手当の拡充が実現できれば年収は５００万円で暮らせます。夫婦２人が年収２７０万円で働けば、年間40万円も余裕が生まれる結果となりました。

しかし、財源問題含め政策自体は未熟な点は否めません。はじめの一歩を踏み出したところです。越えなければならない課題は山積みで私たちの力は微力です。寄せられている共感の声を力に多くの方々や組織とのコラボで世論をつくり、実現させていきたいと考えています。

2 最低賃金と社会保障・教育保障・住宅保障

後藤 道夫

この節では、最賃大幅引き上げで「ふつうの生活」を送るということの意味をあらためて考え、そのための社会的条件と必要な社会制度について検討します。

(1) 健康で余裕をもった勤労生活——最賃大幅引き上げで長時間・高ストレス労働を抑える

「うつ」などのメンタル不調で働けなくなり、健康保険の「傷病手当」を受けている件数(協会けんぽ各年10月の数値)が大きく増えています(図1)。1999年以降の17年間に平均で5倍、35~44歳では7倍というたいへんな増加です。

労働者のメンタル不調急増の背景に、使い捨て型労務管理、長時間労働、低賃金、不安定雇用の増加、職場での労働者の権利低下と職場の人間関係の悪化、パワハラ、セクハラなどの増加があることは間違いないでしょう。労働条件の総合的な悪化です。

日本の労働時間はもともと長く、バブル期にも「過労死」が世界的に有名になりましたが、日本型雇用が壊れて労働条件全体が下降する時期から、また、それまでとは違ったかたちで長時間労働が増えました。週に60時間以上働いている労働者の割合(年間200日以上就業)は、1997年から2007年

図1　メンタル不調による傷病手当件数（協会けんぽ）

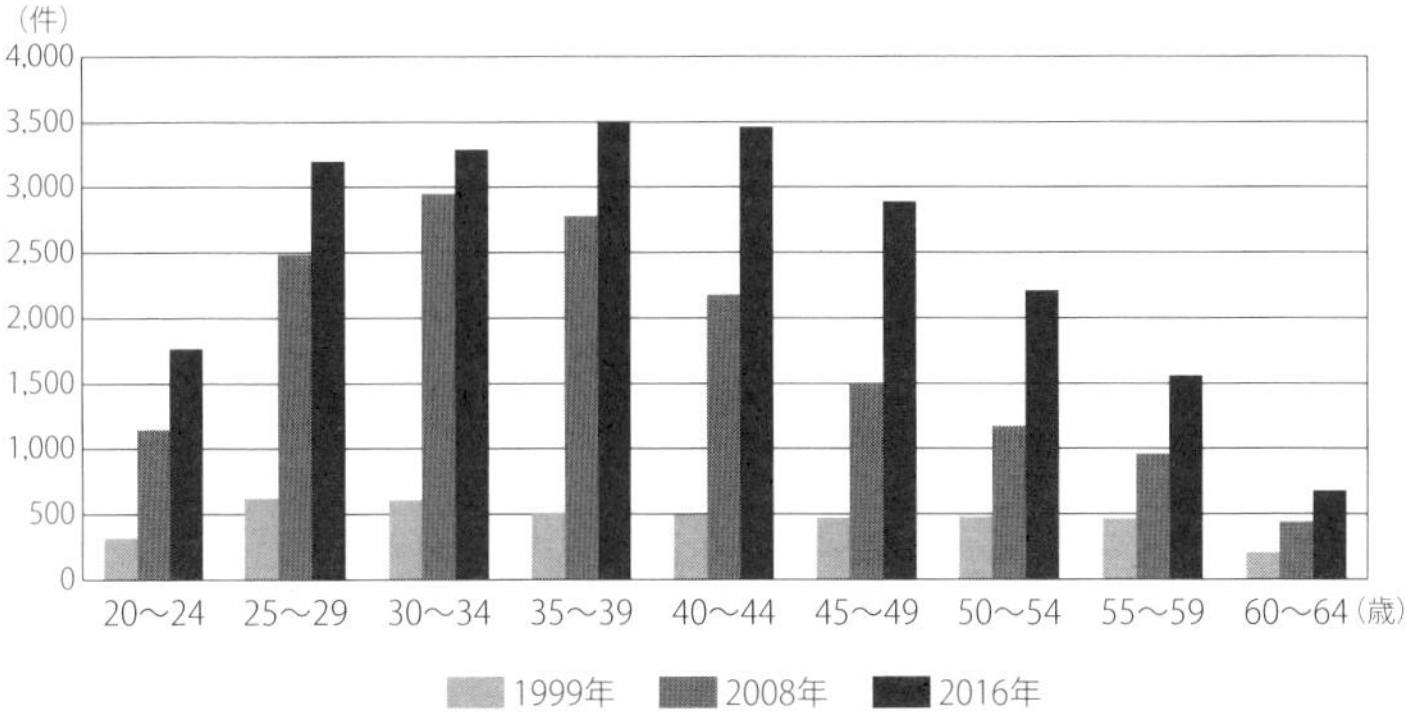

注）ここでのメンタル不調は，気分（感情）障害（うつ病を含む），および，神経性障害，ストレス関連・身体表現性障害。
出所）協会けんぽ「現金受給者状況調査」（各年10月分の値）より作成。

で、男性が12％から18％へ、女性が３％から６％に増え、その後下がって２０１７年では男性13％、女性４％となっています。この数字はダブルワークを反映していませんので、それを含んだ労働時間で測れば、60時間以上はさらに高率になるはずです。

　現在の長時間労働は低賃金と重なっていることが少なくありません（第１章１）。２００７年から２０１２年では、とくに若い正規男性で、長時間労働者の２５０万円未満が増えました（表１）。２０１７年の数値は下がりましたが、物価上昇分を調整してみると高どまりの状態です。また、２０１２年を境に、49～59時間と60時間以上の賃金が逆転していることがわかります。二重三重に余裕がない生活の増大です。固定残業制や裁量労働制を用いた、低賃金での長時間労働が増えたと見られます（第2章2）。

　最賃大幅引き上げは、こうした状態を改善するための有力な武器となります。

　第一に、最賃大幅引き上げがなされれば、労働者は長

表1　若年・若手正規男性の長時間・低賃金の拡大

（%）

	2007	2012	2017	2017 物価調整
15～24歳　49～59時間　250万円未満割合	46.8	45.6	35.3	41.9
15～24歳　60時間以上　250万円未満割合	41.4	46.5	39.0	45.4
25～34歳　49～59時間　300万円未満割合	23.5	26.9	20.7	25.2
25～34歳　60時間以上　300万円未満割合	22.0	26.8	21.5	25.9

注）2017物価調整の値は2012年の消費者物価水準によって2017年の集計値を調整したもの。
出所）「就業構造基本調査」各年より作成。

時間労働の仕事やダブルワークを選ばなくてすみます。

第二に、経営側も時給が大きく上がれば、野放図な長時間労働を課すことにより慎重になるでしょうし、ブラック企業群の労務管理手法も使いづらくなるでしょう（第2章2）。

第三に、ある程度の賃金水準の労働者には、経営側はそれなりの経験と労働能力を期待せざるをえませんので、長期勤続を重視する傾向が現在よりも増えるでしょう。

第四に、低賃金・長時間労働では「その日暮らし」となり、労働組合に団結してまともな労使関係を築くゆとりも奪われます。最賃大幅引き上げは、労働時間短縮と長期勤続にも有利ですから、まともな労使関係構築への強い後押しとなるでしょう。

EUの労働共通規則は、実労働48時間以内、インターバル11時間を規定しています。最賃大幅引き上げといっしょに、日本でも実現すべきです。

（2）仕事を選ぶ自由、「その日暮らし」からの脱出

――失業時、傷病時、職業準備時の生活保障が可能な制度と最賃大幅引き上げ

非正規雇用や使い捨て型の正規雇用は、多くの離職者を生み出します。次の仕事が必要ですが、その場合、失業期間、準備期間が「短ければ短いほどよい」とは限りません。逆の場合も少なくないのです。次の仕事をきちんと準備し、選ぶ余裕がないと、悪条件、不安定な仕事を転々とするだけの可能性が高くなるからです。

生活費が尽きそうな状態での求職は「労働力の窮迫販売」と呼ばれてきました。少し考えればわかることですが、労働力の窮迫販売が広がっている社会状況では、労働条件は下がりつづけるのがふつうです。悪い条件でもとびつかざるをえない人々が多ければ、求人側も提示する労働条件を下げるからです。労働力の窮迫販売をできる限り減らして、労働者が悪い条件の仕事を拒否できる環境をつくることは、まともな労働市場をつくるうえでどうしても必要です。

◎雇用保険給付は失業者の5人に1人——「労働力の窮迫販売」の政策的拡大

実は、日本の雇用保険はめちゃくちゃな状態——とくに低い労働条件で働いている人にとって——です。雇用保険給付を受けているのは、失業者全体の2割しかいません。長期雇用でそれなりの賃金をもらいつづけてきた人は別ですが、雇用が不安定あるいは低賃金の労働者が失業した場合には、失業時の生活保障がほとんど機能していないといってよいと思います（2014年度の男性失業者の平均受給割合は、29歳以下で7％、30～44歳で12％）。

契約期間切れを含む「自己都合」離職は、給付までほぼ四か月待たされ、給付は90日にすぎません（勤続10年未満）。これでは、給付を受けていない失業者が大多数になるのは当然です。失業時保障の受給割合が日本より低いのは、ＯＥＣＤ諸国のなかで、ハンガリー、ポーランド、スロヴァキア、トルコだけ

図2　雇用保険給付日数と受給者割合（対失業者）の縮減

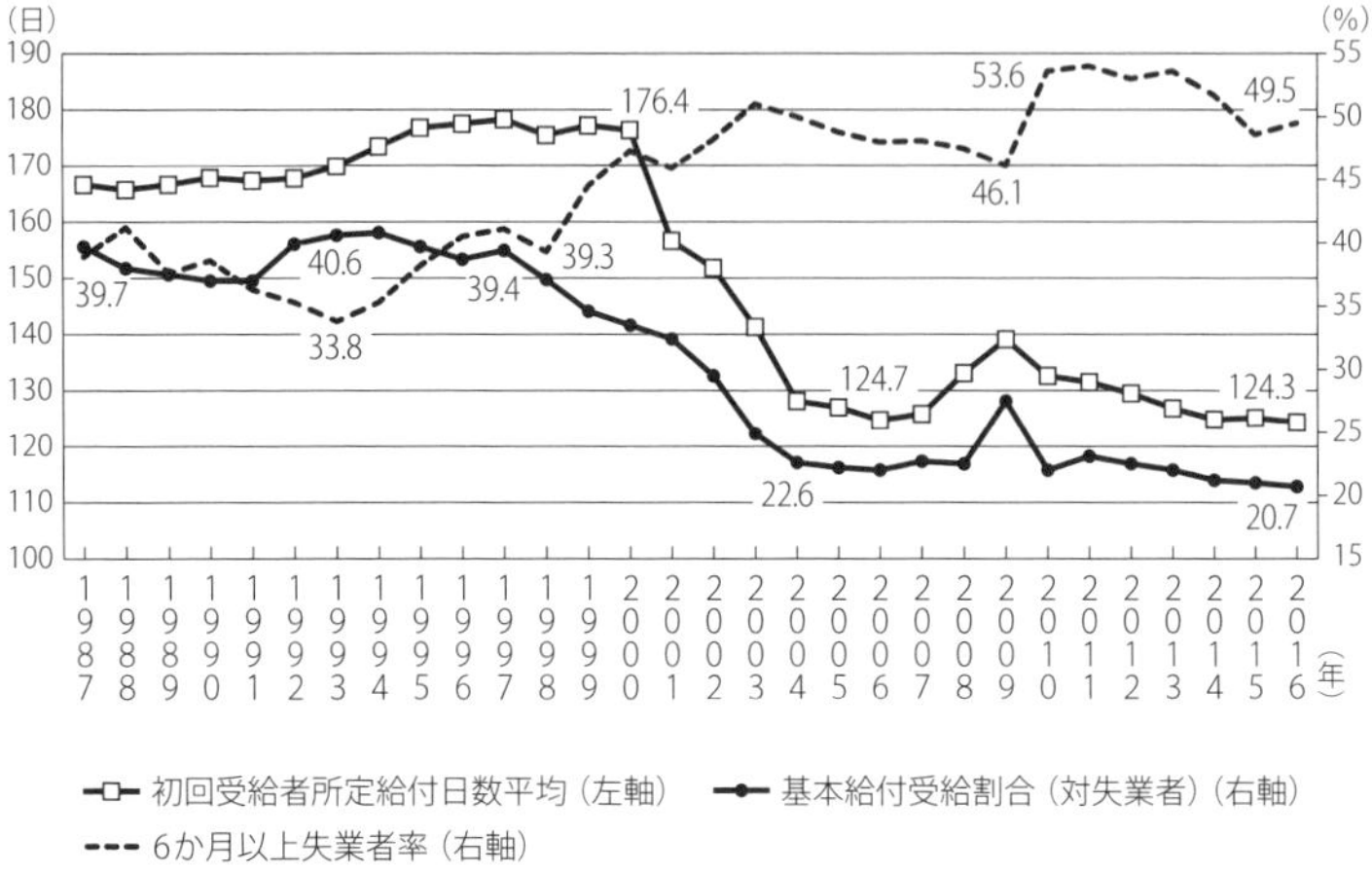

出所）「雇用保険事業年報」「労働力調査」より作成。数字は年度。

です（ＩＬＯ ２０１４、２０１５）。

いつから、なぜ、そうなったのでしょうか？

図2を見ると、失業者のなかで雇用保険給付を受けている割合は、１９９７年まで４割前後でしたが、新自由主義改革の時代に急激に下がったことがわかります。もちろん自然に下がったのではなく、給付日数を大幅に下げるなどの制度改悪がなされたのです。１９９０年代の後半から半年以上失業している人の割合がどんどん増えていますが、そうしたときに、政府は所定給付日数を大幅に切り下げました。平均の日数は、２０００年の１７６日から、２００６年には１２５日と50日も減っているのです。

長期失業者が増えているときに給付日数を大幅に減らしたら、カバー率が激減し、労働力の窮迫販売が増えることは自明です。ではなぜ、そんなことをやったのでしょうか。

労働力の窮迫販売を増やして、製造業派遣など規制撤廃で新たにつくられる非正規職に人々を誘導する目的があったと推測されます。2000年改正では、自己都合離職の給付日数を大幅に切り下げました。2002年7月の厚生労働省の「雇用政策研究会」報告では、給付の「最大限合理化」と製造業派遣等の解禁の両方が主張されており、同年12月26日には、労働政策審議会で両方の施策が同時に通ります。雇用保険給付の縮小と製造業派遣の容認をとりまとめたその二つの分科会の座長は同一人物でした。

◎歯車を逆にまわす――「失業者でいられる権利」の確保と最賃大幅引き上げ

自己都合離職の「給付制限3か月」をやめ、給付日数の基本を180日とすることが必要です。また低所得者でも給付額は離職前の賃金の8割が最高ですが、最賃大幅引き上げが実現すれば、自分一人の「最低限度」の生活費には届くようになりますので、次の仕事を準備し、選ぶ余裕が以前よりずっと拡大します。

「失業者でいられる」権利を実現しましょう。それがなければ、失業者は「半失業者」へと半ば強制的に移動させられ、納得できない労働条件と仕事内容に苦しみながら、似たような仕事を転々とする可能性が高いのです。「半失業」とは、現在働いているが、生活できないため、あるいは労働時間が長すぎるなど労働条件が悪いため、働きながら違う仕事を探している人々です。

典型的なのは非正規で働きながら転職等を希望して求職中の労働者です。その数は、2018年1～3月期で165万人です。完全失業者数は184万人ですから、比較するとその大きさがわかります。

◎技能訓練、技能学習の保障を

日本型雇用が壊れ、非正規および長期雇用を想定しない正規が増えたため、企業内で技能訓練を受ける機会がほとんどない労働者が増えました。しかし、企業外の技能訓練制度は以前の雇用環境に対応したもので、公的な職業訓練はきわめて小さいままです。若者が何らかの資格を身につける場合も、高い授業料が必要な専門学校や大学、短大に通わなければならず、親が若者の生活費とそうした学校の費用を出せない場合、資格を得るのはたいへん困難です。「奨学金」もローンにすぎませんから、利用して、これほど見通しがきかない時代に高額の借金を背負うのも勇気がいります。

本来、職業準備中の若者の生活費は社会が負担すべきであり、職業資格をとるために学校に通う必要があるなら、そうした学校は無償であるのが当然です。高度な労働力が養成されて最も恩恵を受けるのはその社会です。仮に、その若者が多くの賃金をもらえるようになったら、高い所得税率で社会に貢献すればよいだけの話です。

たとえば、入学定員5000名程度の職業訓練型カレッジを東京都がつくり、高卒の若者を授業料なしで受け入れ、さまざまな職業の基礎資格をとらせる(1~3年)制度があったら、首都圏の低所得・中所得世帯の若者がどれだけ助かることでしょうか。

技能学習中の生活費については、児童手当を職業準備期間に延長する(上限年齢は定めるにしても)という方法もあります。これはドイツで行われているやり方です。

そうした「ふつうの技能学習コース」が、もっとわかりやすく、多くの若者の前に示される必要があるのです。もちろん、その大前提として、労働市場のほうが、基礎資格をとって働きはじめる若者にふつうの生活ができる賃金水準と、余裕のある勤労生活を送れる労働条件を提供しなければなりません。

ベテラン労働者の場合でも、こうした環境があって、かつ、失業時保障の制度が改善されていれば、今よりもずっと容易に、仕事の方向転換やよりよい職場への転職を試みることができるでしょう。世帯持ちである労働者の場合にも、それに見合う失業時保障制度をつくることは可能です（後藤道夫・布川日佐史・福祉国家構想研究会編『失業・半失業者が暮らせる制度の構築』大月書店、2013年を参照してください）。

なお、離職理由による各種格差をなくし、基本給付日数を現在の90日から180日とすると、雇用保険給付のカバー率は40％弱になり、新自由主義改革前の水準に戻ると推計されています。それに必要な費用は7100億円強です（2011年実績をベースとした試算）。こうした改善措置だけでも、労働市場の底抜け状況は大幅に改善されることでしょう。

（3）最賃1500円で子どもを育てられるために
――教育費・医療費の無償、児童手当、住宅補助

今の低所得労働者には、「結婚・子育てはぜいたく」が常識化しはじめています。2015年の「国勢調査」によれば、40歳代の男性のうち、夫婦で子育てをしている割合は51％です。20年前は71％でしたから、大幅に減りました。その分、単身男性、親元にいる未婚男性、子がいない夫婦の夫が増えました。子育て世帯はいわば「中産階層化」してきているのですが、他方で、日本の子育て世帯の世帯収入は、実質可処分所得で見ると1997年からの18年間で97万円減少しています（2010年基準）。低所得勤労者が子どもをもち、ふつうの生活を送ることができる環境の整備が急がれます。

いくつかのポイントを見ていきましょう。もちろん、親である労働者のリビング・ウェイジの実現は

不可欠です。

基本的な考え方ですが、子どもの生活全部を親責任とせず、子どもを勤労収入がない一人の人間とみなし、子ども個人が「健康で文化的な最低限度」の生活を送るのに必要な所得、および、基礎的社会サービスの現物給付（医療、保育、教育、障害者福祉、職業準備）、さらに低所得世帯の居住を社会が保障すべきです。これが実現できれば、ひとり親世帯でも（子どものケア等での減収補塡を加えて）ふつうに子育てが可能となるでしょう。

◎保育園・幼稚園、小学校から高校までの完全無償化

3～5歳の保育園・幼稚園の「無償化」（保育料・授業料）政策が動き出しています。0～3歳未満についての所得制限はなくす必要がありますし、保育料・授業料以外の給食費、教材費等の支払いも無償にする必要があるでしょう。

親が支払う費用の問題とは別ですが、きちんとした保育等が行われるための人員配置基準と人件費の基準が実情に合わないため、保育現場の非正規化が進むと同時に、過重労働と低賃金による保育士不足が深刻になっています（2章4）。

日本では義務教育も完全無償ではありません。授業料はとらないものの、教材費や修学旅行費用、給食費、ＰＴＡ会費など多額の費用を支払わせ、さらに中学校では、多くの子どもは全学自己負担の補助学習が必要な状態にあります。多くの生徒が学校のほかに補助学習を受けざるをえないのは、公教育が貧弱だからです。また学校外でのスポーツ活動などの費用も高額です。表2は、文部科学省の「子どもの学習費調査」によって、高校もいっしょに検討したものです。学校教育費だけでも相当に高額です。

表2　1人の子どもの教育にかかった年間費用

（万円）

	区分	小学校		中学校		高等学校（全日制）	
		公立	私立	公立	私立	公立	私立
世帯収入計	学校教育費（幼小中は給食費含む）	10.2	93.2	16.7	102.7	24.3	74.0
	うち授業料	…	46.9	…	43.6	0.8	25.9
	補助学習費	8.7	30.2	24.6	19.5	13.5	20.5
	補助学習費以外の学校外活動費	13.2	30.2	6.9	11.7	3.2	5.1
	学習費総額	32.2	153.6	48.2	133.9	41.0	99.5
世帯収入400万円未満	学校教育費（幼小中は給食費含む）	10.7	70.1	17.0	94.9	23.4	68.1
	補助学習費	4.5	15.1	15.5	14.1	7.9	9.5
	補助学習以外の学校外活動費	8.3	18.2	5.0	7.5	2.4	4.5
	学習費総額	23.5	103.4	37.5	116.5	33.7	82.1

注）1. 学校教育費には学校に納付する金額のほか，通学費，学用品費，教師から指示された図書費，実験実習材料費，楽器購入費，クラブ活動費など，保護者が，子どもに学校教育を受けさせるために支出した経費が含まれる。
2. 補助学習費以外の学校外活動費には，習い事，スポーツ・レクリエーション活動，図書費，各種見学等の費用が含まれる。
3. 世帯年収別の集計には，学校教育費，授業料，給食費の集計がないため，学校教育費は学習費総額から補助学習費，補助学習費以外の学校外活動費を引いて求めた。
出所）文科省「子どもの学習費調査」（2014年度）より作成。

年収４００万円片働き子ども２人の４人世帯をモデルにして、学校教育費の重さを示したのが表３です。勤労収入（＋児童手当）から税・社会保険料を引き、勤労必要費用を引き（生活保護制度の勤労控除の計算を適用）、さらにそこから学校教育費、補助学習費を引いた残りが「残計」の欄ですが、それが軒並み、生活保護による最低生計費（生活扶助＋住宅扶助）を下回っていることがわかります。税・社会保険料と教育費で、子どものいる貧困家庭は極貧家庭になっているわけです。公立の小中高の学習費総額のうち、学校教育費分だけでもすぐに無償とすべきです。

なお、私立高校は公立高校授業料分の授業料支援はあるものの、それ以上は自治体によって違います。通学費を含む他の学校教育費への援助はほとんどありません。２０１４年の高校生の学校教育費は、公立の年間24万円に対

表3　年収400万円世帯に重くのしかかる教育費

（万円）

		賃金収入	児童手当	直接税	社会保険料	勤労必要費用	学校教育費	補助学習費	残計	生活保護基準による「残計」該当分 生活扶助費＋住宅扶助費
公立小学生2人	大都市部	400	24	21.0	56.9	27.3	21.2	9.0	289	318
	地方小都市部	400	24	21.0	56.9	24.9	21.2	9.0	291	262
公立小学生と公立中学生	大都市部	400	24	20.5	60.3	27.3	27.6	20.0	268	324
	地方小都市部	400	24	20.5	60.3	24.9	27.6	20.0	271	267
公立中学生と公立高校生	大都市部	400	12	15.3	60.3	27.3	40.5	23.4	245	317
	地方小都市部	400	12	15.3	60.3	24.9	40.5	23.4	248	260
公立中学生と私立高校生	大都市部	400	12	15.3	60.3	27.3	85.0	25.0	199	317
	地方小都市部	400	12	15.3	60.3	24.9	85.0	25.0	202	260

注）1. 学校教育費（給食費を含む）と補助学習費は，文科省「子どもの学習費調査」（2014年度）の年収400万未満世帯平均値。
2. 片働きを想定し，社会保険料，直接税は2014年9月の数字による。実際の収入と標準報酬月額とのズレは考慮にいれていない。
3. 勤労必要費用は生活保護制度の要否判定に用いられる「勤労に伴う必要経費として定める額」を計上。
4. 家族構成は，小学生2人がいる世帯で39歳，37歳，11歳，8歳，小中学生がいる世帯で42歳，39歳，14歳，11歳，中高生がいる世帯で46歳，44歳，17歳，14歳を想定。
5. 児童手当，扶養控除は2014年度で計算。
6. 生活扶助費と住宅扶助費は2015年度基準で計算。
7. 児童養育加算，期末一時扶助を含み，冬季加算は除外した。
8. 大都市部は生活保護制度における1級地-1・住宅扶助額69800円，地方小都市部は2級地-2・住宅扶助額4万円を想定。

出所）文科省「子どもの学習費調査」（2014年度），生活保護基準（2015年度）等より作成。

し、私立は74万円です。私立高校は生徒数で３分の１弱を占め、世帯年収では４００万円未満が16・１％を占めています。

公立高校と同じ入学試験を課すこと等を条件に、私立高校の授業料等を無償とすることは十分に考えられるでしょう。

◎児童手当の大幅増額——子ども最低限度の生活費の保障

子どもは非勤労者である一人の人間ですが、その基礎的生活費を社会が給付するのであれば、親と同居しているとして、最低限度額としては生活保護制度の生活扶助一類の金額をとりあえずの目安とすることができるでしょう。２級地－１で２万４０００円から３万

５０００円程度です。

児童手当は非勤労者への最低所得保障の一環だとすれば、勤労の準備ができるまでが給付期間という考え方が成り立ちます。一般に高校卒業年齢までとしてよいと思いますが、大学、専門学校、職業訓練施設等に通う場合も児童手当の対象とし、世帯を別にしているのならば、その青年を住宅補助の対象とすべきです。

◎子ども医療費の無償化

高校までの教育の完全無償化に加え、子どもの医療費窓口負担もすぐに完全無償とする必要があるでしょう。２０１６年では、全国１７４１自治体のうち、高校生までを子ども医療費助成の対象とする自治体数は４００を超えました。２００９年では全国で一つか二つでしたから、急激に増えています。

高校生まで、教育費と医療費を社会で負担するという社会的合意が、相当に広がっているのは明らかです。民主党政権が始めた公立高校授業料不徴収の政策は、国民に大きな影響を与えたのだと思います。

◎公的住宅増設と住宅補助の新設

低所得子育て世帯にとって、居住の確保は大きな課題です。家賃・水光熱費が可処分所得に占める割合は、借家の2人以上勤労世帯の場合、２０１４年では25～32％とたいへん高率です(図3)。この数字は日本のたいへん特異な状況を表したものといわなければなりません。低所得層に居住を保障する政策は、多くの先進資本主義国でふつうに行われているからです。

もともと、日本でも公営住宅はそうした役割をそれなりに果たしていたのですが、近年は、東京や大阪などでは新たな公営住宅建設は行われず、公営住宅への新たな入居は、障害者、高齢者、ＤＶ被害者、

図3　2人以上勤労世帯で家賃・水光熱費が可処分所得に占める割合

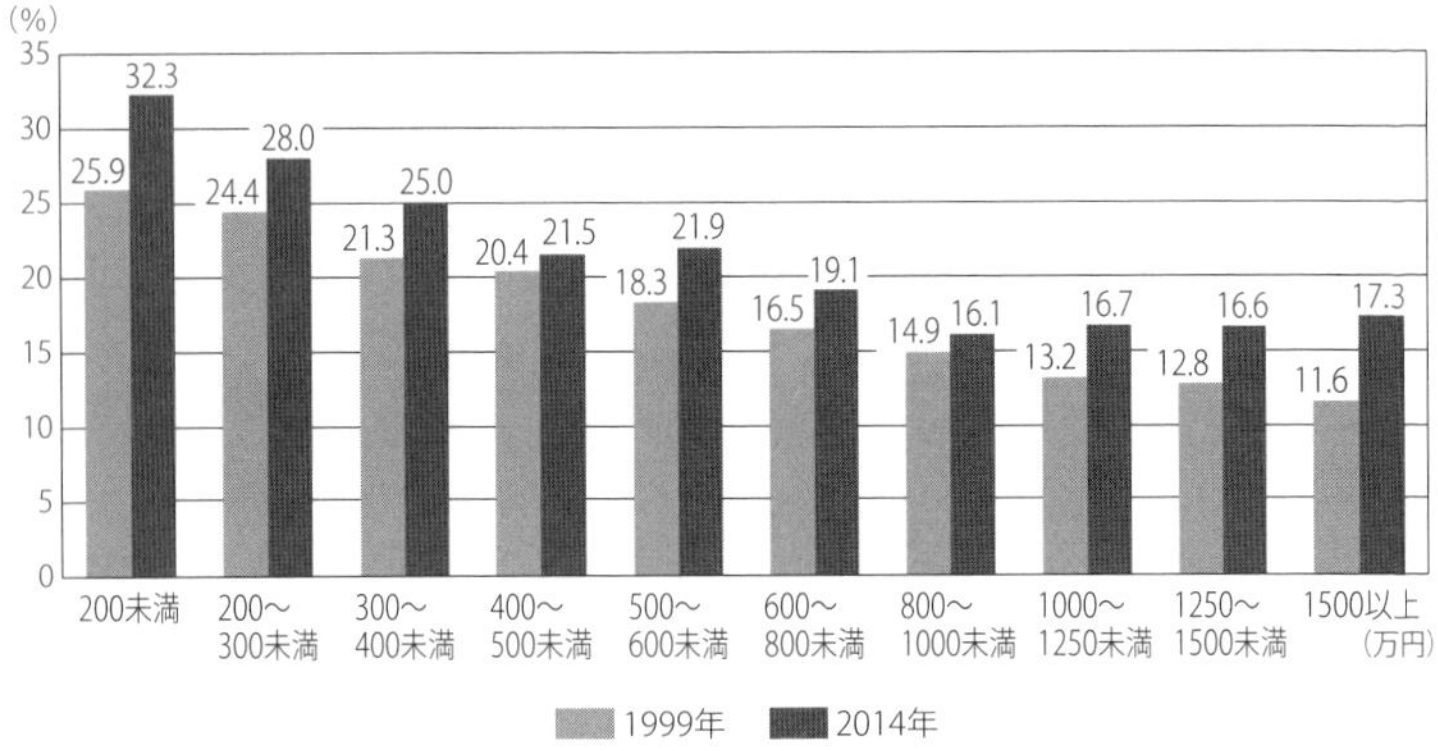

出所）「全国消費実態調査」より作成。

ひとり親などの世帯などに限られるようになり、低所得世帯への居住保障施策は後退しつづけています。

居住の権利の実現は重要な課題です。低家賃・無料の公的住宅の十分な提供、厳しくない所得制限をそなえた低所得者向けの住宅補助制度の新設、高齢者向け・障害者向けの住宅あるいは施設の十分な供給とそこでの居住の質の確保、それに、すべての住宅への居住基準の徹底が必要です。

居住保障向けの日本の公的社会支出（≒社会保障支出）は、2013年で、対GDP0・12％（5876億円）と、アメリカ0・27％、イギリス1・45％、ドイツ0・59％、フランス0・83％、スウェーデン0・46％などと比較して極端に貧弱です。この5876億円にしても、そのうち住宅扶助が5798億円を占めており、そのほかはほとんどありません。居住保障のための公的支出を大幅に増やす必要があるでしょう。

◎高卒後の進学、職業準備

この間の雇用条件と賃金の大幅な切り下げは、学歴格差

図4　私立大学生がいる世帯の貯蓄取り崩し状況

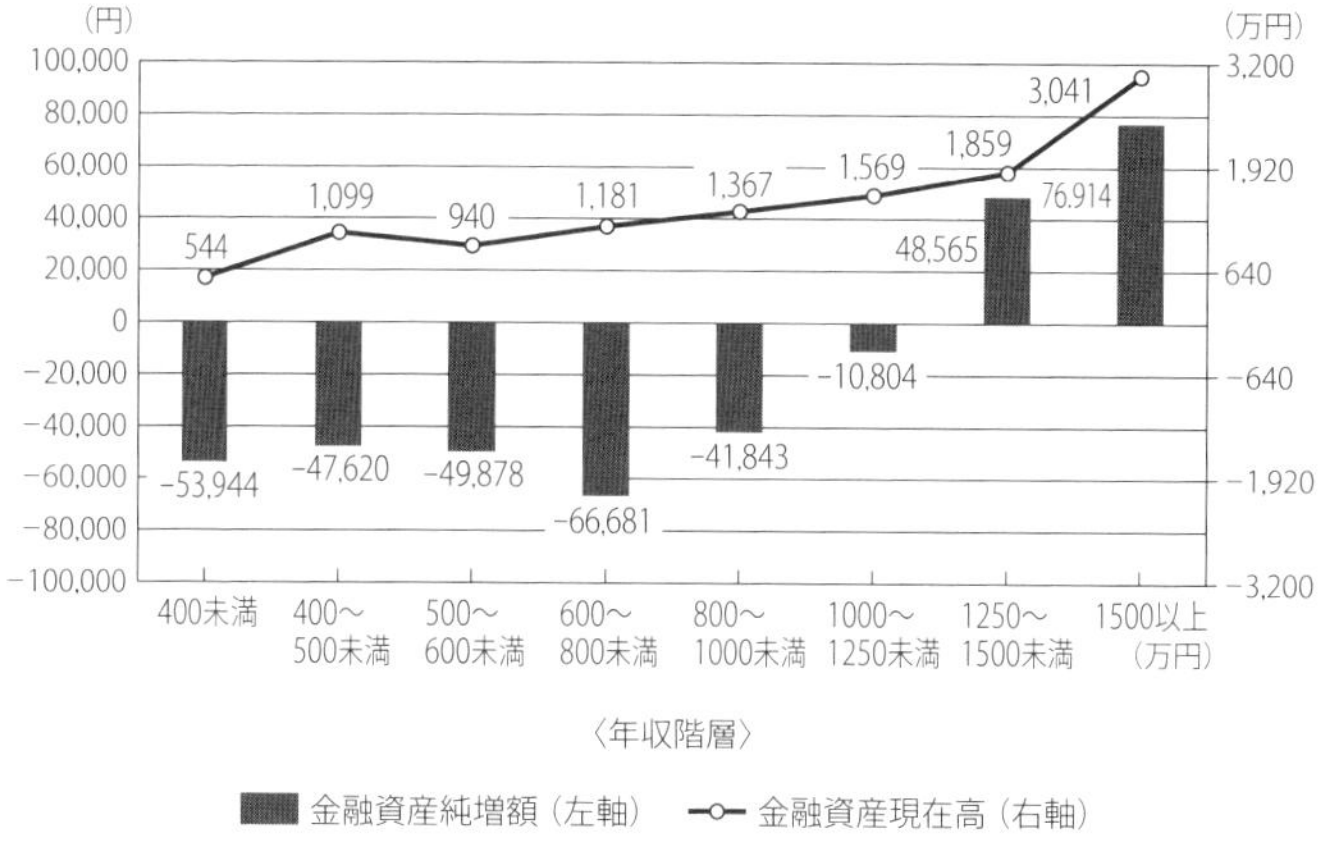

出所）「全国消費実態調査」2014年。

の拡大というかたちで現れました。低学歴の若者のほうが労働条件を大きく切り下げられたため、親に経済的な余裕がない場合も含め、高卒後の進学率は大きく上昇しました。大学・短大と専修学校計で、高卒直後の進学率は、１９９７年の58％が２０１７年には71％になっています。

高卒後の進学は、旧来型の処理が難しくなりつつある〈特別需要〉の一つの典型です。親世帯の所得、貯蓄あるいはローンで、進学と青年の生活のための費用を出すことが困難なケースが増えているからです。親からの仕送り額平均は、２００２年１５６万円が２０１４年１１９万円となり、仕送りなしが２００４年３・４％から２０１４年７・５％に増えています（日本学生支援機構「学生生活調査」）。

仕送りや授業料は貯蓄に多くを依存しています。図４は私立大学生（大学生の約4分の3）がいる世帯の貯蓄取り崩し状況を、年収階層別に示したものです。年収が１２５０万円までは毎月数万円を取り崩しており、また、貯蓄も、取り崩せるだけの数百万～1500万円ほどの額があることがわかります。

親の所得と貯蓄が十分でない世帯の青年は、多くのアルバイトとローン（奨学金）を余儀なくされます。休暇中も授業期間中もアルバイトをしている学生は、昼間4年制の場合、2004年の45％から2012年の67％に急増しました（同上）。これほど労働環境が悪いと、「ブラックバイト」につかまったり、卒業できても奨学金返済ができない場合が生じておかしくありません。

順番は高校までの完全無償化が先だと思いますが、大学等の学費も無償とし、そこで学ぶ青年の基礎的生活費（児童手当の延長）と住宅費補助を整備する必要があるでしょう。

（4）リタイヤ後の生活費・医療・介護・居住の確保と最賃1500円

〈最低賃金1500円で暮らせる〉ことのなかには、リタイヤした段階で無貯蓄あるいは低貯蓄で親族からの援助がなくても、安心して老後を過ごせる、ということが含まれていなければなりません。そのためには、①最低保障年金の実現、②医療と介護の窓口負担の廃止、③特別なニーズを含めた居住の保障（古くなった家の改修、借家の借り換え、車椅子のための改修、高齢者用住宅への移動などを含めて）という三つの条件が必要です。

これまで、この①～③は勤労時代の「貯蓄」で主にまかなうべきものとされてきました。

実際に、「家計調査」によると、働いていない65歳以上夫婦の場合、毎月の家計赤字は平均で5万～6万円で、赤字分の補塡に毎月4万円程度の貯蓄取り崩しが行われています。しかし、貯蓄がない、ある

図5　金融資産のない世帯の割合

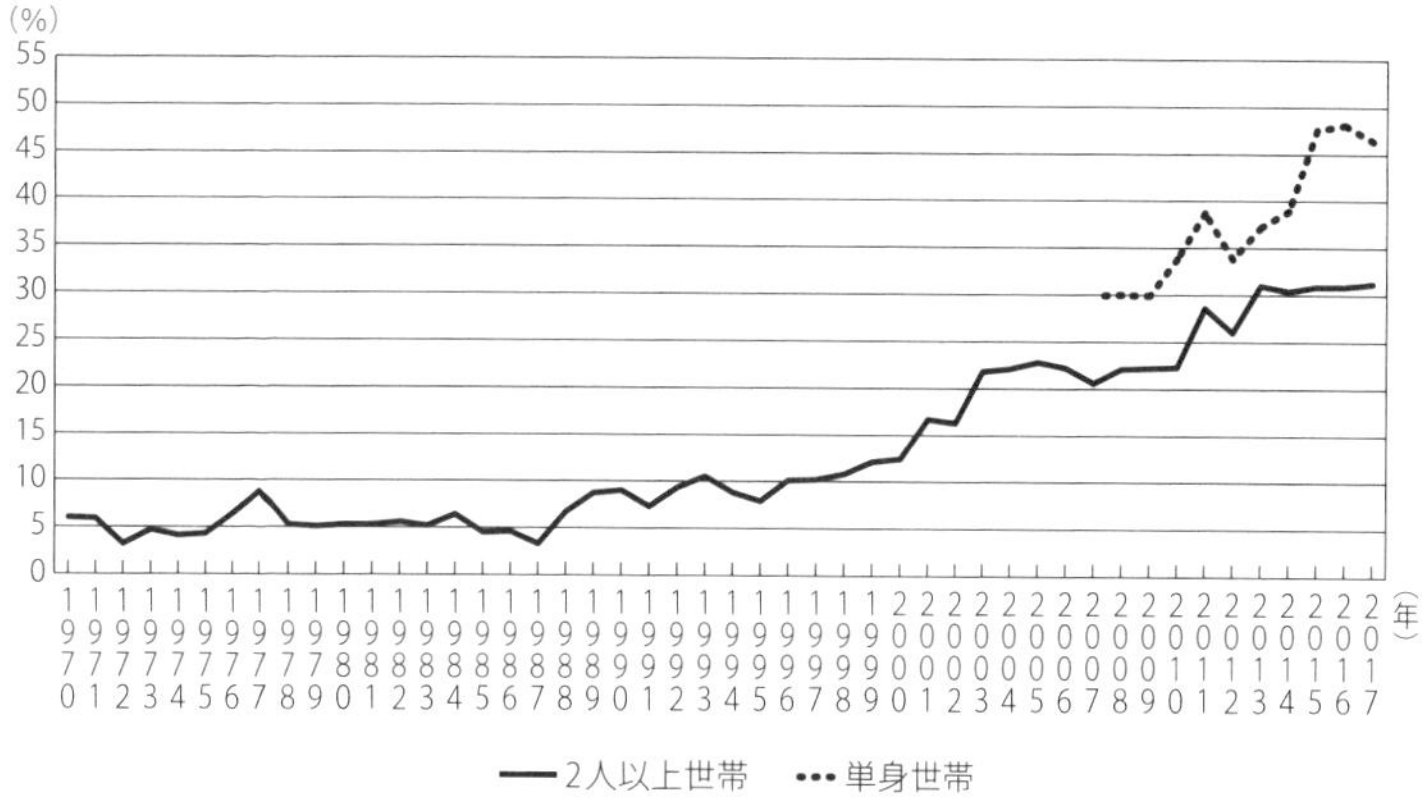

出所）金融広報中央委員会「家計の金融行動に関する世論調査」より作成。

いは少ない世帯は取り崩せませんから、ひたすら生活を切り詰めます。「全国消費実態調査」によると、貯蓄が1000万円程度を超えると、毎月の消費生活向けの取り崩しが行われるケースが多くなるようです。しかし、高齢者世帯（高齢者のみ、あるいは高齢者と18歳未満の子）で1000万円以上の貯蓄をもっている世帯の割合は、36％にすぎませんし、無貯蓄と貯蓄200万円未満の合計は30％です（2016年「国民生活基礎調査」）。

　2009年の経済危機以降、貯蓄がない世帯が急増しています。日銀の外郭団体である「金融広報中央委員会」は毎年、「家計の金融行動に関する世論調査」を行っていますが、2017年に行われた2人以上世帯の調査では、金融資産なしの世帯割合が31％となりました。単身世帯は46％の高率です（この調査での金融資産は「運用の為または将来に備えて蓄えている部分」に限定されており、「日常的な出し入れ・引き落としに備えている部分」は除かれています）。

　2人以上世帯については長期の変化がわかります（図

5）。長い間、無貯蓄世帯率は数％であり、日本の新自由主義改革が始まった1990年代後半でも10％前後でした。数％ならまだしも、30％を超える人々を「例外」扱いすることは不可能です。最賃1500円で「ふつうの暮らしができる」ためには、貯蓄と親族にたよることを強制されない社会への転換が必要です。

そのためにも、何より大事なことは、「最賃1500円で通常の勤労時のふつうの暮らしができる」状況をつくることです。そうしてこそ初めて、〈通常〉以外の場合、つまり子ども時代や高齢時を含む、非勤労時の生活を、社会保障、教育保障、住宅保障でカバーするべきだ、という線引きと要求がはっきりします。すべてを男性世帯主の年功型賃金でカバーしていた時代には、賃金でカバーすべきところと社会保障、教育保障、住宅保障の区分がはっきりせず、強力な社会保障運動も困難だったのです。

現在のところ、日本の国民は大きな国家財政・自治体財政、社会保障財政をつくることに警戒的ですが、それは、まともな保障を受けた経験が少なく、公租公課はただとられるだけの収奪と映っていることが多いからです。はじめは狭い領域でも、きちんとした保障と給付を経験すれば、大きな財政への支持は広がると思われます。

たとえば、高校までの教育と医療を完全無償化すること、崩壊に瀕している介護事業への財政投入などは多くの国民の合意が可能だと思います。最賃1500円の運動とつなげて実現しましょう。

あとがきにかえて——エビデンスをもとに新たな運動の展開へ

「最低賃金を１５００円に」は少しずつ市民権を得てきていますが、１０００円にも達していないのに１５００円など荒唐無稽だと一笑に付す経営者、そもそも最低賃金自体に関心がない人などがまだまだ多いことも事実です。ではどうすれば、「最低賃金１５００円」が社会のいたるところまで拡大し、実現の方向に向かうのでしょうか。

本書では、多彩な執筆陣が広い視野、さまざまな角度から最低賃金について論考し、最低賃金を全国一律で１５００円に引き上げなければならないエビデンス（根拠）を示しています。それらを読めば、「最低賃金１５００円」とはけっして奇をてらったスローガンではなく、きわめてリアルな提言であることがわかるはずです。しかし、どんなに素晴らしい提言であっても、掲げていただけでは画餅に終わってしまいます。これを実現させるためには、新たな運動の展開が必要となってきます。ここでは、めざすべき方向性として、いくつかの点を指摘しておきたいと思います。

第一に、労働運動による新たな当事者への働きかけです。すでに、労働組合ではナショナルセンターや地域組織で最賃運動に取り組んできた経験があります。この経験は大いに活かされるべきでしょう。ただ、誤解を恐れずにいえば、「一部の労働者のためにしてあげている」という意識が労働組合による運動のどこかにあり、幅の広い運動の展開になりきれていなかったのではないでしょうか。本当の意味で当事者による当事者のための最賃運動に変えていかなければなりません。「情けは人のためならず」ということわざがありますが、最賃運動は一部の労働者のためだけではなく、巡りめぐって自らにも恩恵をもたらすのです。いや、この問題を放置することは、やがては自分たちの労働・生活や、住み暮らしている地域経済を危うくすることさえ想定しなければなりません。その意味で、誰もが最低賃金の当事者になりうるという共感が大切なのです（実際に、当事者になる層がますます増えています）。もちろん、従来から労働組合が力を注いできた職場ごとの労働条件改善の要求運動である団体交渉は重要です。しかしながら、いまや労働条件は個別企業の努力だけでは改善していきません。労働者にかかわる法制度を変えていかなければ改善しない部分が増えています。個別企業に対する要求と社会（政治）に対する要求とが、車の両輪となり、互いに補完しあいながら進んでいくことが求められてくるでしょう。

ここでの当事者とは、非正規労働者のみならず、正規労働者を含めた労働者全体、さらに地方自治体、中小企業までも含まれていると考えます。これからの労働組合は、これまで巻き込んでこなかった当事者たちを意識的に巻き込んでいかなければ、新たな展開は望めないでしょう。「最低賃金1500円」の意義をこれらの当事者たちに落とし込んでいく取り組みは地道で困難をともないますが、これをおろそかにできません。まずは、まだまだ地方自治体、中小企業経営者にとって最低賃金は〝お上が決めること〟ですから、「最低賃金とは自分たちの地域経済にも関係のある制度である」ことを、徹底的に周知させて共感を生み出すことが肝要でしょう。

これまでも最賃運動では、労働組合による地方自治体、経済団体、業界団体などに対する懇談や要請が、地域ごとに実践されてきましたが、そのような職場外の当事者への働きかけが今後さらに求められます。労働組合の戦略が問われるところです。本書でも取り上げている北海道や東北での成功事例では、最低生計費調査の結果をていねいに説明して、「地域別に設定された最低賃金は地域経済にとってマイナスである」「今の最低賃金額では労働者を集めることは難しい」という共感をきちんと得ているのです。ここでもエビデンスが大きな力を発揮しています。この成功事例を共有し、普及させない手はありません。さまざまな当事者がいるのですから、それぞれに対応したエビデンスをいくつか準備しておかなければなりません。

第二に、労働運動による地域のつくりかえです。従来の労働組合は、地域にそれほど関与しようとしてきませんでした。それは、主に男性正規労働者が企業社会に埋没し、地域にかかわってこなかった（あるいは、かかわることができなかった）こととあながち無関係ではありません。しかし、労働者もそうであるように、企業も地域とともにありつづけるのです。地域経済が活性化しなければ、そこにある中小企業も労働者も元気に活躍できません。衰退しつつある地域経済をつくりかえることそのものが、今、労働組合が取り組まなければならない課題となってきています。「最低賃金１５００円」はもちろんですが、本書でも紹介されている公契約条例や中小企業振興基本条例の制定のほか、地産地消の推進などに関して労働組合が積極的に自らの見解を明らかにし、多方面に働きかけることなども、地域をつくりかえていくことに役立つのです。

これからの最賃運動を考えるうえでの第三の方向性は、地域における市民運動との連携です。２００８年前後の「年越し派遣村」にルーツをもつ反貧困ネットワーク、生活保護受給者や保護申請者を支援する生活困窮者支援団体、公的年金の切り下げを違憲だとする訴訟を提訴する年金者組合、国民健康保険や介護保険、障害者支援制度などの改善を求める医療運動、福祉運動など、地域住民の「生きやすさ」をめざして活動している市民運動が数多く存在しています。これらの市民運動と最賃運動とが結びつくことで、大きな力を発揮することが可能になります。それぞれの運動は、住民の生活向上という点では目的は一致しており、連携を深めることは難しくないでしょう。たとえば、最低賃金が上がれば、所得が増えることで貧困から抜けやすくなり、年金受給額が増加して高齢者の生活が安定します。一緒に運動に取り組むことはお互いにとってプラスに作用するのです。

最後に、「運動なんて面倒だ」と思われてしまったら、参加する人を拡げていくことはできません。「社会を変えられたら面白いな」「大好きな地元を元気にできたらいいな」という要素が必要ではないでしょうか。

「最低賃金１５００円」が実現するなら、デモに参加してみるか！

中澤秀一

執筆者

浅見和彦（あさみ　かずひこ）　専修大学教授
岩﨑　唯（いわさき　ゆい）　さっぽろ青年ユニオン執行委員長
遠藤公嗣（えんどう　こうし）　明治大学教授
岡田知弘（おかだ　ともひろ）　京都大学教授
小越洋之助（おごし　ようのすけ）　國學院大學名誉教授
川村雅則（かわむら　まさのり）　北海学園大学教授
北口明代（きたぐち　あきよ）　全国生協労働組合連合会（生協労連）前中央執行委員長
栗原耕平（くりはら　こうへい）　AEQUITASメンバー
伍賀一道（ごか　かずみち）　金沢大学名誉教授
小谷　幸（こたに　さち）　日本大学准教授
出口憲次（でぐち　けんじ）　北海道労働組合総連合（道労連）事務局長
戸室健作（とむろ　けんさく）　千葉商科大学専任講師
中村　健（なかむら　たけし）　岩手県労働組合連合会（いわて労連）事務局長
藤田孝典（ふじた　たかのり）　NPO法人ほっとプラス代表理事
藤田安一（ふじた　やすかず）　鳥取大学名誉教授，元鳥取地方最低賃金審議会会長
蓑輪明子（みのわ　あきこ）　名城大学准教授

編者
後藤道夫（ごとう　みちお）
都留文科大学名誉教授
主要著作：『ワーキングプア原論――大転換と若者』（花伝社，2011年），『失業・半失業者が暮らせる制度の構築――雇用崩壊からの脱却』（共編著，大月書店，2013年）

中澤秀一（なかざわ　しゅういち）
静岡県立大学短期大学部准教授
主要著作：『これだけは必要だ！静岡県の最低生計費』（本の泉社，2012年），「最低生計費調査からみた最賃制度の問題点」『経済』No. 253（新日本出版社，2016年）

木下武男（きのした　たけお）
労働社会学者（元昭和女子大学教授）
主要著作：『格差社会にいどむユニオン――21世紀労働運動原論』（花伝社，2007年），『若者の逆襲――ワーキングプアからユニオンへ』（旬報社，2012年）

今野晴貴（こんの　はるき）
NPO法人POSSE代表
主要著作：『ブラック企業――日本を食い潰す妖怪』（文春新書，2012年），『生活保護――知られざる恐怖の現場』（ちくま新書，2013年）

福祉国家構想研究会
新たな福祉国家型の社会再建をめざして，現代日本の状況を批判的に分析し，対抗構想を提起する。医療・教育・雇用・税制・財政・政治などの諸領域における研究者と実践家，約80名からなる研究会。代表：岡田知弘・後藤道夫・二宮厚美・渡辺治。

DTP　岡田グラフ
装幀　金子眞枝

最低賃金1500円がつくる仕事と暮らし

2018年10月5日　第1刷発行

定価はカバーに
表示してあります

編　者　後藤道夫・中澤秀一
木下武男・今野晴貴
福祉国家構想研究会

発行者　中川　進

〒113-0033　東京都文京区本郷2-27-16

発行所　株式会社　大　月　書　店

印刷　太平印刷社
製本　中永製本

電話（代表）03-3813-4651　FAX 03-3813-4656　振替00130-7-16387
http://www.otsukishoten.co.jp/

ISBN978-4-272-31053-1　C0036　Printed in Japan